Die spirituelle Welt

Michael Winkler

Wer es gleich richtig macht,
braucht keinen zweiten Anlauf

Originalausgabe 08/2008

J.K.Fischer-Verlag GmbH
Postfach 27 63
D-63563 Gelnhausen
Tel..: 0 60 58 – 91 61 55
Fax: 0 60 58 – 91 61 58

www.j-k-fischer-verlag.de

ISBN 978-3-940845-00-9

Umschlaggestaltung von

FELIDAE
design & multimedia

www.felidae-multimedia.com

Die spirituelle Welt

von

Michael Winkler

J.K.Fischer-Verlag

Inhalt

Tot – und nun?

Reden wir nicht lange herum: Sie sind gerade eben gestorben. Keine Sorge, das ist nicht Hollywood, also gibt es keine Explosion, keinen zerfetzten Körper. Es ist ein sauberer Herztod, und Sie müssen sich auch keine Sorge wegen der Nachbarn machen, Sie werden in einer halben Stunde gefunden und ganz hygienisch abtransportiert. Es war zudem ganz schmerzlos, ich bin ja kein Unmensch... also fast, wenigstens. Das Stechen in der Brust kann ich Ihnen nicht ersparen, auch nicht das verzweifelte Ringen um Atem, aber das waren nur ein paar Sekunden. So, jetzt wissen Sie, daß Sie tot sind. Außerdem liegt da noch Ihr bisheriger Körper ziemlich nutzlos herum.

Ja, und jetzt? Wäre ein Notarzt hier, würde der natürlich alles versuchen, von der Herzmassage über eine Injektion bis hin zu den fernsehwirksamen Elektroschocks. Leider ist keiner hier, also bleiben Sie tot. Laufen Sie bitte nicht als Leichnam herum, außer ein paar Satanisten mag niemand wirklich Zombies.

Wenn Sie wollen, können Sie jetzt ohne Körper ein wenig herumgeistern. Das ist zwar Zeitverschwendung, aber Sie haben es nicht mehr eilig, oder? Sie können zum Beispiel nachschauen, was Ihre Kinder jetzt so treiben. Ein einziger Gedanke, ein intensiver Wunsch trägt Sie dort hin. Ohne trägen Körper ist das ganz einfach. Wenn Sie wollen, verabschieden Sie sich in Ruhe von Ihren Verwandten. Hören und Sehen können die Sie zwar nicht, aber Sie können ihnen noch ein paar gute Wünsche zudenken. Sie können gerne mal nachschauen, was in der Sauna Bar 2000 so passiert... Nur haben Sie von diesem Voyeurismus nichts mehr, weil Ihnen die Hormone und die Organe dazu fehlen.

Was Ihnen außerdem fehlt, ist die Zeit. Sie werden vor Gericht erwartet, vor dem Seelengericht. Dort geht es weder um ein Strafmandat wegen Parkens in zweiter Reihe vor der Feuerwehrausfahrt, noch darum, wie oft Sie am Sonntag in der Kirche gewesen waren, sondern um die wirklich wichtigen Dinge – Ihr ganzes Leben und wie Sie zu diesem Leben stehen.

Danach werden Sie abgeholt. Falls Sie nicht selber lauthals rufen, schickt Ihnen das Jenseits von sich aus einen Boten. Das kann ein guter Freund sein, Ihre Großmutter, Ihre Schwester... Es gibt Leute, die wollen von Abraham, Jesus Christus oder Buddha persönlich empfangen werden. Oh ja, das geht. Zumindest sieht der Bote so aus, wie Sie sich Ihren persönlichen Superstar vorstellen. Es ist die Person, der Sie am meisten Vertrauen entgegenbringen. Politiker werden übrigens ganz selten verlangt.

Aber ehe sich mein Verleger beschwert, lasse ich Sie lieber ins Leben zurückkehren. Wenn meine Leser gleich auf der ersten Seite sterben, verkauft der zu wenige Bücher, deshalb ist es ihm lieber, wenn ich Herrn Hans Meier umbringe. Nein, nein, das ist nicht der Hans Meier, den Sie kennen, sondern ein völlig Anderer. Ehrlich.

Hans Meier hatte ein erfülltes Leben gehabt. Wäre er ein Politiker, hätte er problemlos eine 3.000-seitige Autobiographie über sich schreiben lassen können. Da stünde zwar nur drinnen, daß Freund Hans immer recht gehabt und alles besser gewußt hatte, während die Anderen alle Deppen sind, das ist bei Prominenten-Biographien so üblich.

Die Seele des Herrn Meier steht jetzt ein wenig verschüchtert herum und fragt sich, warum nach so vielen Jahrzehnten treuen Dienstes dieser Körper nicht mehr bereit ist, ihn zu beherbergen. Er fragt sich das solange, bis er das helle Licht bemerkt. Dieses Licht ist so grell, daß alle anderen Wahrnehmungen dagegen verblassen, aber es ist weder aufdringlich noch schmerzhaft, sondern warm und verlockend.

Herr Meier wundert sich, daß die Umgebung um ihn herum verblaßt. Er findet sich in einer neuen Umgebung wieder, hält den Goldhamster aus Kindertagen in der Hand, steckt ihn als lebenden Motor in ein gebasteltes Fahrzeug. Hans Meier steckt mitten in der Szene, sieht sich selbst handeln, fühlt das kleine Tierchen in seiner Hand, das Fell, die Körperwärme... und er fühlt die Angst und die Verunsicherung, die der kleine Hamster dabei empfindet.

Hans Meier empfindet Mitleid mit dem Tier. (0,00 => +0,03)

Herr Meier erlebt sich auf dem Nachhauseweg von der Schule. Er steckt mitten in der Handlung, ist aber doch passiv, kann den Ablauf nicht verändern. Sein Mitschüler Michael Beck hat auf ihn gewartet, die gegenseitigen Beleidigungen sind schnell ausgetauscht, dann fliegen die Fäuste. Hans gewinnt die Oberhand, sitzt auf Michael, schlägt ihm immer wieder ins Gesicht, bis der Unterlegene zu weinen anfängt. Hans spürt nicht nur die körperlichen Schmerzen, die er dem Anderen zufügt, sondern auch die Demütigung, die dieser dabei empfindet.

Diese Abreibung war schon lange fällig! (0,16 => 0,07)

Carmen Deisler, der Trostpreis... Hans hatte sich mit ihr nur getroffen, weil Monika Sarow ihn abgewiesen hatte. Sogar, als er mit Carmen geschlafen hatte, mußte er an Monika denken. Und jetzt, jetzt war er endlich bei Monika gelandet! Er sieht Carmen stehen, bekommt mit, wie sie neidisch und entrüstet zu ihnen herüberblickt. Er spürt ihre Seelenpein, die Trauer, die Niedergeschlagenheit.

Dumme Kuh, sie hätte wissen müssen, daß sie nur der Trostpreis ist – war sie schließlich immer. (-0,27 => -0,44)

„Hans, du wirst... Wir bekommen ein Kind!"

„Ein Kind? Aber..." Die Gedanken von Hans Meier überschlagen sich. Hundert Vor- und Nachteile drängen sich gleichzeitig in sein Bewußtsein. Er schafft es nicht einen klaren Gedanken zu fassen.

„Du... du freust dich gar nicht?"

Hans spürt die Angst in Jutta, die Sorge um die Zukunft. Er atmet tief durch. „Dann werden wir heiraten, damit mein Sohn in einer ordentlichen Familie aufwächst!"

Jutta seufzt erleichtert und umarmt Hans. Der Beobachter spürt ihren Körper in seinen Armen, atmet den Duft ihrer Haut und empfindet die Erleichterung und das Glück, die Hoffnung auf eine gemeinsame Zukunft.

Die Entscheidung hatte Hans nie bereut, obwohl er damals mit dem Geständnis überfallen worden war. Jutta... Er genießt die glücklichen Empfindungen. (-0,03 => +0,02)

Hans Meier erlebt seine Meisterfeier. Der prüfende Obermeister gratuliert ihm und überreicht ihm den Meisterbrief.

Hans empfindet Stolz. Er hatte sich mit seinem Meisterstück abgemüht und das Beste gegeben, zu dem er fähig gewesen war. (0,08 => 0,08)

Schreinermeister Meier stellt eine Rechnung aus. Ganz selbstverständlich schlägt er zweimal eine halbe Stunde zusätzlich auf. Er spürt zwar den Ärger seiner Kunden über die erhöhte Rechnung, aber gleichzeitig deren Abneigung, wegen dieses relativ geringen Betrags einen Sachverständigen oder einen Anwalt einzuschalten.

Das machen doch alle. Wenn ich nicht ein klein wenig trickse, frißt mich die Steuer auf. (0,01 => -0,09)

Sein ganzes Leben rauscht an Hans Meier vorbei. Er erlebt jede einzelne Szene, und in ihr nicht nur das, was er selbst dabei gedacht und mit seinen Sinnen verspürt hatte, sondern auch alles, was jene Menschen oder Lebewesen dabei gefühlt hatten, die von seinen Handlungen betroffen wurden. Jetzt, oft Jahrzehnte später, denkt er über manche Dinge anders. Was damals unglaublich wichtig erschienen war, ist heute, mit der Weisheit des Alters und dem zeitlichen Abstand, oft völlig nebensächlich. Aber vieles würde er heute wieder genauso machen, mit der gleichen Überzeugung wie damals, als er tatsächlich so entschieden hatte.

Ja, das war sein Leben, das Leben des Hans Meier. Er steht dazu und bedauert nur wenig. Sein Leben geht zu Ende, er erlebt sich selbst beim Sterben. Ja, Hans Meier ist tot, oder besser, der Mensch, der Hans Meier gewesen war. Das Leben, seine Existenz, geht weiter, hier, an diesem seltsamen Ort.

Herr Meier findet sich im Licht wieder und erkennt schemenhaft eine Gestalt, die ihm bekannt vorkommt. Er empfindet das erste Mal in seinem Leben eine umhüllende Liebe, ein körperliches Willkommensein. Er geht näher heran und erkennt in dieser Gestalt seine eigene Mutter, nicht so alt und abgehärmt, wie er sie auf dem Totenbett gesehen hatte, sondern als die starke, liebende Frau, die sie in seiner Kindheit gewesen war. Ja, mehr noch, schön und makellos, bar jeder Blessuren, die das Leben damals schon hinterlassen hatte.

Die Mutter heißt Hans willkommen, es ist eine private Begrüßung, die den Sohn überzeugt, daß er wirklich seiner Mutter gegenüber steht.

Herr Meier hat natürlich eine Menge Fragen, von denen seine Mutter viele beantwortet und sich im Gegenzug nach den Verhältnissen in der Familie und in ihrem Bekanntenkreis erkundigt.

Schließlich stellt er die wichtigste Frage: „Was passiert jetzt?“

„Hans, du hast das Seelengericht bereits durchlaufen – es scheint endlos zu dauern, aber es waren nur ein paar Sekunden. Du hast es erfolgreich abgeschlossen und darfst mit mir kommen. Ich hatte ein wenig befürchtet... Du warst schließlich nicht immer nur mein lieber kleiner Junge.“

„Das Seelengericht?“ Die Gedanken von Herrn Meier überschlagen sich. „Aber dann... Komme ich in den Himmel, die Hölle oder das Fegefeuer?“

Seine Mutter umarmt ihn. „Nein, mein Junge. Oh, diese Orte gibt es hier tatsächlich, aber du gehst mit mir nach Eleulorien, nach Neustadt. Du bekommst dort ein Haus und eine neue Werkstatt..."

„Eleulorien? Was ist das für ein Land? Und wieso Werkstatt? Muß ich hier etwa arbeiten? Ich bin doch tot, oder?"

Seine Mutter lächelt wissend. In dieser Sekunde verändert sich die Umgebung. Sie beide stehen jetzt vor einem Einfamilienhaus, wie man in jedem deutschen Dorf oder jeder Vorstadt Dutzende gefunden hätte.

„Eleulorien ist das Mittelreich hier im Jenseits, gleich weit von Himmel und Hölle entfernt. Du mußt nicht arbeiten, aber es hilft, dich hier einzugewöhnen. Es ist fast so, wie auf der Erde."

„Ja, aber... aber..."

Seine Mutter legt ihm die Finger auf den Mund. „Laß uns erst einmal hineingehen, ja? Du hast natürlich viele Fragen, bestimmt mehr, als ich beantworten kann. Gewöhne dich erst einmal ein, dann kannst du mit dem Rabbi sprechen."

„Mit dem Rabbi?", staunt Herr Meier, dem das Haus immer vertrauter vorkommt, weil es immer mehr dem gleicht, das er auf der Erde besessen hatte.

„Bisher hat es kein katholischer Priester nach Neustadt geschafft. Vielleicht kommen die alle auf eine höhere Ebene? Einmal im Jahr kommt der Bischof aus Bielefeld zu uns..."

„Bielefeld hat einen Bischof?", staunt Herr Meier.

„Unseres hier schon", antwortet seine Mutter.

Das Seelengericht

Was Herrn Meier vor seinem Eintritt ins Jenseits passiert ist, war eine Verhandlung vor dem Seelengericht. Die Ägypter haben das in ihrem Totenbuch als ein Zusammentreffen mit dem Gott Anubis geschildert, der das Herz des Toten auf eine Waagschale legt. Dazu gab es eine Litanei von 52 Sünden, die man aufsagen sollte, um bei jeder einzelnen hinzuzufügen, daß man sie nicht begangen hatte. Ein kleines Wüstenvolk hat übrigens ein paar davon als die heute so bekannten „göttlichen" Gebote abgeschrieben.

Die große Litanei haben damals die Priester fleißig mit ihren Gläubigen geübt, natürlich gegen ein paar Opfergaben. Die auch ins Christentum eingeflossenen zehn Gebote finden Sie kostenfrei im Internet. Was darin steht, gebieten einem Anstand und gute Erziehung, dafür braucht niemand einen Priester. Beachtet werden sie sowieso nur, wenn es gerade den „übergeordneten" staatlichen Interessen geboten erscheint.

Beim Seelengericht treffen Sie nicht auf Anubis, sondern auf ein viel grausameres Wesen: sich selbst. Herr Meier hat sich als Beobachter erlebt, im perfektesten Kino, das man sich vorstellen kann, da es nicht nur Augen und Ohren bedient, sondern alle Sinne umfaßt und den Zuschauer in die Rolle des Hauptdarstellers versetzt. Aber es ist trotzdem „Kino", denn die dargestellten Szenen laufen nach dem „Drehbuch" ab, nach denen sie im Leben tatsächlich abgelaufen sind.

Herr Meier als Betrachter konnte an diesem Ablauf nichts mehr ändern, aber er konnte diesen Ablauf bewerten. Als Kind hat er den Hamster als Antriebsmotor benutzt und vermutlich Freude darüber empfunden, daß dies tatsächlich so funktioniert hat. Dem Kind kam dabei nicht in den Sinn, daß es damit das Tierchen gequält hat – der gestorbene, erwachsene Hans Meier hat dies erfaßt und bedauert. Oder, um das richtige Wort zu benutzen, er hat Reue gezeigt.

Die Auswirkung dieser Reue ersehen Sie aus den Zahlen, die ich ihnen ohne Erklärung einfach untergejubelt habe: Aus einer 0,00 wurde eine +0,03, es hat sich demnach ein Wert erhöht.

Es ist dieser Wert, der darüber entscheidet, ob Sie in den „Himmel" kommen oder in die „Hölle" müssen. Die 0,00 ist neutral, gleich weit von beidem entfernt.

Ich habe den Wert auf eine einzige Dimension reduziert, und ich habe diese zudem skaliert. +100 ist der höchste Wert, den ein Mensch erreichen kann, das absolute Gute, der „Himmel“, während -100 das abgrundtiefste Böse ist, eben die „Hölle“. Ich habe diese Werte gewählt, weil sie allgemein eingeführt und gut verständlich sind, nicht weil das Jenseits sie tatsächlich so benutzt.

Das Jenseits kann Sie nach mehreren Dimensionen klassifizieren, nach Dimensionen die Liebe, Wahrhaftigkeit oder Friedfertigkeit heißen. Eine solche Dimension kann Werte von eins bis zwölf haben oder von -20.000 bis +65.000 – sie in irgendeiner Form hier darzulegen, trüge jedoch nur zur Verwirrung der Leser bei. Deshalb beschränke ich mich auf -100 für böse und +100 für gut.

Wir Menschen leben in einer analogen Welt, in der Übergänge fließend sind, wir skalieren diese bloß gerne digital. Wir schauen auf den Tacho und lesen 50 km/h ab, dem entnehmen wir, daß wir von den kleinen grünen Männchen mit ihren UFOs (Unerwünschte Fotografierende Objekte) nichts zu befürchten haben. Tatsächlich fahren wir in dieser Sekunde mit 48,738 km/h und eine Sekunde später mit 48,741 km/h, doch diese verfeinerte Skalierung brächte uns im täglichen Straßenverkehr keinerlei Vorteile.

Die Nachkommastellen werde ich nur hier, im Seelengericht benutzen, weil es hier um diese kleinen Nuancen geht. Die guten Taten und die ehrliche Reue des Herrn Meier haben seinen Wert ein bißchen erhöht, die bösen Taten und seine Verstocktheit ihn erniedrigt. Bei manchen Szenen blieb der Wert unverändert.

Das Seelengericht ist ein vollständiges Gericht, mit allem, was in einen Gerichtssaal hineingehört. Es gibt jedoch einen wichtigen Punkt, in dem sich das Seelengericht von allen anderen Gerichten unterscheidet: Das Urteil, das hier gefällt wird, ist absolut gerecht. Das werden Sie verstehen, wenn Sie sich anschauen, wer an dieser Verhandlung beteiligt ist:

Der Angeklagte

Stimmt, das sind Sie. Sie sind gerade gestorben und müssen sich jetzt verantworten. Erwarten Sie bitte nicht, daß Sankt Peter in einem großen Buch nachsieht, was Sie denn so alles im Leben angestellt haben. Sie brauchen auch nicht zu hoffen, daß Ihnen ein Winkeladvokat zur Seite stehen wird, daß Sie den Staatsanwalt oder den Richter bestechen können. Selbst als vormals reichster und mächtigster

Mann der Welt sind Sie hier schwach und mittellos. Sie sind allein, ganz allein an diesem Ort.

Der Ankläger

Wir haben eine Akte über Sie. Eine vollständige Akte! Hier ist alles verzeichnet. Sie haben als Fünfjähriger die Kriegerwitwe als „alte Hexe" bezeichnet und ihrer Katze eine leere Sauerkrautdose an den Schwanz gebunden. Mit 15 haben Sie zwei Haschisch-Zigaretten geraucht, aber keinen Geschmack daran gefunden. Mit 23 haben Sie bei zwei Klausuren unerlaubte Hilfsmittel verwendet und sich mit 25 bei Ihrer Doktorarbeit einer ungenannten, dafür überaus hilfreichen und schreibfreudigen Quelle bedient, gegen 10.000 diskret bezahlten Mark. Mit 31 haben Sie Ihren Vorgesetzten anonym angeschwärzt, um seinen Posten zu erhalten. Ihre Frau haben Sie 183mal betrogen, bevor diese die Scheidung eingereicht hat. Und Sie haben es geschafft, sich arm zu rechnen, um den Unterhalt für Ihre Kinder zu drücken.

Gut, ich höre auf. Wir sehen uns demnächst, keine Sorge, da reden wir weiter. Aber wie Sie sehen, wissen wir alles. Absolut alles. Machen Sie ruhig weiter, es wird notiert. Akribisch und vollständig. Für die Verhandlung über Ihr Leben.

Das war jetzt nicht der Herr Meier, sondern das sind Sie. Alles, was Sie über sich selbst wissen, sogar alles, was Sie längst vergessen haben, kommt hier vor dem Seelengericht zur Sprache. Es gibt hier keine Geheimnisse, selbst die intimsten Angelegenheiten werden hier schonungslos aufgedeckt. Vielleicht sind Sie ja ganz froh, daß es hier keinen Anwalt gibt – und keine Zuhörer. Nicht einmal seine eigene Mutter war zugegen, als Herr Meier vor den Richter treten mußte.

Der Richter

Der Richter ist nicht Ihr Parteifreund, Sie kennen ihn nicht aus Ihrer Studentenverbindung, er ist kein Logenbruder. Der Richter möchte kein Geld von Ihnen, er will nicht auf Ihre Jacht, ihn interessiert kein Luxusurlaub. Der Richter hat nur ein einziges Ziel: die Gerechtigkeit. Der Richter kennt Ihren Fall in allen Einzelheiten. Er ist gerecht, vollkommen gerecht. Zu Ihnen und zu jedem Anderen. Er urteilt nicht nach Gesetzen, die eine Lobby entworfen hat. Seine Gesetze sind nicht aus irgendwelchen Gründen eingebracht worden, sie begünstigen keine Volksgruppe und keinen Berufsstand. Sie sind nur eines: gerecht. Maßgeschneidert gerecht, für Sie! Es gilt nicht gleiches Recht für alle, sondern es gilt das absolut gerechteste Recht für Sie, und zwar nur für Sie. Schon Ihr Geschäftspartner wird für das gleiche Delikt nach einem anderen Recht abgeurteilt, nach dem Recht, das für ihn am gerechtesten ist. Nicht erscheint, sondern IST.

Dieser unbestechliche und absolut gerechte Richter sind SIE SELBST. Herr Meier konnte in jeder Szene seine Handlung selbst bewerten, und zwar mit dem umfassenden Wissen über die Auswirkung auf alle Beteiligten. Die Angst des Hamsters, die Demütigung des Geschlagenen, die Verzweiflung der verstoßenen Freundin... Er hat alles empfunden und diese, seine eigene Handlung bewertet. Nur er selbst ist relevant, keine ethischen oder gar staatlichen Gesetze. Er allein entscheidet sich, wie er urteilt – und mit jedem Urteil wandert er auf der jenseitigen Werteskala.

Die Verhandlung

„In diesen wenigen Sekunden ist mein ganzes Leben vor mir abgelaufen". Kennen Sie diesen Satz? Haben Sie ihn schon irgendwo gelesen? Bei Nahtodeserlebnissen wird oft dieser „Lebensfilm" geschildert. Sie sehen Ihr Leben mit allen Höhe- und Tiefpunkten vor sich. Und am Ende ziehen Sie ein Fazit. SIE ziehen dieses Fazit, denn SIE, SIE allein, sind der Angeklagte, der Ankläger und der Richter. Sie fällen das Urteil, denn Sie wissen am besten, was Sie getan haben und warum Sie es getan haben. Das Urteil berücksichtigt alle Fakten, alle mildernden und verschärfenden Umstände. Und es ist absolut gerecht. Es gibt keine Berufung. Das Urteil ist endgültig. Und Sie selbst sind es, der dieses Urteil fällen wird.

Es nützt Ihnen nichts, wenn Sie Untaten durch Andere, durch Untergebene oder Abhängige begehen lassen. Alles, was Sie verursacht haben, wird hier auf Sie zurückfallen. Keine Ihrer Handlungen, keine Ihrer Sünden wird hier vergessen. Es gibt keine „magischen Tage", an denen Gott „wegschaut". Was immer SIE von Ihren Fehlern wissen, wird bei dieser Verhandlung ans Licht kommen.

Das Urteil

Was bedeutet das Urteil? Geht es um Himmel oder Hölle, um 100 oder 100.000 Jahre Fegefeuer? Ja, jedoch ganz anders, als es die Religionen uns lehren wollen. Sie kommen als Moslem nicht in den siebten Himmel, nur weil Sie sich mit einem Sprengstoffgürtel in die Luft gejagt haben. Und Sie müssen nicht einmal als Katholik im Fegefeuer braten, weil Ihnen am Karfreitag eine Schweinshaxe geschmeckt hat.

Das Urteil erfolgt nach dem Prinzip, daß Gleiches Gleiches anzieht. Sie ordnen sich auf der Skala ein, ob in der einen Dimension, die ich hier bespreche, oder den drei oder zehn Dimensionen, die das Jenseits tatsächlich als Ordnungsparameter haben mag. Wer die +100 erreicht, ist ein völlig anderer Charakter als jener, der +50 schafft, oder eben -23. „Gott" belohnt nicht die +100-Leute und verdammt die -100-Leute, sondern das Jenseits bringt Sie mit anderen Seelen zusammen, die auf der gleichen Stufe stehen wie Sie.

„Florence Nithingale" trifft durch das Seelengericht mit „Mutter Theresa" zusammen, „Josef Stalin" hingegen mit „Pol Pot". Was für Sie die Hölle wäre, ist für die richtigen Menschen ein ganz gewöhnlicher Ort. Herr Meier durfte nach dem Urteil an jenen Ort, an dem auch seine Mutter im Jenseits lebt. Das heißt nur, daß er vom selben Schlag ist wie seine Mutter, nicht mehr und nicht weniger.

Sterben Sie als Lügner und Betrüger, landen Sie in einem Jenseits, in dem gelogen und betrogen wird. Waren Sie liebenswürdig und hilfreich zu Ihren Mitmenschen, kommen Sie an einen geistigen Ort, an dem alle Bewohner liebenswürdig und hilfreich sind. Es geschieht nach Ihrem Verdienst – und nach Ihrem Willen.

Sie prügeln sich gerne und regeln Ihre Probleme am liebsten mit dem Baseballschläger? Freuen Sie sich! Sie kommen nicht etwa in die Hölle und werden rund um die Uhr den ausgeklügelsten Foltermethoden unterworfen, sondern Ihr Jenseits ähnelt sehr stark der Erde, und zwar so, wie Sie diese am liebsten hätten. Ein falsches Wort, ein schiefer Blick – und die Fäuste fliegen. Und natürlich Zähne... Sie werden Täter und Opfer sein, prügeln und geprügelt am Boden liegen. Wieder und wieder. Denn dazu haben SIE SELBST sich verurteilt.

Ach ja – Bestechungsgelder sind zwecklos. Selbst, wenn Sie der Kirche ein Milliardenvermögen hinterlassen, hat das keinerlei Einfluß auf das Seelengericht.

Bis in alle Ewigkeit?

Nein! Sie wurden geschaffen, um zu lernen und sich zu entwickeln. Fehler, die Sie vor 20 oder 20.000 Jahren begangen haben, bleiben nicht für alle Ewigkeit an Ihnen haften. Es sei denn, Sie wollen das! Wenn Sie das Faustrecht so sehr schätzen, werden Sie immer unter dem Faustrecht leben, im Diesseits wie im Jenseits. Gott wird Sie nicht weniger lieben und Sie auch nicht verstoßen. Machen Sie ruhig weiter, bis es Ihnen zuviel wird. Dann aber müssen Sie sich ändern. Gott wird es nicht für Sie tun, keine Kirche, kein Mächtiger und kein Dienstbote. Sie selbst müssen es tun, ganz allein. Sie müssen lernen, für sich selbst.

Das Seelengericht ist gerecht, es verhängt keine ewige Verdammnis. Gewissermaßen lautet das Urteil auf Bewährung. Bewähren Sie sich an dem Ort, an den Sie selbst sich gebracht haben, und Sie werden wegen guter Führung entlassen. Nicht vorzeitig, sondern genau dann, wenn Sie es sich verdient haben. Also dann, wenn Sie sich entschieden haben, sich zu verändern.

Fast alle Jungs haben sich als Kind geprügelt. Mit zunehmendem Alter – manche bezeichnen das auch als „Reife“ – werden diese Auseinandersetzungen verbal geführt, oder durch Intrigen, Denunziationen... Der „Junge“ ist dem Prügelalter entwachsen, dem Fäuste schwingen entwöhnt. Aber wer will, kann sich gerne noch im Rentenalter prügeln.

Worum Ihr bittet, das wird Euch gegeben...

Die katholische Kirche kennt das Sakrament der Beichte. Oberflächlich betrachtet, erzählen Sie dem Priester von Ihrem Banküberfall, der handelt mit Ihnen aus, zehn Prozent der Beute in den Opferstock zu werfen und drei Vaterunser zu beten, schon ist Ihre Schuld Gott gegenüber getilgt.

Wenn man jedoch genauer hinschaut, steht da etwas von „Reue“. Oh, der Priester ist ein freundlicher, hilfsbereiter Mann, der glaubt Ihnen, daß Sie bereuen. Sie selbst hingegen wissen ganz genau, wie wenig Sie die Tat bereuen, dafür aber die Tatsache, daß Sie nur 2.325 Euro erbeutet haben...

Reue ist tätige Umkehr. Jesus Christus hat es so ausgedrückt: „Gehe hin und sündige nicht mehr!“ Sie haben einen Fehler begangen und sich entschieden, diesen Fehler nicht mehr zu wiederholen. Sie bereuen diesen Fehler und er ist Ihnen vergeben.

Ist es wirklich so einfach?

Ja, es ist so einfach. Wenn Sie vorhaben, ein höllischer Nachbar zu sein, werden Sie höllische Nachbarn bekommen. Wenn Sie allen mißtrauen, wird man Ihnen mißtrauen. Denn Sie bekommen nicht das, worum Sie mit Ihren Lippen bitten, sondern das, was Sie mit Ihrem Herzen wollen. Bauen Sie Ihr irdisches Leben auf eine große Lüge, wird das Seelengericht Sie im Nachleben mit dieser Lüge konfrontieren.

Die katholische Beichte ist, bei aller menschlichen Unzulänglichkeit, ein „göttlicher" Gnadenakt. Jenseits der Lippenbekenntnisse müssen Sie als Beichtender erst einmal einsehen und akzeptieren, daß Sie etwas falsch gemacht haben. Sie müssen sich überwinden, diesen Fehler einzugestehen und Sie bekommen eine Buße, also die Auflage, den Schaden zu begrenzen oder zu beseitigen.

In Ordnung, das alles erfolgt unter der Oberaufsicht der Kirche, aber das ist nicht mehr als eine Hilfestellung. Das geistige Gesetz, das dahinter steht, hat nicht die Kirche erlassen. Es gilt für alle Menschen, nicht nur für Katholiken.

Die Regeln für das Seelengericht sind ganz einfach:

Sie werden ernten, was Sie säen – und wie Sie richten, so werden Sie gerichtet werden.

Sie entwickeln sich weiter und kommen im Jenseits mit Seelen zusammen, die auf derselben Entwicklungsstufe stehen. Das ist weder Strafe noch Belohnung, sondern schlicht und einfach Gerechtigkeit.

Auch als Atheist dürfen Sie die Bibel lesen. Es ist nicht wichtig, ob Jesus für Sie der Sohn Gottes war bzw. ist, oder ob Sie glauben, daß er als Person nie gelebt hat. Die Bibel ist ein Buch gesammelter Weisheiten, das hier, im europäischen Kulturkreis gut bekannt ist. Deshalb werde ich hin und wieder aus ihr zitieren.

Das, was Sie dem geringsten Ihrer Brüder angetan haben, das haben Sie sich selbst angetan.

Im Original heißt es, „...das habt ihr MIR angetan". Aber Sie hörnen nicht Jesus Christus, sondern Ihren Ehemann. Sie beklauen nicht Jesus Christus, sondern die halbblinde Frau drei Häuser weiter... Sie werden vom Seelengericht dafür nicht bestraft, sondern einer Umgebung zugeordnet, die zu Ihnen paßt.

Das Seelengericht ist gerecht. Alle Ihre Verfehlungen sind aufgezeichnet, kein Priester, nicht einmal der Papst kann Sie davon freisprechen. Nur Sie selbst haben es in der Hand! Ehrliche Reue und der Wille zur Umkehr wird vom Seelengericht zu Ihren Gunsten gewertet. Fünf Minuten ehrliche Reue können die Untaten von 80 Jahren aufwiegen. Aber denken Sie daran: Sie können nicht betrügen! Selbst wenn es Ihnen gelingt, die ganze Welt zu täuschen, sich selbst werden Sie nicht täuschen können.

Auf der Erde ist es nur eine einfache Regel, über die Sie sich hinwegsetzen können:

Handele an Anderen so,
wie diese an Dir handeln sollen!

Oder, noch einprägsamer: Was Du nicht willst, daß man Dir tu, das füg auch keinem Andern zu. Auf der Erde steht es Ihnen frei, dagegen zu verstoßen. Doch nach diesem Erdenleben wird an Ihnen so gehandelt, wie Sie zuvor die Anderen behandelt haben. Das ist nur gerecht.

Einführung ins Jenseits

Erwarten Sie bitte nicht, daß Sie vormittags frohlocken sollen und am Nachmittag Hosianna singen. Der Himmel sieht ein wenig anders aus, als Engel Aloisius ihn erleben durfte. Dafür gibt es im Jenseits auch nicht die netten Herren mit den Hörnern, Fledermausflügeln und Dreizacks. Selbst das Fegefeuer kann ich Ihnen ersparen.

Wenn Sie sich an Filme wie „Welt am Draht“ oder „Matrix“ erinnern, kommen Sie dem Jenseits schon näher. Das Jenseits ist eine virtuelle Welt aus Gedankenprojektionen, die jedoch überaus real wirken.

Das braucht Sie nicht sonderlich zu verwundern, denn unser gewohntes Diesseits ist ebenfalls eine virtuelle Welt aus Gedankenprojektionen. Diese Erkenntnis ist nicht neu, sondern eine der wenigen Dinge, in denen alle Religionen der Erde übereinstimmen. Der große Designer unserer diesseitigen Welt wird von uns als „Gott“ bezeichnet.

Am Anfang schuf Gott Himmel und Erde... Das kennen Sie doch. Die modernere Version spricht von einem Urknall, mit dem Gott das Programm „Universum“ gestartet hat. Das läuft inzwischen eine ganze Weile und Sie sind eines der Objekte in diesem Programm. Sie können mit anderen Objekten dieses Programms interagieren, weil der große Programmierer das so vorgesehen hat.

Das Jenseits ist eine Variante dieser Datenumgebung, in der ein paar Gesetze direkter und schneller funktionieren. Das Jenseits liegt auf der anderen Seite einer Schwelle, hinter die Sie vom Diesseits aus nicht schauen können. Es ist dabei nicht wichtig, ob das Jenseits eine „feinstoffliche“ Welt ist, die sich von der „grobstofflichen“ Welt des Diesseits unterscheidet. Das Jenseits kann durchaus im Hyperraum liegen oder im Inneren der Sonne – es ist vom Diesseits aus nur durch den Tod zu erreichen.

Das Jenseits war ursprünglich unstrukturiert. Hier hat Gott sich ausgeruht und nicht alles vorgegeben. Das Rohmaterial wartet auf jeden, der es formen kann. Zum Glück sind Sie nicht der Erste, der dort hingelangt, Ihre Vorgänger haben schon einen großen Teil der Arbeit erledigt.

Nehmen wir die paar tausend Bewohner von Neustadt. Orte dieses Namens gibt es genug, also nehmen wir eines, das Sie nicht kennen.

Diese Menschen lassen wir sterben und versetzen sie in ein völlig jungfräuliches Jenseits, das noch niemand strukturiert hat. Nach einiger anfänglicher Verwirrung haben die Neustädter dem abgeholfen und leben fortan – ja, in Neustadt. Weil die Leute erwarten, in Neustadt zu leben, leben sie jetzt in einem Neustadt, das ihre eigenen Vorstellungen im Jenseits geschaffen haben.

Gut, es passiert nicht ganz so extrem, Sie müssen eine Menge lernen, bevor Sie Ihr persönliches Neustadt erschaffen können. Außerdem gibt es einen klar erkennbaren Übergang. Das mit dem Seelengericht und dem Lebensfilm habe ich Ihnen ja schon beschrieben. Sonst könnte es wirklich passieren, daß Sie eines Morgens aufwachen und mit einiger Mühe feststellen, daß Sie gestorben sind. Sie haben im Jenseits Ihr Bett erschaffen, das Schlafzimmer, das schlechte Wetter draußen...

Aber Sie sind eben nicht der Erste, deshalb ist schon eine Menge erschaffen, bevor Sie das Jenseits betreten. Gewissermaßen leben Sie jetzt im Traum anderer Leute – oder in deren Alptraum, wenn Sie im Leben die falschen Entscheidungen getroffen haben.

Leider ist es noch komplizierter. Jede Seele im Jenseits hat die Kraft, die Wirklichkeit zu erschaffen. Angenommen, Sie wollen sich einen schönen großen Mercedes erschaffen. Jetzt setzen Sie sich hin und konzentrieren sich... Ja, ja, Sie sind im Diesseits. Da hat ein gewisser „Gott“ bereits alles geschaffen, was zu schaffen war, deshalb klappt das mit dem Mercedes nicht so einfach. Kümmern Sie sich um eine Finanzierung, dann geht das leichter.

Im Jenseits haben Herr Meier, Frau Müller, Frau Großmann und Herr Schreiner eine gewisse Vorstellung, wie das alles hier aussehen soll. Leider wissen die nichts von Ihrem schönen Mercedes, deshalb stößt Ihr Schöpfungsdrang auf Widerstand.

Sie sehen, es lohnt sich einfach nicht, für einen Mercedes zu sterben. Außerdem ist das hier erst die Einführung, das Jenseits ist mindestens so vielschichtig wie das Diesseits.

Im Jenseits erwartet Sie eine Umgebung, die derjenigen gleicht, die Sie von der Erde gewohnt sind. Das hat Gott nur indirekt so eingerichtet, denn die Umgebung des Jenseits wurde von Menschen bestimmt. Demnach gibt es dort fast keine Überraschungen – von einer einzigen abgesehen, die überaus angenehm sein kann, aber auch ganz fürchterlich.

Sie treffen im Jenseits auf Ihresgleichen! Ihre liebreizende, herzensgute Mutter ist leider in einer anderen Abteilung gelandet. Ihren bitterbösen, grausamen und betrügerischen Vater werden Sie dort ebenfalls nicht antreffen, es sei denn, Sie sind ebenso bitterböse, grausam und betrügerisch. Wo Sie letztlich landen, wird durch das Seelengericht entschieden.

Bis auf diese Kleinigkeit wird Ihnen das Jenseits vorkommen, als seien Sie nur umgezogen. Es gibt dort Arbeit, Vergnügungen, Unterricht, Schmerzen – sogar Hunger und Durst. Ach ja, eines fehlt leider doch: Kinder. Im Jenseits gibt es keine Geburten, diese sind nur im Diesseits möglich.

Am besten, Sie tun so, als sei das Jenseits eine geringfügig veränderte Erde. Das erleichtert Ihnen die Eingewöhnung.

Familientreffen im Jenseits?

Zu den tröstenden Vorstellungen des Todes gehört, daß man danach seine geliebten Angehörigen wiedertreffen wird, die einem schon vorausgegangen sind. Großmutter oder Vater, Nichte oder Bruder, Ehefrau oder Verlobter – das Schicksal schlägt unbarmherzig zu und reißt die Menschen von unserer Seite. Sie haben große Chancen, sie im Jenseits wiederzutreffen, denn das sind schließlich Menschen Ihres Schlages.

Abgesehen von den Familienmenschen gibt es natürlich die „Touristen", die unbedingt einmal mit Johann Wolfgang von Goethe reden (zumeist ehemalige Deutschlehrer) oder mit Alexander dem Großen ein paar Schlachten besprechen (ehemalige Generäle) oder auch nur bei Johann Sebastian Bach persönlich die Kunst der Fuge studieren wollen.

Leider ist das nicht ganz so einfach. Es gibt da nämlich ein paar Hindernisse:

1. Das Jenseits ist in verschiedene Ebenen unterteilt.

Eleulorien kennen Sie bereits, da treffen Sie Herrn Hans Meier, in der Nähe des dortigen Bielefeld. Herr Meier war ein durchschnittlicher Mensch mit durchschnittlicher Moral, deshalb kam er in diesen Bereich des Jenseits. Zum Glück sind die meisten Menschen eher durchschnittlich, deshalb haben Sie dort beste Aussichten, einen Bekannten zu treffen. Josef Stalin sollten Sie aber besser in den tieferen Ebenen suchen...

Das heißt, besser nicht. Herr Dschugaschwili dürfte nicht sehr angetan sein von Besuchen. Sollte er es im Jenseits in Amt und Würden geschafft haben, hat er dort auch schon seine beliebten Ferienlager eingerichtet. Sibirien ist überall.

Es ist jedoch recht wahrscheinlich, daß Sie im Jenseits Ihre Verwandten antreffen, denn eine Verwandtschaft ist nicht zufällig entstanden. Ihre Seele hat vor der Verkörperung ein Umfeld gesucht, das ihr entspricht, eben Ihre Verwandtschaft. Wenn Sie nicht gerade das „schwarze Schaf" Ihrer Familie sind, dürften Sie in etwa mit dem Niveau Ihrer Familie die Erde wieder verlassen und folglich Ihrer Erbtante für deren Testament persönlich danken können.

2. Die Wiedergeburt kann jederzeit stattfinden

Ja, ich weiß, Ihr geliebter Ehemann ist erst vor einem halben Jahr gestorben, da müßte er doch noch „da oben" sein. Leider läßt sich das nicht vorhersagen. Es gibt Seelen, die das Jenseits gar nicht mehr verlassen, andere, die dort Jahrhunderte verbringen, und wieder andere, die so schnell wie möglich abhauen.

In manchen Fällen erfolgt die nächste Inkarnation in sehr kurzem Abstand. Unfalltote, die überraschend aus dem Leben gerissen worden sind, tun sich oftmals schwer damit, diesen Zustand zu akzeptieren. Diese Seelen inkarnieren sehr oft in Kindern, die bald nach der Geburt sterben, um so die Sterbeerfahrung zu wiederholen und damit den eigenen Tod akzeptieren zu lernen.

Natürlich gilt, daß je länger eine Person gestorben ist, es immer wahrscheinlicher wird, daß sie ins nächste Leben fortgeschritten ist. Aber es gibt trotzdem keine Garantie, die gesuchte erst jüngst verstorbene Person noch anzutreffen.

3. Die gewünschte Person ist heute eine andere

Alexander der Große hatte mittlerweile 2.300 Jahre Zeit, um sich ein neues Leben herauszusuchen. Die Zeit würde sogar für zwanzig zwischenzeitliche Leben ausreichen. Wer weiß, ob Ihr Schulfreund Peter Englert einstmals der berühmte Mazedonier gewesen war?

„Wenn mancher Mann wüßte, wer mancher Mann wär, gäb mancher Mann manchem Mann manchmal mehr Ehr." – Ich weiß nicht, ob Sie dieses Sprichwort kennen. Ich bezweifle auch, daß der Volksmund das Jenseits im Sinn hatte, als er es prägte. Aber es beschreibt den Zustand recht gut.

Das hat übrigens eine Kaiserin Theodora schon erkannt, die Gattin des byzantinischen Herrschers Justinian. Sie hat ihre Karriere als Tänzerin begonnen und sich mit den Reizen einer Frau ins kaiserliche Bett vorgearbeitet. Diese Dame hatte keine Lust, im nächsten Leben wieder ganz unten anzufangen, deshalb hat sie die Lehre von der Wiedergeburt verboten und beim erstbesten Konzil aus den christlichen Glaubensdogmen streichen lassen.

Zum Glück lassen sich Naturgesetze selbst von Kaiserrinnen nicht einfach verbieten. Wenn also Theodora Kaisersgattin bleiben wollte, hätte sie jedes weitere Leben verweigern müssen. Nur, leider, zählen Rang und Name auf der Erde im Jenseits wenig. Nicht einmal irdischer Besitz, denn der bleibt zurück.

4. Die Seele entscheidet selbst, wer sie im Jenseits ist

Das heißt nicht, daß Sie die freie Auswahl haben. Sie lernen jedoch recht rasch, Ihren Körper ein wenig nachzubessern. Nur unerfahrene Seelen laufen als gebrechliche Achtzigjährige herum, Verjüngung und Verschönerung ist die Regel. Die meisten Seelen verwandeln sich allerdings weder in Conan noch in Claudia Schiffer, sondern begnügen sich damit, sie selbst in den besten Jahren zu werden. Natürlich ohne Bierbauch oder Orangenhaut.

Fortgeschrittenere Seelen können wählen, welches vorherige Leben sie im Jenseits darstellen wollen. Wenn also Martin Luther keine Lust hat, ein paar Jahrhunderte geduldig seine Reformation zu diskutieren, lebt er lieber als Helga Bärwald, unerkannt und unbelästigt.

Ob die liebe Helga sich Ihnen offenbart, ist allein ihre Entscheidung. Deshalb ist das Jenseits nicht ganz die supertolle Touristenzone, in der jeder die Prominenz der Weltgeschichte aufsuchen kann.

Der Tod des Semor Ethirion

Es interessiert Sie bestimmt, wie es einem berühmten Mann nach seinem Tod ergeht. Natürlich könnte ich jetzt Konrad Adenauer betrachten – und damit Erben, Parteifreunde und Historiker gegen mich aufbringen. Da ein solcher Streit absolut nichts bringt – höchstens Geld für ein paar Raubanwälte – verlagere ich das Geschehen in die Vorgeschichte.

Zum Zeitpunkt der Handlung ist Atlantis noch nicht einmal entdeckt. Die Großmacht dieser Zeit ist das Königreich Eonata, dem jedoch große Umbrüche bevorstehen. Semor Ethirion, der letzte König von Eonata, war ein arroganter Mann, den die meisten seiner Untertanen zu ihrem Glück nur bei Zeremonien gesehen haben. Seine Höflinge und die Senatoren von Eonata hatten unter seinem Verhalten viel zu leiden.

In jener fernen Vergangenheit, deren Zeugnisse durch mindestens eine Weltkatastrophe so verborgen wurden, daß Archäologen sie entweder ignorieren oder nicht einordnen können, ist das Jenseits noch deutlich einfacher strukturiert als heute. Die Ebene von Eleulorien, in der Hans Meier bei seiner Mutter landen wird, ist noch nicht geschaffen worden.

Doch jetzt folgen Sie mir bitte ins Parlanion, dem Königspalast, der sich über Eo na tara meral av Sun erhebt, der Stadt über allen Städten, dem Ort, an dem wir Menschen als Kinder der Sonne geboren wurden – dem einst so stolzen, aber heute völlig vergessenen Eonata.

Alcir Monax betrat das Gemach des Königs, ein Vorrecht, das ihm allein als königlichen Kammerherrn zustand. Er betrachtete einige Augenblicke die alt gewordene, reglos daliegende Gestalt, bevor er wie vorgeschrieben das Knie beugte. Lautlos zählte er seine Herzschläge, während er darauf wartete, angesprochen zu werden. Nach zehn Schlägen wagte er es, sich zu erheben und langsam auf das Lager zuzutreten.

Kammerherr Monax hatte eine umfassende Tempelausbildung genossen, er hätte durchaus als Heiler sein Auskommen gefunden. Er achtete auf jede Regung, auf das kleinste Zucken des Leibes. Endlich war er am Bett des Königs angelangt. Er sah deutlich die Anzeichen des Todes, trotzdem prüfte er sorgfältig, ob der Atem stillstand, bevor er den Leichnam berührte. Er tastete nach dem Puls, wagte schließlich die Rüttelprobe, bevor er nickte. Ja, es war soweit, Semor, der zwölfte der Ethirion-Könige, war tot.

Herr Monax blieb einige Sekunden reglos stehen und überdachte seine Aufgaben. Die königliche Standarte würde eingeholt und so der ganzen Stadt anzeigen, daß die Herrschaft der Könige zu Ende gegangen war. Ein paar Leute im Tempel würden so pietätlos sein und noch heute ihre neue Macht zu feiern anfangen. In einigen Tagen würde ein neues Jahr beginnen, zugleich auch ein neues Zeitalter und eine neue Zeitrechnung, so hatten es die Senatoren bereits beschlossen.

Was würde aus Alcir Monax? Er hatte alle Weihen, die ein Priester des Vaters der Sonne nur haben konnte, aber niemand würde einen ehemaligen Kammerherrn brauchen... Vielleicht würden die neuen Machthaber ihn ja nur aus der Stadt verweisen, auf ein abgelegenes Landgut verbannen...

„Ja, bedauere dich nur selbst, Alcir, denn ich weiß genau, daß du für mich keine Träne vergießen wirst." Semor Ethirion hatte die Szene verfolgt, amüsiert und zugleich verärgert. Zu gerne hätte er seinen Kammerherrn noch ein letztes Mal beschimpft.

Natürlich hatte Semor längst begriffen, daß er gestorben war. Er war wie ein Priester in allen Weisheiten des Tempels unterrichtet worden, er wußte also, was ihm bevorstand. Deshalb überraschte ihn das Seelengericht nicht. Er kannte sein Leben, er hatte sich nichts vorzuwerfen, seine Leute hatten schließlich gehorcht, sein Verhalten war dem eines Königs angemessen. Er spürte das Ergebnis, denn er wußte genau, daß er ins jenseitige Eonata kommen würde.

Allerdings brauchte er Führer, folglich entschloß er sich zu ***rufen***, und er war gespannt, wen ihm das Jenseits als Boten schicken würde.

„Wir sind gekommen, um dich ins Jenseits zu geleiten, Semor."

Der tote König fuhr herum. „Oh, Belon Saret und sein unvermeidlicher Sekretär Monar Argos... Seid ihr wirklich so unzertrennlich, daß ihr sogar im Jenseits zusammenbleibt?"

Natürlich hatte sich der frühere Sprecher des Senats verjüngt, er sah zudem schlanker und sportlicher aus, als zu seinen Lebzeiten. Sein Sekretär hatte sich nicht ganz so umfassend renoviert, aber er war zu seinen Lebzeiten groß, stattlich und überaus muskulös gewesen, wahrscheinlich der gefährlichste Kämpfer seiner Zeit.

Semor hatte sich immer gefragt, wieso diese beiden so gegensätzlichen Männer zueinander gefunden hatten, doch er hatte gleichzeitig bewundert, wie vollkommen sie sich ergänzten, weil die Stärken des Einen die Schwächen des Anderen vollständig ausglichen.

„Wir sind zusammen, weil wir durch alle Zeitalter miteinander verbunden waren und es bleiben werden", antwortete Monar. „Folge uns bitte dorthin, wo das Seelengericht dich hingeschickt hat."

„Wo bleiben deine Manieren, Monar Argos?", rügte der tote König. „Du solltest dich entschieden höflicher verhalten!"

Belon deutete zurück, auf den in der Entfernung sichtbaren Leichnam. „Das hier war der König, eine abgeworfene Hülle, die zurückbleibt. Im Jenseits bist du nur Semor Ethirion, ein Mensch, wie alle anderen, ohne Vorrechte und Privilegien."

Semor lächelte und schoß einen konzentrierten Impuls auf Belon ab. Gedanken waren schon im Diesseits Kräfte, im Jenseits wirkten sie noch viel stärker. Semor war ein Meister der Meditation, und er wußte, daß Belon in den letzten Jahrzehnten zuviel gearbeitet hatte, um seine Kräfte auszubauen.

Dieser Angriff hätte Belon zurückschleudern und auf die Knie zwingen sollen, doch der frühere Senator zeigte noch nicht einmal, daß er diesen Schlag überhaupt bemerkt hatte. Semors Selbstvertrauen erlitt dadurch einen so schweren Dämpfer, daß er ohne weiteren Widerstand seinen Begleitern ins Licht folgte.

„Ihr bringt mich ins jenseitige Eonata?", fragte Semor. „Dürft ihr beide dort ebenfalls leben?"

Monar lächelte hinterhältig. „Es gibt fünf Eonatas im Jenseits. Das, welches für dich bestimmt ist, ist das unterste. Wir werden dich am Anfang begleiten, weil das eine Mission ist, die wir auf uns genommen haben. Aber wir haben nur wenig Zeit, da wir bald auf die Erde zurückkehren."

Semor wollte mit einer spitzen Bemerkung antworten, doch das Licht, das von Belon und Monar ausging, wurde heller und heller. Er empfand es körperlich, beinahe schmerzhaft, bis es gedämpft und zurückgedrängt wurde.

Semor war nicht das erste Mal im Jenseits, die Erinnerungen an frühere Leben kehrten jetzt zurück. Folglich wußte er jetzt, wem er hier gegenüberstand: rachsüchtigen Geistern, die sich daran weideten, ihm jetzt überlegen zu sein. Nicht etwa alte Freundschaft hatte die beiden erscheinen lassen, sondern eine offene Rechnung, die sie jetzt, mit den Mitteln des Jenseits, bei ihm begleichen wollten.

„Ach ja? Dann geht besser gleich! Ich brauche euch nicht! Egal, welches Eonata das sein mag, ich bin sein König!"

Die Umgebung veränderte sich. Ja, Semor erkannte Eonata, trotz des Wintersturmes, der ihm scharfe Eiskristalle ins Gesicht schleuderte. Er stand am Fuß des Burgbergs, auf der teilweise zusammengebrochenen steinernen Brücke, welche diesen mit der Stadt verband. Die Häuser um ihn herum befanden sich in einem schlechten Zustand, keines versprach Zuflucht oder gar Wärme zu bieten. Auch sein Palast hatte sich verändert. Statt des einladenden, prunkvollen Baus stand dort auf dem viel steileren Hügel eine düstere Zwingburg mit abweisenden Wällen, bei der schon der Zugang hier unten durch ein bewachtes Tor versperrt war.

Semor entschied, daß er lange genug in der Kälte gestanden hatte. Er ging entschlossen auf das Tor zu. Belon und Monar folgten ihm nicht, was er durchaus begrüßte. Mit den beiden wollte er sich nicht länger behängen.

„Wo willst du denn hin, Freundchen?", knurrte ihn einer der Torwächter an.

„Ich bin Semor Ethirion, euer König!", bekam dieser Grobian zur Antwort. Semor wollte an ihm vorbei, weiter empor zum Parlanion.

„Ach nee", rief der Torwächter. „Schon wieder so ein Spinner."

Semor wollte herumfahren, den Kerl zur Rede stellen, da traf ihn ein Schlag schwer auf den Kopf. Er spürte einen scharfen Schmerz, weil ihm ein Dorn tief in den Schädel drang, dann wurde er umgerissen, bekam noch einen Fußtritt und wurde davongeschleudert. Benommen blieb er an einer Hauswand liegen und fühlte, wie aus seiner Kopfwunde das Blut strömte.

„Das war keine so gute Idee", befand Belon und half Semor auf die Beine.

„Ein schöner Hieb, hat den Schädel glatt gespalten", kommentierte Monar. Er faßte Semor an den Kopf und preßte diesen schmerzhaft zusammen. „Hier kann man nicht sterben, egal wie schlimm die Verletzung ist, aber weniger erfahrene Seelen brauchen Wochen, bis das auskuriert ist. Wer in Stücke gehackt wird, braucht sogar Monate, bis er wieder alles zusammen hat.“

Semor betastete seinen Kopf und stellte fest, daß Monar ihn geheilt hatte. Seine Gedanken schienen sich zu beschleunigen. Ganz unerfahrene Seelen konnten ihr Erscheinungsbild überhaupt nicht verändern, als erstes lernten sie, ihr Alter zu korrigieren, schließlich ihr Aussehen nach eigenen Wünschen zu verbessern. Die zweite Stufe konnte wählen, welches ihrer früheren Leben sie hier im Jenseits verkörpern wollte. Die dritte Stufe konnte andere Seelen verändern... Monar war demnach eine überaus mächtige und sehr alte Seele – wie zweifellos auch Belon.

„Helft mir!“, forderte Semor. „Dafür seid ihr schließlich hier! Ihr beide könnt mich doch ganz sicher dort hinauf bringen, auf meinen Thron?“

„Können täten wir schon“, antwortete Belon. „Aber der Thron dort oben ist schon besetzt. Aridor Ethirion hat die älteren Rechte.“

„Aridor...?“ Natürlich kannte Semor diesen Namen. Aridor war der vierte Ethirion, der vor Jahrhunderten regiert hatte. „Aber – der ist Geschichte! Ich bin der Herr von Eonata!“

„Die Torwächter sind da anderer Ansicht“, erklärte Monar. „Die sind zu zweit und bewaffnet.“

„Ja, aber ihr... Ihr werdet meine Minister!“

Monar lachte ihn aus. „Semor, wenn wir Interesse an dem Thron dort hätten, dann wärst du unser Hofnarr. Und jetzt komm besser mit, wir suchen dir eine Bleibe.“

„Wozu? Hier kann man nicht erfrieren“, widersprach Semor.

„Das ist deine Entscheidung“, versicherte Belon. „Wir haben hier keine Probleme. Ob dir Zehen, Finger oder Ohren abfrieren, wissen wir nicht. Kannst du den Hunger unterdrücken? Wir können es. Oh, natürlich wirst du nicht verhungern, aber es ist recht schmerzhaft. Also, such dir besser eine Unterkunft und eine Arbeit, denn du mußt für alles bezahlen.“

„Verdammt! Das ist ja viel schlimmer, als ich es mir vorgestellt habe!“

Monar zuckte mit den Schultern. „Das hier ist Eonata V, mitten im Winterland. Hier ist das nun mal so."

Semor horchte auf. „Und wie ist es in Eonata I? Im... Sommerland?"

Belon lächelte freundlich. „Dort ist es angenehm warm, jeder kann problemlos im Freien schlafen. An den Bäumen wachsen schmackhafte Früchte, jeder hat ohne Arbeit sein Auskommen. Die Seelen sind dort freundlich und hilfsbereit. Ja, das ist ein viel schönerer Ort als hier."

„Ihr beide wart dort, nicht wahr? Ihr könnt mich dort hinbringen!"

Belon schüttelte den Kopf und antwortete ernst: „Vielleicht könnten wir es, ja. Für dich wäre das Sommerland ein Scheiterhaufen, weil du seine Schwingung nicht verträgst. Niemand kann eine höhere Ebene betreten, ohne heftigste Schmerzen zu erleiden. Umgekehrt geht es, weil die Wärme der höheren Ebenen uns in dieser Kälte erhält, aber wir müssen uns abschirmen, um euch nicht zu verbrennen."

„Das sind Ausreden! Ihr werdet mich jetzt mitnehmen! Sofort!" Semor bekam eine Latte zu fassen und ging drohend auf Monar zu.

„Tu es nicht! Du brauchst uns!"

„Ha! Hast wohl Angst?" Semor ließ seine Latte auf Monar niedersausen. Der beste Kämpfer seines Zeitalters rührte sich nicht. Die Latte traf voll seinen Kopf, zerbrach und die Teile begannen zu brennen.

Belon und Monar schauten Semor traurig an. Monar richtete das Wort an ihn: „Wir haben wirklich geglaubt, daß wir dir helfen können, auch wenn unsere Freunde gesagt haben, es wäre viel zu früh. Wie es aussieht, mußt du tatsächlich die Erfahrungen selbst sammeln, um überhaupt so weit zu kommen, daß du bereit bist, Hilfe anzunehmen. Solltest du eines Tages soweit sein, daß du Hilfe akzeptierst, gehe in den wahren Tempel des Vaters der Sonne. Nicht in den großen Staatstempel, der ist so falsch wie das Parlanion dort oben. Im Winzerviertel von Eonata gibt es einen kleinen Tempel, in dem die Leute auf der Erde abends um gutes Wetter beten, wenn sie aus den Weinbergen nach Hause gehen. Diesen Tempel gibt es auch hier. Dort findest du Trost, wenn du bereit bist, ihn anzunehmen."

Semor begann, seine Begleiter wild zu beschimpfen. Gleichzeitig suchte er nach Steinen, um sie damit zu bewerfen, wenn schon Holz versagte. Lange brauchte er nicht zu suchen, denn die beiden Seelen verschwanden und hinterließen einen hellen Sonnenstrahl, der ebenfalls verwehte.

„Ja, verschwindet und laßt mich in Ruhe, ihr Dreckskerle“, rief ihnen Semor hinterher.

Die Torwächter hatten mehr von dieser Unterhaltung mitbekommen, als Semor gedacht hatte. Einer von ihnen rief ihm jetzt zu: „Ja, du bist tatsächlich ein König! Entschuldige, daß wir dich nicht erkannt haben! Du bist ein wahrer König der Narren und Dummköpfe! Und jetzt pack dich davon, sonst werfen wir dich in den Sejor!“

Semor ballte die Fäuste, aber die Torwachen hatten schon ihre Speere auf ihn gerichtet. Wütend stampfte er in den Schnee, weil er begriff, daß er gegen die beiden nicht aufkam. Jetzt mußte er doch über den Fluß, in die eigentliche Stadt. Vielleicht hätte er seine beiden Helfer nicht fortjagen sollen...

Obwohl, wenn die beiden so empfindlich waren, wie hätten sie ihm da in dieser harten Welt helfen können? Nein, der Starke ist allein am besten dran, so hatte er es immer gehalten. Schließlich war Aridor bestimmt auch nicht als König willkommen geheißen worden, er hatte sich seine Position erkämpft.

Semor würde die ihm zustehende Position erkämpfen, daran zweifelte er nicht. Es gab Schwächere hier im Jenseits, die bald seine Untertanen sein würden. Mochte das Parlanion hier eine Zwingburg sein, er würde sie mit seinen Mannen erstürmen, mit seiner Armee.

Semor atmete tief durch. Ja, hier war er am richtigen Ort. Hier konnte sich ein entschlossener, skrupelloser Mann hocharbeiten, hier würde niemand dem Schwächeren helfen. Er kletterte über die Trümmer eines Brückenbogens, die als Trittsteine ausreichten, um trockenen Fußes voranzukommen. Der Rest der Brücke war noch intakt.

Semor schritt feierlich auf die Stadt zu. Die Bewohner wußten es noch nicht, aber ihr neuer König traf gerade ein.

*

Ob es geklappt hat? Ich möchte es offen lassen. Semor Ethirion trifft in der Stadt auf Seinesgleichen, auf Leute, die ähnlich entschlossen und ähnlich skrupellos sind, wie er selbst. Die Eroberung einer Stadt im Jenseits ist eher schwerer als im Diesseits, weil die willigen Opfer fehlen.

Der Versuch mündete schließlich, wie so viele Pläne im Jenseits, in einem neuen Leben auf der Erde.

Das Leben im Jenseits

Sie sind bestimmt schon einmal im Traum Auto gefahren, haben geliebt oder gekämpft, haben Bekannte getroffen oder völlig Fremde, sind vielleicht geflogen oder gefallen... Und alles war im Moment des Traums völlig real.

Das Jenseits ist ebenso real wie jeder Ihrer Träume. Esoteriker sprechen gerne von „feinstofflicher Materie", die wir mit unseren „grobstofflichen" Sinnen nicht erfassen können. Vielleicht sagt Ihnen auch das „Holodeck" von Raumschiff Enterprise / Star Trek etwas. Dort wird auf Knopfdruck aus der Datenbank des Schiffsrechners in einem leeren Raum eine beliebige Umgebung erzeugt.

Die Umgebung des Jenseits' ist eine solche Projektion, die aber nicht ein beneidenswert rechenstarker Schiffscomputer erzeugt, sondern die Bewohner selbst. Im Diesseits gilt es als ein Geheimnis der „Eingeweihten", daß wir unsere Umgebung selbst erschaffen, im Jenseits offenbart sich das sehr schnell.

Aber beginnen wir besser ganz einfach. Dadurch, daß Sie sterben, werden Sie nicht plötzlich zur Weltraummolluske von Ceti Delta 4, sondern Sie sind nach wie vor ein Mensch. Das heißt, Sie schaffen sich erst einmal einen „Körper" nach Ihren Vorstellungen. Vielleicht bewundern Sie die Muskeln von Bruce Lee oder die weicheren Rundungen einer Marilyn Monroe, aber der Körper, den Sie am besten kennen, ist derjenige, den Sie gerade abgelegt haben. Aus diesem Grund betreten Sie das Jenseits als Hans Meier oder Christiane Müller.

Sie haben gewisse Vorstellungen von Ihrem Körper, die Sie ganz selbstverständlich mit projizieren. Dazu gehört die Nahrungsaufnahme und die Ausscheidung der Verdauungsprodukte, das Atmen oder die Lebenserfahrung, daß Sie zu bluten beginnen, wenn eine Messerklinge in Ihren Körper eindringt. Exakt so wird sich Ihr neuer Körper verhalten.

Der größte Unterschied liegt darin, daß Sie nicht sterben können. Natürlich nicht, Sie sind ja bereits tot. Das heißt aber nicht, daß Sie keine Schmerzen leiden, oder keinen Hunger. Es entspricht schließlich Ihrer angehäuften Lebenserfahrung, daß es ziemlich weh tut, wenn Ihnen eine Axt in den Schädel gehauen wird.

Der Buddhismus geht so weit, daß er sogar unser irdisches Leben und die damit verbundene Realität zu einer Illusion erklärt, die der Mensch im Lauf seiner Entwicklung überwinden soll. Im Jenseits ist diese Illusion viel leichter erkennbar. Deshalb konnte Monar Argos ganz gelassen bleiben, als Semor Ethirion ihm mit einem improvisierten Knüppel eine überbraten wollte. Er hat einfach die Illusion ein wenig manipuliert und damit den gewesenen König überaus beeindruckt.

Semor hat sich an die Möglichkeiten der Seelen erinnert, welche diese im Jenseits schließlich erlangen. Stellen Sie sich einmal einen heutigen Bundesbürger vor, 30 kg Übergewicht und sein Lieblingssport besteht in der akkuraten Benutzung der Fernbedienung. Lassen wir ihn für immer zwanzig Jahre alt sein und geben ihm unendlich viele Trainingsstunden. Irgendwann ist der Mann schlank genug, um 50 Liegestütze hintereinander zu schaffen. Nach einer weiteren Menge vergossenen Trainingsschweißes kann der Mann zehn Klimmzüge und rennt die hundert Meter unter zwölf Sekunden. Oh, wir haben sehr, sehr viel Zeit, wir kriegen ihn noch so weit, daß er eine weltmeisterliche Turnübung hinlegt und unter zehn Sekunden rennt.

Diese unendlich vielen Trainingsstunden räumt Ihnen das Jenseits ein. 20 Leben, 50 Leben, 100 Leben... so viele, wie Sie brauchen. Irgendwann werden auch Sie eine mächtige Seele sein. Oder glauben Sie, die Torwächter hätten sich höflich verbeugt, als Aridor Ethirion das Parlanion für sich beansprucht hatte?

Bis Sie soweit sind, sich über die Illusion hinwegzusetzen, sind Sie ihr ausgeliefert. Das Leben funktioniert, so wie es auf der Erde funktioniert hat, Sie sind nur unsterblich. Selbst abgetrennten Köpfen wächst der Körper wieder nach, allerdings dauert das sehr lange.

Semor Ethirion landete in einer Höllenebene, dem „Winterland". Damals hatten sich weder Himmel noch Hölle voll entwickelt, das damalige Winterland liegt nach heutigem Empfinden auf -35. Gott hat demnach seine Strafkolonie eingerichtet... Gott? Nein, wir selbst, die Bewohner, haben dieses Land geschaffen. Eonata V, das Winterland, das Sommerland – sie alle funktionieren nach dem einfachen Gesetz der Entsprechung.

Jede Ebene im Jenseits spiegelt die Mentalität ihrer Bewohner wider, nicht die Grausamkeit Gottes. Stellen Sie sich einmal eine Gruppe zwanghafter Kleptomanen vor, die völlig auf sich allein gestellt ist. Jeder klaut ständig, weil er stehlen muß. Die einzigen verfügbaren Opfer sind jedoch andere Kleptomanen, ebenso zwanghafte Diebe. Jeder belauert jeden, jeder nimmt, was er bekommen kann, ohne die geringste Kleinigkeit selbst zu produzieren. So funktioniert die Hölle!

Warum sollte ein Bewohner von Eonata V sein Haus in Ordnung halten? Damit ein Stärkerer darauf aufmerksam wird und es ihm wegnimmt? Warum einen Obstbaum pflanzen, wenn die Früchte gestohlen sind, kaum daß sie den Ansatz zur Reife zeigen? Warum soll jemand warmes Wetter haben wollen, wenn dieses warme Wetter doch nur den Dieben die Bewegung erleichtert?

Eonata V ist so, wie es die hartherzigen, selbstsüchtigen Bewohner haben wollen. Die Menschen im Sommerland hingegen sind freigiebig, gönnen dem Anderen alles. Sie würden nie stehlen, deshalb gibt es dort alles im Überfluß. Die Menschen dort sind bereit, füreinander zu arbeiten, deshalb leben sie in einer prächtigen Stadt...

Oder, besser, sie hatten dort gelebt. Das Eonata V des Semor Ethirion gibt es längst nicht mehr, das meidonische Zeitalter, in dem Eonata die Hauptstadt der bekannten Welt gewesen war, ist lange vorbei. Die Städte im Jenseits verändern sich, passen sich den Verhältnissen auf der Erde an. Es gibt heute nur noch ein einziges Eonata im Jenseits, das als „das Himmlische Eonata" bekannt ist. Noch, denn auch dieser Name ist auf dem Rückzug. Junge Seelen sprechen längst vom „Himmlischen Jerusalem".

Was jedoch noch immer Bestand hat, sind die Tempel des Vaters der Sonne, die Religion des versunkenen Eonata. Die ursprünglichste Religion war der Animismus, die von Geistern belebte Natur. Sie kannte das Jenseits als Nebelland, ein Bereich, der heute noch immer existiert. Die erste Abstraktionsstufe war der Gedanke, daß diese Geister eine gemeinsame Herrin hatten und einen gemeinsamen Ursprung: die Erdmutter. Die figürlichen Darstellungen der Erdmutter haben die Archäologen gefunden und immer wieder als „Venus" bezeichnet, obwohl sie aus einer Zeit stammen, in der die Göttin der Liebe noch nicht bekannt gewesen war.

Im Zeitalter der Erdmutter herrschte die matrilineare Vererbung, die gerne als Matriarchat gedeutet wird. Die Töchter der Erdmutter waren damals die Hohepriesterinnen, Hüterinnen der Weisheit und der Überlieferungen, die Heilerinnen der Sippen. Männer waren untergeordnete Schamanen, zuständig für Jagd- und Bannzauber.

Mit der zeugenden Rolle des Mannes trat neben die Erdmutter schließlich der Sonnenvater, mit einer männlichen Priesterschaft. Durch astronomische Beobachtungen lernten die Menschen nach und nach, daß die gewaltige, alles erleuchtende, wärmende und erhaltende Sonne ganz bestimmten Gesetzen gehorchte, also nicht der wahre Herr sein konnte, der diese Gesetze festgelegt hatte. Es mußte folglich jemanden geben, der noch über der Sonne stand, dem die Sonne als Vater der Menschheit gehorchte wie ein Sohn. Daraus wurde der Vater der Sonne, der oberste aller Götter, der Schöpfer des Universums.

Jener eine, verborgene Gott stand so weit über allen Göttern, daß er in vielen Kulturen nur mittelbar verehrt wurde. Das Christentum ist eine solche Religion eines Gottessohnes, den der Vater im Himmel geschickt hatte. Die zwölf Apostel sind die zwölf Tierkreiszeichen, welche die Sonne umgeben. Der ans Kreuz genagelte Gottessohn, der drei Tage in der Unterwelt verbringt, um dann wieder aufzuerstehen, ist eine astronomische Beobachtung der Sonne, die in vielen Mythen Eingang gefunden hat.

Deshalb, weil dies alles so gut paßt, blieben die Tempel des Vaters der Sonne im Jenseits erhalten, oft klein und unscheinbar, aber immer und in allen Ebenen respektiert und von hilfreichen Seelen besetzt. Ich werde später noch mehr darüber berichten.

Anderen Religionen, die auf der Erde zeitweise in Mode waren, bestanden auch im Jenseits nur eine gewisse Zeit. Die Götter Jupiter und Mars besaßen dort prächtige Tempel, die heute in Trümmern liegen, so wie ihre Gegenstücke auf der Erde. Wenn niemand mehr daran denkt, einen Tempel im Jenseits zu erhalten, dann verfällt dieser und wird schließlich durch ein anderes Gebäude ersetzt. Es passiert alles genauso wie auf der Erde.

Semor Ethirion hat eine schmerzhafte Erfahrung sammeln müssen, die fast allen „Prominenten" bevorsteht, wenn sie das Jenseits betreten: was immer sie auf der Erde gewesen waren, es zählt nicht mehr!

Für Ostara, der einzigen Kaiserin von Atlantis, die von ihrem Volk noch nach Jahrtausenden verehrt wurde, wurde das zu einem Alptraum. Ihre Hilfsbereitschaft und das Vertrauen auf ihre Stärke ließen sie zur Hure werden, in einer billigen Absteige, im übelsten Viertel von Poseidonis I... Aber das ist eine andere Geschichte.

Ja, es gibt unter den Prominenten durchaus alte, erfahrene Seelen, die in sich gefestigt in ihre Inkarnation gehen. Ein herausragendes Leben auf der Erde muß gewissermaßen „verdient" werden, eine ganze Kette davon ist ziemlich unwahrscheinlich. Es gibt nun einmal viel mehr einfache Soldaten als befehlsgewohnte Feldherren, zahllose Bauern, aber nur einen Papst, viele Bäcker, aber nur einen Leonardo da Vinci. Gehen Sie also besser nicht davon aus, das Mittelalter als Graf, die Renaissance als Herzog und die Industrielle Revolution als Fabrikant verbracht zu haben, nur weil Sie heute ein berühmter Rockstar sind.

Macht auf der Erde ist eine schwere Prüfung, weil Macht zum Mißbrauch treibt. Wenn Sie diese Macht ausüben, sind Sie ständig in Versuchung. Hans Meier hat seine Mitschüler verprügelt und seine erste Freundin sitzen lassen, alles Kleinigkeiten, aber auch mißbrauchte Macht. Semor Ethirion hatte Diener und Untertanen. Wenn einem Diener ein Fehler unterläuft – wie geduldig war er wohl? Beim ersten Mal? Beim zweiten Mal? Freundlichkeit kostet Zeit, die ein Herrscher oft nicht hat. Und wenn Anbrüllen Erfolg hat, warum beim nächsten Mal nicht sofort losbrüllen?

Handele an Anderen so,
wie diese an Dir handeln sollen!

Wie soll ein Prominenter das lernen, wenn die Anderen sich nicht wehren dürfen? Semor Ethirion war Herr über Leben und Tod – hätten Sie als sein Diener es gewagt, ihn anzuschreien?

Sie haben immer recht, keiner wagt es, Ihnen zu widersprechen. Sie sind der Beste, Größte, Schönste... Wie sollen Sie da lernen, auf Andere einzugehen?

Das Seelengericht wäre Ihre Chance, aber Sie haben im Leben doch alles richtig gemacht – wieso also irgend etwas bedauern oder gar bereuen? Auf Ihre Fehler treffen Sie erst in den niederen Ebenen des Jenseits', wenn das, was Sie den Anderen angetan haben, jetzt auf Sie zurückfällt – wie auf Semor Ethirion.

Der Ruf

Erwähnt habe ich den ***Ruf*** schön mehrfach, jetzt wird es Zeit, endlich zu sagen, was das ist. Der ***Ruf*** ist eine Resonanzwelle, die aus dem Diesseits ins Jenseits geht. Von Milliarden Seelen sind nur einige wenige bis eine einzige auf die richtige „Frequenz" eingestellt, um diesen ***Ruf*** zu empfangen. Bei Semor Ethirion waren es Belon Saret und Monar Argos, die darauf geantwortet haben. Der Ruf funktioniert aber auch anders herum.

Auf dem Weg ins Jenseits

Sie sind gerade gestorben. Das war es nun. Jetzt stehen Sie dumm herum, betrachten Ihren Körper, bedauern die Sanitäter, die Sie wieder reanimieren wollen, oder ärgern sich über den gefühllosen Raubmörder, der seinerseits über seine geringe Beute schimpft. Das Seelengericht haben Sie schon durchlebt, jetzt fragen Sie sich, wie es wohl weitergeht. Keine Sorge, es geht weiter, denn Sie haben längst den ***Ruf*** ausgesandt.

Auf diese Weise locken Sie eine Helferseele zu sich, die Ihnen die nächsten Schritte erklären wird. Das kann Ihre geliebte Oma sein, ihre bereits verstorbene Ehefrau, oder eben Jesus Christus, Moses oder Buddha. Aber rechnen Sie nicht mit Dschinghis Khan, nur weil Sie den für einen duften Typ halten, von dem Sie schon immer ein Autogramm haben wollten. Wer oder was erscheint, hat einen direkten Bezug zu Ihnen.

Bei Ihrer Oma ist der Bezug klar. Die haben Sie geliebt und Sie wurden von Ihr geliebt, deshalb erscheint sie und begrüßt Sie. Sie heißt sie willkommen und führt Sie in die Möglichkeiten der neuen Welt ein. Doch selbst Ihre engelsgleiche Großmutter kann nicht den Spruch des Seelengerichts aufheben. Sie wird Ihnen liebevoll erklären, was Ihnen bevorsteht, Ihnen sagen, wie Sie sich bessern können – und Sie trotzdem in die von Ihnen selbst geschaffene Hölle führen.

Wenn Sie einen exklusiveren Geschmack haben und unbedingt von Moses abgeholt werden wollen, gibt es ein kleines Problem. Moses ist geschichtlich nicht nachweisbar und vermutlich eine erfundene Figur, wie Odysseus oder Frau Holle. Doch selbst wenn es Moses wirklich niemals gegeben haben sollte, wird auf Ihren ***Ruf*** hin ein Mann erscheinen, der so aussieht, als hätte ihn Michelangelo modelliert. Er ist Moses, in jeder Beziehung. Abgesehen von dem kleinen

Detail, daß er zuletzt als Adele Schneider auf der Erde gelebt hat und zuvor niemals Moses gewesen war. Was Sie empfängt, ist eine Helferseele, die Ihnen zuliebe diese Gestalt angenommen hat. Für Sie wurde sie zu Moses und als solcher führt sie Sie ins Jenseits.

Aber vielleicht waren Sie Musiker und wollen vom größten aller Meister im Himmel empfangen werden, von Wolfgang Amadeus Mozart. Der ist geschichtlich sehr gut nachweisbar und könnte sich demnach im Jenseits herumtreiben. Falls er nicht gerade einen Termin auf der Erde hat, natürlich. Dann kann sich Ihr Wunsch tatsächlich erfüllen und der gute Mozart empfängt Sie. Das aber ist nicht Ihre Entscheidung! Womöglich ist der originale Mozart eine liebevolle, hilfreiche Seele, die sich um jeden kümmert, der oder die mit ihm Kontakt aufnehmen will. Aber vielleicht hat er nach den letzten Jahrhunderten genug von seiner Popularität und will Sie keinesfalls sehen. Doch das braucht Sie nicht zu stören, Sie bekommen Ihren Mozart. Für Sie wird er Mozart sein und Sie ins Jenseits einführen. Auch wenn er in Wirklichkeit Richard Wagner ist – oder die gute Adele Schneider.

Vielleicht empfängt Sie ein völlig Unbekannter. Das kommt auf Sie an, auf die Energie, die Sie ausstrahlen. Es gibt Menschen, die intime Geheimnisse eher einer Barbekanntschaft anvertrauen als ihrer eigenen Ehefrau. Sie können aber sogar von einem Tier empfangen werden, beispielsweise von einem Hund oder einem Vogel, der Sie herumführt. Das hängt nur von Ihrer Energie ab, Ihrer Schwingung – und Ihren Wünschen.

Es geschieht nach Ihren Wünschen und Erwartungen. Wenn Sie nichts anderes erwarten, sitzen Sie in einer Amtsstube und füllen Einreiseformulare aus. Und ein durch und durch autoritärer Pedant wird Ihnen erklären, was Sie von nun an zu tun und zu lassen haben. Ihr ***Ruf*** wird immer beantwortet – auf jene Weise, die am besten zu Ihnen paßt. Nur eines können Sie nicht: sich aussuchen, welche Helferseele Ihren ***Ruf*** beantwortet. Das müssen Sie den Mechanismen des Jenseits überlassen.

Die Helferseele kommt mit einem ganz bestimmten Auftrag zu Ihnen: Sie soll Ihnen die ersten Schritte im Jenseits erleichtern. Die Mutter von Hans Meier wird ihn Tage, vielleicht Wochen begleiten, weil er das erste Mal gestorben ist. Wer dagegen schon zehn Leben hinter sich hat, braucht keine so intensive Betreuung.

Außerdem unterscheidet sich die Behandlung durch die Helferseelen in den lichten Ebenen deutlich von der in den Dunkelzonen. Semor Ethirion hatte großes Glück, weil ihm wohlmeinende Seelen „von oben“ helfen wollten, er hätte auch gleich an Seinesgleichen geraten können, an Burschen wie die Torwächter. Wenn ein Neuankömmling sofort verprügelt und ausgeraubt wird, ist das schließlich ebenfalls eine Art Einführung und Betreuung.

Aber das Jenseits ist nicht „die Ewigkeit“, es führen Wege hinein und hinaus. Nachdem Sie einige Zeit dort verbracht haben, sind womöglich Sie die Helferseele, weil Sie sich bereits auskennen und jemand, den Sie kennen, Sie braucht.

Sie werden gerufen...

Jemand ist gestorben und benötigt einen Führer. Sie empfangen diesen ***Ruf***. Sie kennen den Rufenden und machen sich auf den Weg. Sie wissen, was Sie zu tun haben. Oder, als erfahrene Helferseele, in welcher Gestalt Sie erscheinen sollen.

Der Gestorbene sendet seinen ***Ruf*** an viele Empfänger. Um Zahlen zu nennen: Im ersten Schritt gibt es zehntausend mögliche Empfänger. In diesem ***Ruf*** fließen Informationen über den Rufenden, durch die sich die Zahl der Empfänger drastisch reduziert. Hundert Empfänger bleiben in der engeren Wahl, wenn die ersten Informationen bekannt werden. Bemühen wir ein Bild aus der Physik: Der Rufende sendet polarisiertes Licht einer bestimmten Farbe aus. Nur Empfänger, deren „Brille“ in der gleichen Richtung polarisiert ist, nehmen dieses Licht überhaupt wahr. Dann tritt die Farbe hinzu, welche wieder die Zahl der Empfänger einschränkt. Womöglich bleiben noch zwei oder drei Empfänger übrig. Gewissermaßen klingelt bei denen das Telefon, bis der erste abhebt.

Anders als im vertrauten Geschäftsleben klingelt Ihr symbolisches Telefon nur dann, wenn der Anruf wirklich für Sie ist – und wenn Sie der Aufgabe wirklich gewachsen sind. Solange Sie selbst zu wenig wissen, um von Nutzen zu sein, werden Sie keinen ***Ruf*** erhalten.

Falls Sie mit dem Begriff der Resonanz vertraut sind, wissen Sie auch, daß in solchen Resonanzen eine Menge Energie aufgebaut werden kann. Diese Energie sorgt dafür, daß Sie aus dem Jenseits an die Schwelle des Diesseits kommen können, um Ihren Schützling abzuholen.

Wobei die Schützlinge nicht immer dankbar sind. Eine uralte Seele mit 500 Inkarnationen erinnert sich zunächst nur an das eine letzte Erdenleben. Im Verlauf Ihrer gemeinsamen Rückreise fallen die Schranken und die Seele erfährt viel mehr über sich. Sie holen Klara Kaczinsky, eine gläubige Jüdin, die unterwegs zum Anglikaner John Gordon wird, dann zur Protestantin Klara Manning... Da ihr dieses Leben am besten gefallen hat, bleibt sie Klara Manning. Theoretisch könnte sie sich ebenso in den Ägypter Rahutep verwandeln... Jedenfalls ist dieses Amt nur selten einfach.

Stellen Sie sich Fritz Müller vor, der als Oberamtmann gestorben ist und erwartet, eine jenseitige Einreisebehörde vorzufinden. Natürlich möchte er ein bißchen schikaniert werden, schließlich sind SIE jetzt der Beamte und er der einfache Bittsteller. Sie tun ihm den Gefallen, denn der ***Ruf*** hat ihnen genau das vermittelt. Nach einer Viertelstunde, in der Sie Ihre Pflicht getan haben, sitzen Sie plötzlich der Zarin Katharina der Großen gegenüber... die Sie kennt, weil Sie ihre Kammerzofe gewesen sind.

Gut, das Beispiel sollte ein wenig kurios werden. Richtig alte Seelen sind zum Glück meistens sehr höflich, weil sie den Sphären des Guten angehören. Außerdem können Sie sicher sein, daß jemand, der für das Grüne Land bestimmt ist, keine Helferseele aus dem Abyss anfordert. Selbst das Elysium wäre noch zu niedrig.

Damit kommen wir zur dritten Variante des ***Rufs***. Der ***Ruf*** ergeht wie immer aus dem Diesseits und wird im Jenseits empfangen. Diesmal geht es um ein neues Leben.

Auf dem Weg ins Diesseits

Es ist Ihre Entscheidung, das Jenseits zu verlassen und ein neues Leben anzutreten. Niemand zwingt Sie dazu. Vielleicht wollen Sie einfach nur ein bißchen Spaß auf der Erde haben, aber fast immer stellen Sie sich eine Aufgabe. Sie wollen etwas lernen, das Sie zu Ihrer Entwicklung brauchen. Nächstenliebe kann so eine Lebensaufgabe sein, aber auch die Erfahrung mit der Gewalt, der Umgang mit der Macht, Leid, Strafe... die Motive sind unendlich.

Angenommen, Sie stellen sich die Aufgabe, als Wissenschaftler der Menschheit zu helfen. Viel konkreter geht es nicht, also nicht „Ich will das Heilmittel gegen den Prostata-Krebs entdecken". Damit stimmen Sie sich auf eine bestimmte Schwingung ein, wie Ihr nächstes Leben aussehen soll.

Sie brauchen also Eltern, die einen gewissen Wohlstand genießen, um Ihre Ausbildung zu finanzieren. (Ich beschränke mich zunächst auf den „Königsweg“, grundsätzlich könnten Sie Ihren Weg aus jeden nur denkbaren Ausgangsbedingungen antreten und damit zusätzliche Aufgaben erfüllen.) Ihre Eltern sollten in einer Stadt leben und Verbindungen haben, die Ihnen den Einstieg erleichtern. Um diese Ausgangsbasis konkurrieren andere Seelen, die Banker werden wollen, oder Starkoch, oder...

Jedes dieser Leben sendet einen ***Ruf*** aus, präziser der Fötus im Mutterleib. Er preist sich für das Jenseits an. Haben Sie einmal eine Ziehung von Spiel 77 im Fernsehen verfolgt? Da wird zuerst die erste Ziffer ermittelt, während die anderen Trommeln noch fleißig rotieren. Bei dieser Lotterie stecken in jeder Trommel unterschiedlich viele Kugeln. Bei der Wahl des Geschlechts gibt es nur zwei, bei der Wahl von Gut und Böse eben 201.

Es vergehen Wochen der unbewußten Kommunikation. Sie wissen nicht, daß Sie gerufen werden. Noch nicht. Der Fötus und Sie stimmen sich immer besser aufeinander ein – bis Sie schließlich den ***Ruf*** vernehmen. Jetzt wissen Sie, daß Ihr nächstes Leben unmittelbar bevorsteht. Das neue Leben strahlt bereits zu Ihnen hinüber, Sie erleben Träume und Visionen von Ihrem zukünftigen Erdenleben. Folglich verabschieden Sie sich von Ihren Bekannten, mit denen Sie im Jenseits zusammengelebt haben, und treten die Reise an, in einen neuen Körper.

Nicht alle Föten erzielen einen Gewinn. Wenn der entstehende Körper keine Seele findet, kommt es zum natürlichen Abgang. Der Körper stößt den Embryo ab, meistens so früh, daß es die verhinderte Mutter gar nicht merkt.

Jetzt stellt sich natürlich die schwere Frage nach der Abtreibung. Wird dabei ein seelenloser Fleischklumpen herausgesaugt, oder ein im Entstehen begriffener Mensch ermordet? Natürlich gibt es dazu eine Anzahl Meinungen. Generell ist eine Abtreibung ein Eingriff in die Natur und für die Entscheidung, was passiert ist, gibt es nur ein einziges Kriterium: das Gefühl der Mutter.

Die Einschwingphase dauert unterschiedlich lang. Es ist beileibe nicht so, daß mit dem Zeugungsvorgang – bzw. der Vereinigung von Ei- und Samenzelle – der Mensch bereits fertig entstanden ist und dringendst eine Seele braucht. Das Fenster dafür steht Tage bis Monate offen, je nach der Situation der Mutter. Eine kränkliche, anfällige Frau strahlt diese Energie bis ins Jenseits aus und verzögert den ***Ruf***. Auch starker Streß, beispielsweise durch eine Flucht aus einem Kriegsgebiet, verzögert den ***Ruf***. Es wäre schließlich grausam, eine Seele zur Erde zu holen, nur damit sie gleich wieder stirbt. Unter gewissen Umständen ist jedoch genau das erwünscht, doch lassen Sie mich erst den anderen Gedanken zu Ende führen.

Wenn eine Frau abtreibt und dabei nichts empfindet – also nicht nur behauptet, nichts zu empfinden – dann war der ***Ruf*** noch nicht ergangen. Das werdende Leben hat noch keinen emotionalen Kontakt zur Mutter aufnehmen können, denn das tut erst die Seele. Wenn die Frau jedoch starke Nachwirkungen hat, mit der Situation kaum zurecht kommt und immer wieder an ihr Kind denken muß – dann war es ein Mord, denn die Seele war bereits angekommen.

Manchmal ist eine Kurzzeit-Inkarnation, bei der das Kind kurz nach der Verkörperung stirbt, durchaus gewünscht. Immer wieder haben Seelen Schwierigkeiten, sich mit ihrem Tod abzufinden. Die sinnvollste therapeutische Maßnahme ist dann, sie zur Erde zu schicken und dort gleich umzubringen, ob nun durch Krankheit, körperliche Defekte, einen Unglücksfall oder... ja, eben Mord. Wenn eine Seele erlebt, wie ihr werdender Körper noch im Mutterleib zerstückelt wird, begreift sie ihren Tod und ist dann bereit für das Jenseits.

Ehe Sie jetzt falsche Schlüsse ziehen: Selbst wenn das Kind es gewollt hat, für die Mutter bleibt es ein vollwertiger und abzubüßender Mord. „Tötung auf Verlangen“ oder „aktive Sterbehilfe“ setzen eine vorhergehende Kommunikation voraus, ein voll im Erdenleben erwachtes Bewußtsein, das seinen Willen klar und eindeutig verkünden kann – also einen Erwachsenen, kein Kleinkind und erst recht keinen Fötus.

Kommen wir wieder zu Ihrer Inkarnation. Als Sohn eines vermögenden amerikanischen Professors betreten Sie den leichten Weg zu Ihrem Ziel, als Wissenschaftler der Menschheit zu helfen.

Doch was ist, wenn Sie mit dieser Lebensaufgabe als Tochter eines afrikanischen Buschmanns aufwachsen? Kann das Jenseits Sie in ein derart falsches Leben schicken? Ja! Denn Sie treten nicht nur mit einer einzigen Aufgabe ins Leben. Als Eingeborenen-Mädchen in der Kalahari müssen Sie zahllose Hindernisse und Widerstände überwinden, auf dem Weg zu Ihrem Physik-Nobelpreis. Jedes neue Problem bietet Ihnen eine Möglichkeit zu lernen und zu wachsen. Und womöglich eignen Sie sich nur durch eine solche Jugend die Hartnäkkigkeit und den Durchhaltewillen an, den Sie für Ihren späteren Erfolg benötigen.

Es gibt eine einzige Garantie bei der Reinkarnation: Das Leben, das Sie neu antreten, ist das beste verfügbare Leben zur Erfüllung Ihrer selbstgestellten Lernaufgaben. Nur deshalb ist der ***Ruf*** an Sie ergangen. Dieses Leben anzutreten ist ein Privileg. Viele andere Seelen wären gerne an Ihrer Stelle, aber Sie haben es geschafft. Sie waren der Beste. Denken Sie einmal daran, anstatt dieses Leben lauthals zu verfluchen.

Es mag sein, daß dieses Leben unzulänglich ist und Ihnen Beschränkungen auferlegt. Aber Sie – und zwar nur Sie! – sind stark genug, dieses Leben zu ertragen und sogar zu meistern. Deshalb wurden Sie für dieses Leben ausgewählt, unter Millionen, ja Milliarden Seelen.

Poseidonis V / New York

Isaac Treuman haßte diesen Ort. Manche Straßen sahen aus wie die von New York, oder besser, wie die dreckigsten und schmutzigsten Straßen jenes New Yorks, das er von früher kannte. Oh ja, es gab ein Empire State Building, aber es diente als Gefängnis. Das World Trade Center hatte hier nur 30 Stockwerke, aber keine Aufzüge. Und dort, wo die Freiheitsstatue stehen sollte, erhob sich ein gefesselter Indianer, der bei ungünstigem Wind hin und wieder laute Klageschreie ausstieß. Angeblich ließ sich das verdammte Ding nicht in die Luft sprengen.

Natürlich war Isaac Treuman Mitglied in der jüdischen Gemeinde, er bezahlte dort für ein bißchen Schutz eine horrende Synagogensteuer. Trotzdem hatte man schon zweimal seinen Laden aufgebrochen und ihn einmal auf offener Straße überfallen und ausgeraubt.

Am schlimmsten war das verdammte Wetter. Es wurde nie richtig hell, regnete oft und im Winter gab es Blizzards. Koscheres Essen war unbezahlbar, aber Isaac hatte herausgefunden, daß sein Magen nicht gegen das billige angeschimmelte Brot revoltierte, von dem er sich seitdem ernährte.

Die ersten Jahre noch hatte er gebetet, war oft in der Synagoge, obwohl die bei jedem Besuch Eintritt verlangt hatten. In den folgenden Jahren hatte er geflucht, Gott als Verbrecher beschimpft und sich selbst als Hiob dargestellt, der dem Teufel zum Quälen überlassen worden war. Inzwischen war er wieder beim Beten angelangt, allerdings heimlich – und kostenlos.

Aus den Gedanken an sein Elend und dem Grübeln, wieso Gott ausgerechnet ihn so bestraft hat, riß ihn ein Klingeln an der Tür. Hier, in diesem seltsamen New York, klingelte sonst niemand, nicht einmal ein Postbote. Wer würde schon etwas mit der Post verschikken, wenn er genau wußte, daß es nie ankommen würde? Besucher oder gar Freunde gab es hier nicht, und Einbrecher würden höchstens klingeln, um herauszufinden, ob die Wohnung unbewacht war und damit ungestört ausgeplündert werden konnte.

Isaac packte den bereitstehenden Knüppel. Schußwaffen waren hier einfach zu teuer, er konnte sich keine leisten. Er stampfte fest auf, in der Hoffnung, daß derjenige, der geklingelt hatte, daraus entnahm, daß ihn hier ein Gegner erwartete, kein wehrloses Opfer.

Isaac öffnete die Tür um jenen kleinen Spalt, den die massiven Sicherungsketten zuließen. „Wer ist da?“, raunzte er die klein gewachsene Frau an, die in altmodischen Kleidern vor ihm stand. Sie schien wie von einem grauen Schleier umgeben.

„Mein Name ist Klara Manning. Ich bin gekommen, um mit Ihnen...“ – sie unterbrach sich und lächelte entschuldigend – „...über Gott zu sprechen.“

„Sind Sie eine verdammte Deutsche?“, knurrte Isaac. „Das hat mir gerade noch gefehlt! Verschwinden Sie gefälligst!“

„Oh, das tue ich, wenn Sie es wünschen. Aber warum haben Sie dann um Hilfe gebeten?“

„Was soll ich?“

„Sie haben gebetet, vermutlich heimlich, um Hilfe ersucht. Und ich bin die Antwort auf Ihre Gebete“, erklärte die Fremde.

„Woher wissen Sie davon?“, staunte Isaac.

„Ein solches Gebet ist ein ***Ruf***, der schließlich beantwortet wird. Ob Sie die Antwort hören wollen, ist Ihre Entscheidung.“

Isaac sog die Luft ein, dann schloß er die Tür. Er wußte, daß er ein großes Risiko einging, aber er öffnete die Ketten und die Tür. Er hielt der Besucherin drohend den Knüppel vors Gesicht. „Kommen Sie rein, aber eine falsche Bewegung... Ich habe keine Skrupel, schon gar nicht gegen eine Deutsche! Ich war nämlich in Auschwitz!“

Frau Manning schaute ihn lange und durchdringend an, mit ihren stahlblauen Augen. „Ich habe verstanden.“

„Dort hinein! Keine Sorge, das ist keine Gaskammer.“ Isaac wies auf seine Küche. Er behielt die Besucherin im Auge, während er die Tür sorgfältig verbarrikadierte. „Und jetzt erzählen Sie mal, wieso gerade SIE mir helfen wollen.“

Klara Manning seufzte und veränderte ihr Aussehen. „Vielleicht ist Ihnen ja dieses meiner Ichs lieber. Sarah Kaczinsky, zu Ihren Diensten.“ Die ausgemergelte Gestalt streifte den Ärmel seines Sträflingsanzugs hoch. „Hier – das ist meine Auschwitz-Nummer – und diese ist echt!“ In der grauen, abgetragenen Sträflingskleidung fiel die graue Wolke, die sie umgab, viel weniger auf.

„Ich... ich verstehe nicht...“

„Oh ja, natürlich verstehen Sie das nicht, MISTER Treuman, mit Ihrer gefälschten Tätowierung. Sie haben ein einträgliches Buch über ihre Erlebnisse in Nazi-Deutschland verfaßt, obwohl Sie New York nie verlassen haben. Ihre Küche ist keine Gaskammer? Schade – ich wollte schon immer einmal sehen, wie eine aussieht. In Auschwitz und in Birkenau habe ich keine zu sehen bekommen. Und ja, ich bin dort gestorben, an Typhus, am 23. November 1943. Ich habe dort hart und schwer arbeiten müssen, mein Stolz wurde gebrochen, aber sonst waren die Deutschen korrekt zu mir gewesen."

„Das glaube ich Ihnen nicht! Auschwitz war die Hölle auf Erden!"

Sarah Kaczinsky fuhr ihn an: „Woher wollen Sie das wissen? Sie sind doch niemals dort gewesen! Ja, es war eine Hölle, in der die Bewacher noch die anständigsten Menschen gewesen waren. Ich wurde mehrmals vergewaltigt, von den Kapos, von den Mitgefangenen. Der deutsche Arzt wollte die Namen, wollte mich sogar in ein anderes Lager verlegen lassen, aber er hätte mich nicht schützen können. Ich wurde in eine reine Frauenabteilung versetzt, aber selbst da herrschte das Recht der Stärkeren. Kein Wunder, daß ich schließlich krank wurde und gestorben bin, geschwächt, wie ich war. Ich war Jüdin unter Juden, aber Menschlichkeit und Mitgefühl habe ich von denen nie erlebt."

„Das... das konnte ich nicht ahnen..."

Frau Kaczinsky nickte. „Natürlich nicht. Oh, es ist leicht, sich in New York bedauern zu lassen... Ich habe Auschwitz wirklich erlebt." Sie veränderte sich erneut, wurde wieder zu Klara Manning.

„Aber... Wieso laufen Sie dann ausgerechnet als *DEUTSCHE* herum?" Isaac sprach die Staatsangehörigkeit so aus, als könne man sie nur ganz vorsichtig mit einer langstieligen Beißzange anfassen. „Die haben Sie doch in dieses Todeslager gesteckt!"

„Warum denn nicht? Ich habe in Königsberg Tischgespräche von Immanuel Kant miterlebt... es war ein schönes Leben, ein weitaus schöneres, als die beiden danach." Frau Manning lächelte verbindlich. „Ich war danach Brite, ein Mann, und habe als Offizier bei Waterloo gegen Napoleon gekämpft... Als man keine Soldaten mehr brauchte, bin ich zur Ostindischen Kompanie. Und dort... Ich will Sie damit nicht belasten, aber so, wie ich mich damals gegen die Eingeborenen aufgeführt habe, mußte ich nach Auschwitz, um mir die Augen öffnen zu lassen."

„Aber...“

Frau Manning winkte ab. „Sprechen wir lieber über Sie! Sie brauchen Hilfe – und ich bin hier, um Ihnen zu helfen.“

„Ach ja?“ In Isaac erwachte wieder das Mißtrauen, das sich durch die Häftlingskleidung gelegt hatte. „Dann sagen Sie mir doch mal, wo ich hier bin? Das ist nicht New York! Ich kenne schließlich meine Stadt!“

„Eigentlich heißt diese Stadt ja auch Poseidonis – Poseidonis V. Deshalb gibt es hier auch kein UNO-Gebäude, sondern einen Kaiserpalast.“

„Und das Empire State Building?“

„Das war mal der Tower von London… Deshalb ist es hier ein Gefängnis.“

Isaac zweifelte langsam an seinem Verstand. „Aber... Wie ist das möglich?“

„Sie wissen schon, daß Sie hier im Jenseits sind?“

„Ja, sicher.“

„Die Städte hier sind alt, sehr alt“, begann Frau Manning. „Alt heißt dabei nicht etwa lausige tausend Jahre, sondern zehntausend – oder noch viel mehr. Das hier war mal die Hauptstadt von Atlantis, oder besser, eine der Hauptstädte hier im Jenseits, denn es gibt mehrere davon, in den anderen Ebenen. Diese Ebene hier hat einen griechischen Namen, Hades. Aber das hilft Ihnen auch nicht weiter. Es sind die Bewohner, die diese Städte gestalten. Die Atlanter waren wohl die ersten... Von ihnen stammt der Kaiserpalast. Irgendwann kamen die Römer, deshalb stehen in Brooklyn ein Forum und ein verfallener Senat. Die Engländer haben den Tower errichtet, und heute ist New York das Vorbild für diese Stadt im Hades.“

„Der Hades? Das... das ist also... Die Hölle?“, fragte Isaac verzweifelt.

„Die Hölle?“ Frau Manning lachte auf. „Nein, ganz so weit unten sind Sie nicht gelandet. Was haben Sie denn erwartet? Das Seelengericht hat Ihnen doch Ihre Schlechtigkeit gezeigt? Auschwitz-Überlebender! Ihr Leben war eine einzige Lüge, deshalb sind Sie jetzt hier.“

„Und Sie? Sie sind doch ebefalls hier!"

Klara Manning konzentrierte sich. Der graue Schleier wurde schwächer, sie selbst immer heller. Das Licht brannte in Isaacs Augen, wurde so grell, daß er es körperlich spürte. Dann hob sich wieder der graue Schleier und linderte die Schmerzen.

„Das ist das Licht der Ebene, der ich angehöre", erklärte Frau Manning. „Indien hat mich hinabgerissen, ins Purgatorium, Auschwitz zurückkehren lassen, auf die Inseln der Seligen, an deren Schwelle ich schon einmal gestanden bin, als Klara Manning. Deshalb bin ich jetzt wieder der, der ich einmal gewesen bin. Dort hat man Ihren ***Ruf*** gehört und ich wurde ausgeschickt, um Ihnen zu helfen."

„Sie? Ist das ein weiter Weg, den Sie gekommen sind?"

„Zu weit, um ihn allein zu gehen. Ich bin mit einer Expedition gekommen. Dort hat man mir Ihre Adresse gegeben, damit ich Sie besuche und Ihnen ein paar Dinge erkläre."

„Eine Expedition?", fragte Isaac ungläubig. „Wer schickt Expeditionen in den Hades?"

„Die Sonnenstadt", antwortete Frau Manning, nur um gleich abzuwinken. „Fragen Sie mich nicht, ich war noch nicht dort. Das ist eine viel höhere Ebene als die meine. Sie liegt sogar über dem Himmlischen Eonata..."

„Den Namen habe ich noch nie gehört!"

„Die Christen nennen diese Stadt das Himmlische Jerusalem. Vielleicht wird das letzte Eonata tatsächlich einmal so genannt werden, in fünftausend Jahren. Aber noch ist es Eonata..." Frau Manning seufzte. „Vielleicht komme ich ja da hin, in den nächsten tausend Jahren."

„Das Himmlische Jerusalem", wiederholte Isaac andächtig. „Kann auch ich dort hinkommen? Und wenn ja, wie?"

„Natürlich können Sie dort hinkommen, aber Sie müssen sich den Weg dorthin verdienen." Frau Manning warf Isaac Treuman einen bedeutungsvollen Blick zu. „Dieser Weg führt jedoch nicht über Ihre Synagoge."

„Aber... Ich brauche die Synagoge! Ohne deren Schutz bin ich wehrlos! Eine andere Kirche kann ich mir zudem nicht leisten."

„In der Nähe der Brooklyn Bridge steht im irdischen New York eine kleine katholische Kirche, habe ich mir sagen lassen. Die poseidonische Adresse ist Platz der Zukunft 13, und der Fluß heißt noch Elduron, nicht Hudson, Themse oder Tiber. Dort finden Sie einen kleinen Tempel, mit einem Wohnheim. Ein Tempel des Vaters der Sonne..."

„Ei Gewalt!" Isaac hatte sich ein paar jiddische Begriffe eingeprägt. „Dafür wird mich strafen der Herr!"

„Jahwe? El Scheddai?" Klara Manning lachte auf. „Der Gott der Juden wird Ihnen nicht helfen. Ich habe schon zu so vielen Göttern gebetet... Zu Amun, zu Ra, Zeus, Jupiter, Wotan, Allah, Christus, Jahwe... Hier im Jenseits erfahren Sie, daß das nur menschengemachte Abbilder des einen Gottes sind, der dieses Universum geschaffen hat. Beim Anbeginn der Zeiten haben die Menschen ihn den Vater der Sonne genannt, der Name hat sich bis heute erhalten. In diesem Tempel bekommen Sie eine kostenlose Gehirnwäsche."

„WAS?

Frau Manning nickte amüsiert. „Oh, das tut nicht weh, ich habe es auch schon hinter mir. Herr Treuman, Sie sind hier im Hades, weil Sie gesündigt haben. Die Sünde beginnt nicht mit dem Tun, sondern mit dem Gedanken. Im Tempel des Vaters der Sonne lehrt man Sie, anders zu denken. Deshalb ist es eine Gehirnwäsche. Aber Sie werden zu nichts gezwungen. Sie können diese Wohnung aufgeben und im Tempel leben – oder nach einem kurzen Besuch den Tempel verlassen und nie wieder betreten."

„Aber es ist eine Gehirnwäsche?", bohrte Isaac nach. „Mit allem Drum und Dran?"

„Ja", gab Frau Manning zu. „Wenn Ihnen Ihr Leben hier gefällt, brauchen Sie nicht hinzugehen."

„Verdammt! Und was haben SIE davon, wenn ich hingehe?"

„Ich? Gar nichts!" Frau Manning zuckte mit den Schultern. „Ich habe mich dieser Expedition angeschlossen und suche ein paar Menschen auf, die einen ***Ruf*** ausgesandt haben. Ich sage diesen Seelen, wo sie Hilfe finden können. Ich kann hier im Hades nicht sehr lange bleiben, weil es Mühe kostet, das Licht zurückzuhalten. Meine Mission beschränkt sich auf solche Gespräche, ich werde nicht an einem irgendwie gearteten Erfolg gemessen. Sie allein entscheiden, ob Sie sich ändern wollen oder ob Ihnen das Leben hier jetzt besser gefällt. Ich bin für Sie nicht verantwortlich, das sind Sie ganz allein."

„Hm." Isaac überlegte eine Weile. „Sie nicht, aber ER will es womöglich. ER wohnt doch im Himmlischen Jerusalem?"

„Gott? Der wohnt überall und nirgends. Gott schreibt Ihnen nicht vor, wie Sie leben sollen. Er akzeptiert Sie hier im Hades ebenso wie an jedem anderen Ort."

„Aber er hat mich in die Hölle geschickt!"

„Nein, Herr Treuman, SIE haben sich in die Hölle geschickt, SIE ganz allein. Und nur SIE können sich daraus befreien. Es ist, wie schwimmen lernen. Ich kann Ihnen zeigen, wo Sie Unterricht erhalten. Die Leute dort werden Ihnen zeigen, wie Sie Arme und Beine bewegen müssen – aber keiner kann für Sie schwimmen, das müssen Sie letztlich allein."

„Und es gibt keinen anderen Weg?"

„Doch, sicher. Sie haben im nächsten Leben die Möglichkeit, sich zu ändern, weitaus schneller als es hier möglich wäre."

Isaac Treuman nickte. „Dann wähle ich die Erde! Dort brauche ich keine Tempel und keine Gehirnwäsche!"

Klara Manning war eine erfahrene Seele. Sie hatte schon oft solche Gespräche geführt, deshalb wußte sie, wann der Punkt erreicht war, an dem die besten Argumente nichts mehr ausrichteten, sondern nur die Zeit die Blockade aufweichen konnte, mit der sich ein Gesprächspartner umgeben hatte.

„Es ist Ihre Entscheidung, Herr Treuman. Ich werde Sie nicht mehr länger aufhalten. Merken Sie sich nur die Adresse – Platz der Zukunft 13. Der kleine Tempel steht dort, seit es diese Stadt hier gibt." Klara Manning stand auf. „Er wird auf Sie warten, geduldig wie immer, ob Sie nun kommen oder nicht."

„Auf mich wird er vergeblich warten", versicherte Isaac und führte seine Besucherin zur Tür, um sie hinter ihr wieder sorgfältig zu verriegeln.

✵

Natürlich haben Sie die Stadt nicht wiedererkannt, dazu hat sie sich in den Jahrtausenden zu stark verändert. Einstmals war es Eonata V gewesen, im Winterland, der Ort, an dem Semor Ethirion ins Jenseits eingetreten ist.

Auf der Erde benötigen geologische Veränderungen Jahrmillionen, im Jenseits geschehen sie in Jahrhunderten. Der Burgberg des alten Eonata hatte sich zeitweise zu einem drohenden Vulkan vergrößert, so, wie er sich als Wahrzeichen über Poseidonis erhoben hatte. Der Sejor, ein kleiner Fluß im Binnenland, wurde zum Strom, der ins Meer mündet. Und der kleine Tempel im Winzerviertel, der steht jetzt am Platz der Zukunft 13.

Das Winterland ist abgesunken und hat sich aufgespalten. Dunklere Ebenen sind entstanden, tiefere Höllen. Das Sommerland hingegen existiert noch, hat sich zur größeren Höhe aufgeschwungen.

Das Leben im Hades ist noch weniger angenehm, als es im Winterland gewesen ist. Die Brutalität der Bewohner hat zugenommen. Mr. Treuman hat sich auf der Erde schwer versündigt, aber er war ein Schreibtischtäter, der in dieser Umgebung ein schwaches Opfer ist. Trotz allem hat er sich den Aufenthalt im Hades verdient.

Klara Manning hat ganz richtig gesagt, daß der Hades noch nicht die Hölle sei, denn eine Ebene dieses Namens liegt noch deutlich darunter. Nach einer anderen Einteilung ist der Hades der zweite Kreis der Hölle, gehört also zu den dunklen Ebenen im Jenseits.

An Eonata V erinnert sich niemand mehr, es liegt zu lange in der Vergangenheit. Natürlich gibt es alte Seelen, die tatsächlich dort gelebt hatten, doch diese leben heute fast alle auf den höheren Ebenen, weil sie ihre Lektion gelernt haben. Es gibt auch dunkle Seelen dieses Alters, diese sind jedoch derart mächtig, daß Mr. Treuman froh sein kann, wenn er deren Aufmerksamkeit nicht auf sich zieht.

Die Freiheitsstatue im irdischen New York ist ein Geschenk Frankreichs. Der gefesselte Indianer von Poseidonis V ist ebenfalls ein Geschenk, aber eines, das nicht bereitwillig angenommen worden ist. Es handelt sich um eine „Praktikumsarbeit“ weit entwickelter Seelen, die den Bewohnern des Hades’ einen Denkanstoß geben wollten, in welcher Situation sie sich befinden. Schöpfungen so mächtiger Seelen lassen sich nur sehr schwer zerstören, gerade in den Dunklen Reichen.

Warum? Das verrate ich Ihnen gleich.

Gut und Böse

Warum sollen Sie gut sein? Bei Kindern ist die Erklärung einfach: Weil sonst das Himmelepappa schimpft! Dummerweise lassen sich die lieben Kleinen damit nicht sehr lange einschüchtern.

Da lieferte die Kirche schon viel handfestere Gründe, mit dem Seelenheil, mit Fegefeuer und Hölle, aber auch den Belohnungen von Himmel und Paradies. Der Nikolaus, Sankt Peter oder der oberste Chef selbst führt ein großes Sündenregister und am Tag der Abrechnung erfahren Sie genau, warum Sie besser gut gewesen wären! Aber keine Sorge, Gott liebt Sie, und die 25.000 Jahre Fegefeuer mit ihren täglichen Qualen sind doch nur ein Klacks gemessen an der Ewigkeit.

In Wirklichkeit ist es Ihr freier Wille, ob Sie gut sind oder nicht. Gott ist das nicht unbedingt egal, aber er überläßt die Entscheidung Ihnen. Die Hölle ist auch nicht schlimmer als New York...

Also, hängen Sie sich ein Bild von Josef Stalin ins Wohnzimmer, richten Sie sich einen Folterkeller ein und betrügen Sie alte Omas um deren Ersparnisse. Wenn Ihre besten Freunde nach dem Händeschütteln ihre Finger nachzählen und es nicht wagen, Ihnen den Rücken zuzukehren, sind Sie auf dem richtigen Weg nach ganz unten. Gott wird Sie dafür nicht strafen, es gibt nur das Tiefdunkel, die Ebene auf -100, dort treffen Sie verwandte Seelen.

Es gibt da ein bekanntes Gleichnis, das „Gefangenen-Dilemma“. Zwei schwere Jungs werden erwischt und der Staatsanwalt eröffnet denen in Einzelgesprächen, daß er genug Beweise habe, um beiden für jeweils zwei Jahre einen ausbruchsicheren Wohnsitz zu verschaffen. Wenn einer sich jedoch als Kronzeuge zur Verfügung stelle, müßte er nur für ein Jahr einrücken, sein Kollege aber leider für fünf. Wenn allerdings BEIDE Kronzeuge sein wollen, hieße das vier Jahre für jeden. Na? Alles klar? Wie würden Sie sich entscheiden?

Sind beide „gut“, gibt es insgesamt vier Jahre Gefängnis. Ist nur einer böse, halbiert er seine Strafe, aber insgesamt sitzen sie sechs Jahre ein. Sind beide böse, werden es acht Jahre. Was die beiden Herren sich nach Verbüßung der Strafe gegenseitig zu sagen haben, möchte ich hier nicht ausführen.

Die Essenz aus dem Gefangenen-Dilemma ist folgende: Treffen gute Menschen aufeinander, gibt es ein optimales Ergebnis, weil sie zu ihrem Besten zusammenarbeiten. Trifft Gut auf Böse, profitiert das Böse auf Kosten des Guten. Treffen nur Böse aufeinander, kommt keiner richtig weiter, weil sie sich gegenseitig ins Unglück reiten.

Ja, ich gebe zu, da habe ich ein paar Klischees aufgezählt. Der Böse gewinnt zwar beim Gefangenen-Dilemma, aber nicht unbedingt im Leben, auch wenn er scheinbar leichter vorankommt. Das Gefangenen-Dilemma ist nur eine Moment-Aufnahme, vergleichbar dem Teppich-Verkäufer, der Ihnen irgendwelchen Schund für teueres Geld andreht und danach nie wieder auftaucht (und den auch die Justiz vergeblich sucht).

Mit dem „normalen“ Bösewicht arbeiten Sie jahrelang zusammen oder leben Tür an Tür. Sie wissen, woran Sie sind und werden diesen Mitmenschen richtig behandeln. Deshalb wird der Bösewicht Sie nur ein bis zweimal ausnutzen können, dann geht das nicht mehr, weil Sie Bescheid wissen.

Computerexperten haben einmal einen großen Test abgehalten, bei dem ausgeklügelte Strategien erprobt werden sollten, die genau dieses Problem durchspielten. Diese Strategien traten gegeneinander an. Jeder Rechner konnte „fair“ oder „unfair“ spielen, waren beide fair, gab es für jeden einen Punkt, war einer unfair und der andere fair, bekam der Unfaire beide Punkte, waren beide unfair, bekam keiner einen Punkt. Mit Computern lassen sich tausend Runden schnell durchspielen und als Endergebnis kam eine Zahl heraus, die sich leicht vergleichen ließ.

Da wurden tolle Strategien entwickelt, mit Täuschung und Gegentäuschung, mit Fallen und Hinterfotzigkeiten, die jedem Bayern Tränen der Rührung in die Augen getrieben hätten. Eine einzige Strategie wurde der klare Sieger, noch dazu die kürzeste und einfachste, weil sie nur aus zwei Regeln bestand.

1. Beginne mit einem fairen Zug!
2. Spiele so, wie dein Gegner im letzten Zug gespielt hat!

Alles klar? Es sind die bekannten Regeln aus dem Kinderreim: Wie du mir, so ich dir! Oder, wie schon zweimal angeführt:

Handele an Anderen so,
wie diese an Dir handeln sollen!

Schauen wir uns einmal Isaac Treuman näher an. Er lebte in New York, hatte eine gefälschte Auschwitz-Nummer auf seinem Unterarm, stilisierte sich zum Holocaust-Opfer hoch und schrieb ein biographisches Buch über Dinge, die er gar nicht erlebt hat. Selbst wenn er keine Opferentschädigung erhalten hat, hat er doch von der Vorspiegelung falscher Tatsachen profitiert. Immerhin, er war ein echter Jude, wenigstens das hat er nicht vorgespiegelt.

Auf der Erde ist er damit bestens zurecht gekommen. Er hat niemanden persönlich betrogen, sondern einfach die Gelegenheit ergriffen, die sich ihm dargeboten hat. Gut, um in den Hades zu kommen, hat er womöglich noch ein paar Dinge mehr angestellt, aber das ist nicht so wichtig.

Es ist eine Besonderheit der Erde, daß solche Strategien funktionieren, wenn die unfair behandelten Opfer nur zahlreich genug sind. Seine Ehefrau hat ihn vielleicht als bösartigen Drecksack entlarvt und ihn verlassen, oder er hat nie eine Frau bekommen. Vielleicht war sie ihm hörig und er konnte sie ausbeuten...

Wie er in Poseidonis V ein Händler ist, so hatte er auch im irdischen New York ein kleines Geschäft. Bei seinem Lebensentwurf dürfte er da Kunden betrogen haben, vor allem jene, die sich nicht wehren konnten. In der Großstadt geht das, auf dem Dorf nicht, da verbreitet sich ein schlechter Ruf viel zu schnell.

Die andere Person, Klara Manning, hat in Königsberg Tischgespräche mit Immanuel Kant erlebt. Sie gehörte also den besseren Kreisen dieser Stadt an. Als Frau durfte sie damals noch nicht studieren. Sie hat ein ehrbares Leben hinter sich gebracht und es auf eine „gute" Ebene im Jenseits geschafft.

In ihrem nächsten Leben war sie ein Mann – der Wechsel des Geschlechts von Inkarnation zu Inkarnation ist gar nicht so ungewöhnlich – und ist in den Krieg gezogen. Ihren Namen hat sie nicht genannt, aber gehen wir einmal davon aus, daß sie als Major John Gordon in der Ostindischen Kompanie gekämpft hatte, als Kolonialoffizier. Relativ wenige, dafür bestens bewaffnete Briten in einem Land mit zahlreichen Eingeborenen, die nach dem damaligen Verständnis unter dem Menschen standen – also minderwertig verglichen mit weißen Europäern. Die Briten haben sich besonders grausam benommen, wenn irgendwo rebelliert wurde, um weitere Rebellionen abzuschrecken. Dafür mußte Klara Manning einen Preis zahlen.

Das Leben als Sarah Kaczinsky dürfte relativ kurz gewesen sein. Schon vor der deutschen Besetzung war die jüdische Bevölkerung Repressionen durch die Polen ausgesetzt. Was John Gordon damals den Indern angetan hatte, mußte Sarah Kaczinsky am eigenen Leib erfahren. Dieses Leben endete in Zwangsarbeit und Krankheit.

Auf den ersten Blick sieht es so aus, als wäre Herr Treuman für seine Untaten bestraft und Frau Kaczinsky für ihr Leiden belohnt worden. Aber es verbirgt sich weit mehr dahinter.

Nicht das Leiden hat Frau Kaczinsky erhöht, sie wieder zur wohlsituierten Klara Manning werden lassen, sondern ihre innere Haltung.

Liebet eure Feinde, segnet jene, die euch fluchen...

Sarah Kaczinsky hätte nach allgemeinem Empfinden das Recht auf Genugtuung oder sogar auf Rache. Den Ruf nach Vergeltung und Wiedergutmachung würde wohl jeder verstehen. Aber sie hat sich dagegen entschieden, ihr Leben ohne jeden Haß beendet. Ob sie „die Polen" oder „die Deutschen" gehaßt hatte, wissen wir nicht. Aber Jerzy Waleska hat sie so wenig gehaßt wie Gustav Sauerbrey, dem Polen und dem Deutschen, denen sie tatsächlich begegnet ist. Das, diese persönliche Vergebung, trotz zugefügter Leiden, hat sie nach oben geführt.

Herr Treuman haßte „die Deutschen", ohne daß ihm jemals von deutscher Seite Übles widerfahren wäre. Frau Kaczinsky liebte die Deutschen so sehr, daß sie im Jenseits wieder zur Deutschen wurde. Der Haß führte in den Hades, die Liebe auf die Inseln der Seligen. Das, was der Mensch im Inneren trägt, wird im Jenseits im Äußeren sichtbar.

Ist es nun besser, gut zu sein? Ja, aus einem ganz einfachen Grund: Wer gut ist, erfährt Hilfe durch seine Mitmenschen – auf der Erde und im Jenseits. Der Bösewicht steht allein.

Klara Manning ist eine Seele mit Erfahrung, denn um zu Amun und Ra zu beten, muß sie bereits im alten Ägypten gelebt haben, also mindestens 2.500 Jahre alt sein. Belon Saret und Monar Argos waren schon bei ihrem Zusammentreffen mit Semor Ethirion älter und noch weitaus mächtiger. Sie hätten dem ehemaligen König sehr helfen können, wenn er sie nicht verjagt hätte.

Auf den unteren Ebenen des Jenseits und in Eleulorien gibt es Geld, als Tausch- und als Herrschaftsmittel. In den höheren Ebenen funktioniert dies auf der Basis von „Bittet, so wird euch gegeben!“ Die Seelen dort spielen fair, wer gibt, dem wird ebenfalls gegeben. Es muß nicht direkt passieren. Otto hilft Maria, Maria hilft Hanne, Hanne hilft Norbert, Norbert hilft Helga – und Helga begleicht die „Schuld“ bei Otto. Jeder kann sich darauf verlassen, daß der Gefallen in irgendeiner Form zu ihm zurück kommt. Deshalb kann jeder freizügig geben.

Auf den niederen Ebenen dominiert das Nehmen. David nimmt von Sarah, soviel er bekommen kann, als Bezahlung für den kleinsten Dienst. Sarah beutet ihrerseits Judit aus, Judit den Salomon, dieser Miriam und Miriam plündert David aus. Bei den Guten herrscht ständiger Überfluß, bei den Bösen immer nur Mangel.

Stellen Sie sich vor, Sie sind Kampfsportler. Wem vermitteln Sie lieber ihre wirksamen Kampftechniken? Einem Schüler, der Ihnen bei Bedarf jederzeit helfen wird, oder einem Schüler, von dem Sie annehmen müssen, daß er Sie bei erster Gelegenheit überfällt und Ihnen die Brieftasche abnimmt?

In den unteren Ebenen lernen die Seelen durch Versuch und Irrtum. Wer mehr kann und so der Stärkere, Mächtigere ist, versucht den Anderen zu unterdrücken. In den guten Ebenen gibt es Lehrer, die ihre Erfahrungen weitergeben, die Schüler ausbilden. Wer mehr kann, nützt seine Fähigkeiten, um Anderen zu helfen.

Wo kommen Sie schneller voran?

Die Tempel des Vaters der Sonne sind Stützpunkte des Guten, in denen jedem geholfen wird, der um Hilfe ersucht. Es sind keine Stützpunkte der Caritas, wo man sich eine warme Suppe und ein paar gut erhaltene Schuhe abholen kann. In diesen Tempeln passiert das, was Klara Manning als „Gehirnwäsche“ bezeichnet hat.

Isaac Treuman lebt in einer Ebene, die bei -50 angesiedelt ist. In seinem Poseidonis V gibt es ein Hafenviertel, in dem es noch übler zugeht, also -52 vorherrscht. Es gibt auch das Scharak-Viertel, Poseidonis West, mit -48. Herr Treuman lebt mitten drin, weil dies seinen eigenen Gepflogenheiten von -50 entspricht. Der Tempel kann ihn nicht „taufen“ und so von seinen Sünden reinwaschen. Alles, was der Tempel kann, ist ihm ins Gewissen zu reden. Innere Umkehr und Einsicht, als Folgen der „Gehirnwäsche“, verändern die Wertigkeit des Herrn Treuman. Bei -49 wird er noch in seiner bisherigen Umgebung bleiben, weil er sich nur wenig unterscheidet, bei -48 jedoch umziehen, weil Poseidonis West ihm mehr Vorteile verspricht, als der Umzug an Mühe kostet.

Diese Gehirnwäsche erfolgt nicht durch Folter und Zwang, sondern ausschließlich durch Freiwilligkeit. Wenn Isaac Treuman die Lehren nicht annehmen will, wird niemand Fragen stellen, wenn er den Tempel nicht mehr besucht. Seine Synagoge hingegen wird Geldeintreiber schicken und auf weitere Mitgliedschaft bestehen, denn diese ist eine Einrichtung des Hades'.

Wenn Herr Treuman eine passende Inkarnation findet, kann er das Jenseits verlassen. Er kann aber auch Jahrhunderte dort bleiben, nach dem ersten Besuch den kleinen Tempel zwanzig Jahre lang vermeiden, dann ein paar Wochen hingehen, sich wieder dreißig Jahre zurückziehen... Der Tempel wird immer dort sein, er kann jederzeit wieder hingehen. Das Gute wartet geduldig, das Böse drängt sich auf.

Herr Treuman kann ebensogut absteigen, aus eigener Kraft. Wenn er lernt, seine Mitmenschen noch mehr auszubeuten, wird er schließlich vertrieben und muß ins Hafenviertel ausweichen. Das Gute bietet sich an, das Böse führt in Versuchung. Wer mächtig genug wird, um Andere zu unterwerfen, kann das jederzeit tun. Das lernt er durch Versuch und Irrtum, wobei ein Scheitern bedeutet, mit zertrümmerten Knochen in der Gosse zu liegen. Der Weg zum Guten bietet viel weniger Risiken.

Natürlich sind die Tempel des Guten nicht beliebt, haben sie doch die Macht, dem Bösen Leute zu entführen. In diesen Tempeln leisten jedoch immer ein bis zwei Seelen aus deutlich höheren Ebenen Dienst, die einen Schleier tragen wie Klara Manning. Ohne Schleier sind dies wandelnde und unangreifbare Feuerbälle, deren bloßer Anblick jeden Angreifer von der Vergeblichkeit seines Tuns überzeugt. Deshalb werden diese Tempel „geduldet" und ihre Bewohner sind vor Nachstellungen sicher.

Strafkolonie Erde

Ich möchte noch einmal Klara Manning, John Gordon und Sarah Kaczinsky bemühen. Ist Ihnen aufgefallen, daß die Veränderungen in ihrem Status allesamt auf der Erde stattgefunden haben? Das Jenseits hat die Seele im Prinzip so verlassen, wie sie es betreten hatte... Gut, womöglich hat sie als John Gordon im Jenseits einen Tempel des Vaters der Sonne aufgesucht, aber selbst, wenn sie das getan hat – es hätte nicht viel gebracht!

Es geht um Gut und Böse: Die Wertigkeit einer Seele ändert sich auf der Erde wesentlich stärker, als dies im Jenseits möglich ist.

Warum?

Im irdischen New York finden Sie alles, vom engelsgleichen Priester bis zu teuflischen Politiker, von der barmherzigen Samariterin bis zur verkommensten Schlampe. Das heißt, wenn Sie hundert Meter auf der Straße entlang schlendern, treffen Sie Personen, die sich um hundert Punkte in ihrer moralischen Wertigkeit unterscheiden. Keine Sorge, der größte Halsabschneider wird aller Wahrscheinlichkeit friedlich bleiben, weil Sie als harmloser Tourist nicht in sein Beuteschema passen. So gefährlich ist New York auch wieder nicht.

Im „himmlischen" New York, also in Poseidonis V, treffen Sie auf der gleichen Straße Personen im Bereich von -48 bis -52, also eine Bandbreite von fünf Punkten. Wenn Sie als Opfer erkennbar werden, raubt Sie der Eine völlig aus, der Andere ebenfalls, aber der Nettere bedankt sich wenigstens für seine Beute.

Im Jenseits treffen Sie auf Ihresgleichen, es gibt keine wirklichen Vorbilder, keine Rollenmodelle, bei denen Sie ein anderes Verhalten lernen können. Selbst in den kleinen Tempeln ist das sehr, sehr schwer. Isaac Treuman (-50) trifft dort auf Wilbur Stone (-44), der von einer Ebene, welche „die Unterwelt" heißt und auf Niveau -40 angesiedelt ist, als „Entwicklungshelfer" in den Hades gegangen ist, um dort Leuten zu helfen. Wilbur steht Isaac nahe genug, um seinen Standpunkt zu verstehen, ist aber „besser", bietet folglich ein Vorbild. Karin Geick, aus der Sonnenstadt, eine mächtige Seele auf +32, wird Isaac Treuman kaum zu Gesicht bekommen. Frau Geick beschützt den Tempel, sie ist die Seelsorgerin der Seelensorger, umgeben von einem so dicken grauen Schleier, daß ihre Gestalt im Hades kaum zu erkennen ist.

Um es zu quantifizieren: Isaac Treuman hat keine Skrupel, einem Opfer 48% Jahreszins abzunehmen. Wilbur Stone versucht ihn zu überzeugen, daß 18% ebenfalls ausreichen. Karin Geick hingegen empfiehlt, das Geld nicht zu verleihen, sondern zu verschenken.

Wenn Isaac Treuman an sich arbeitet, wird er sich in einigen Jahren auf -49 verbessern, in 30 Jahren -48 erreichen, in 100 Jahren -47... Es geht ganz, ganz langsam. Wilbur Stone, als Helferseele oder Seelensorger, wird ebenfalls von seiner Arbeit profitieren, also zu -43 aufsteigen. Nach 15 Jahren als Seelensorger erreicht er -42, nach 50 Jahren -41... Da er Anderen aktiv hilft, geht es bei ihm schneller.

In einem Erdenleben geht das viel schneller. Isaac Treuman wird als Samuel Shablinsky wiedergeboren, auf -50, dem Niveau entsprechend, das er im Jenseits gehabt hat. Schon in der Grundschule erfährt er, was Gewalt ist... Wenn er sich von ihr abwendet, sie verabscheut, erreicht er da schon -35. Oh, natürlich geht es genauso in die andere Richtung, als Klassenschläger, auf -60. Mit 30 kann Samuel Shablinsky schon auf 0 gekommen sein, aber auch auf -80.

Im Jenseits treffen Sie auf Ihresgleichen, auf der Erde eben die ganze Bandbreite. Welche Interessen verfolgt Ihr Bankberater? Ihre, also die seines Kunden, oder die der Bank, seines Arbeitgebers? Der Versicherungsvertreter empfiehlt Ihnen einen Riester-Vertrag, lobt diesen in höchsten Tönen, schildert unermüdlich dessen Vorteile. Nur – geht es ihm dabei um Ihre Altersversorgung oder um seine Provision? Sie lesen in der Zeitung immer wieder über die Klimaerwärmung. Ist das eine Gefahr oder nur eine Arbeitssicherung für irgendwelche Professoren? Das schreckliche „Waldsterben“ der frühen 1980er Jahre ist schließlich auch ausgeblieben.

Umgekehrt genauso: Sie als Verkäuferin haben Kundinnen, die Sie höflich und als Mitmensch behandeln, aber auch Kundinnen, für die Sie ein Dienstbote sind, der aufs Wort zu gehorchen hat. Bei der geringsten Schwierigkeit rennen die zu Ihrem Chef, um sich über Sie zu beschweren. Hin und wieder hören Sie ein Danke, doch ebenso oft unfreundliche Worte.

Die Erde ist zugleich Strafe und Chance, denn nur auf der Erde können Sie sich schnell entwickeln. Im Jenseits gibt es die langwierige „Gehirnwäsche“, ein vorsichtiges Umdenken, eine sanfte Verhaltensänderung, die Sie aus eigener Kraft bewältigen müssen. Auf der Erde werden Sie mit allem konfrontiert, können sich jederzeit ändern.

Natürlich ist es nicht leicht. Die Initiationsriten – bei uns sind das Kommunion / Firmung, Konfirmation oder Jugendweihe – sind zwar schöne Riten, aber sie bewirken nichts. Die Umkehr muß im Inneren stattfinden, ein bißchen Unterricht über Glaube oder Ethik richtet nichts aus. Nur Vorbilder, das „Führen durch Beispiel", sorgt für Veränderungen.

Es gibt Weisheitslehrer, die behaupten, daß die Menschen nicht nur auf der Erde inkarnieren können, sondern auf vielen Planeten. Diese Planeten haben ein viel engeres Spektrum von Gut und Böse, vielleicht nur eine Bandbreite von 20 Punkten. Ausschließlich auf der Erde gibt es die volle Bandbreite von 201 Punkten, vom abgrundtief Bösen bis zum himmelhohen Guten. Deshalb sei es eine große Gnade, auf der Erde leben zu dürfen, weil nirgendwo sonst so große Fortschritte und Veränderungen möglich sind, wie eben hier, in der Strafkolonie.

Andere Weisheitslehrer erklären, die Erde sei die unterste Stelle in den Planeten, wo nur die übelsten Seelen geboren werden. Wir wären wirklich die Strafkolonie des Universums, die große Besserungsanstalt, bei der die schlimmsten Verbrecher die Leitung übernommen haben.

Ich gebe zu, beide Gedanken üben eine gewisse Faszination aus, allerdings betonen beide die Einzigartigkeit der Erde im Universum. Das fällt besonders auf, wenn dann noch berichtet wird, daß es auf den anderen Planeten unseres Sonnensystems Leben gibt, das jedoch in einer anderen „Phase" oder einer anderen „Stofflichkeit" existiert, die wir, da wir „völlig in der Materie" stecken, gar nicht wahrnehmen können.

Es liegt ein ungeheuer langer Weg hinter jeder Seele, bis sie die menschliche Ebene erreicht. Die Erde ist nach gängiger Lehrmeinung 4,6 Milliarden Jahre alt, das Leben auf ihr existiert seit mindestens drei Milliarden Jahren. Höheres Leben, also Pflanzen und Tiere, die groß genug sind, um sie mit bloßem Auge wahrzunehmen, gibt es seit 600 Millionen Jahren. Menschen gibt es erst seit etwa 75.000 Jahren. („Menschenartige" der wissenschaftlichen Gattung „Homo" gibt es je nach Lehrbuch seit 1,6 Millionen Jahren.)

Vor etwa 75.000 Jahren gab es eine Weltkatastrophe, den Ausbruch eines Supervulkans (Ausbruch des Toba, im Norden von Sumatra). Durch diesen Ausbruch geriet die Gattung Mensch (Homo Sapiens) an den Rand des Aussterbens, mit angenommenen 1.000 bis

10.000 Überlebenden. Ein solcher Kataklysmus bewirkt einen hohen evolutionären Druck, der nur von den intelligentesten Individuen bewältigt werden kann – wenn wir die netten Außerirdischen ausschließen, die in ihren Klonretorten den Menschen zusammengepanscht haben, dann wäre dieses Ereignis ein hervorragender Anlaß dafür, die seelische Schwelle zum Menschen zu überschreiten.

Richtig, ich kann nicht wirklich beweisen, daß der Toba-Ausbruch das entscheidende Ereignis gewesen war. Der Ausbruch sorgte jedoch für einen Flaschenhals, für einen Zwang zur Weiterentwicklung, für einen „Quantensprung", deshalb ist er zumindest ein hochwahrscheinlicher Kandidat für die seelische Menschwerdung. Im Kapitel „Evolution" werde ich näher darauf eingehen.

Ich kann als Begründung immerhin „Okkham's razor" anführen, die einfache Annahme, daß jene Hypothese, die mit den wenigsten exotischen Zutaten auskommt, die wahrscheinlichste ist. Der Toba-Ausbruch ist belegt, ebenso die Abstammung aller Menschen von ganz wenigen Individuen, einer Handvoll Ur-Adams und Ur-Evas. Ich brauche keine Außerirdischen und keinen Gott, der ein wenig mit Lehm experimentiert, komme also mit den einfachen Hausmitteln aus.

Das Rasiermesser („Razor") funktioniert natürlich auch bei den oben erwähnten Lehren: Wenn wir eine Strafkolonie für „bessere" Welten sind – warum gibt es auf diesen ach so viel besseren Welten immer mehr Verbrecher? Schließlich hat sich die Menschheit in den vergangenen hundert Jahren locker verdreifacht. Wenn wir Menschen Engel sind, die der geistigen Vollkommenheit müde waren und deshalb in die Materie geflüchtet sind – warum werden wir dann mehr? Auf einem Planeten, auf dem es wortwörtlich ständig eine auf die Schnauze gibt? Brauchen die Engel das? Haben sie nach einer einmaligen Erfahrung nicht übergenug?

Die Menschen sind ein „irdisches Erzeugnis" und haben sich sowohl körperlich wie seelisch aus Tieren entwickelt. Die Population wächst an, weil eben immer mehr Tierseelen die Schwelle zum Menschen überschreiten. Keine exotischen Zutaten nötig. Höchstens der unangenehme Beigeschmack, daß Sie vor einer Million Jahren ein Affe waren, vor 100 Millionen Jahren ein Dinosaurier und vor 500 Millionen Jahren ein Spulwurm – aber wenigstens ein ganz besonderer Spulwurm, der es seitdem unwahrscheinlich weit gebracht hat.

Die Erde ist insofern eine Strafkolonie, weil Sie hier fortwährend mit allem konfrontiert werden, was es an Gutem und Bösem nur geben kann. Neid und Mißgunst, Edelmut und Selbstlosigkeit – hier finden Sie alles, an einem einzigen Ort. Das Jenseits bietet diese Vielfalt nicht, da stecken Sie einsortiert in einer Schublade, treffen nur auf Seelen, die wie Sie sind. Die Vielfalt erleben Sie nur hier im Diesseits – und nur hier haben Sie den Zwang, sich fortzuentwickeln.

Insofern ist die Erde mehr als eine Strafkolonie. Sie ist eine Schule, ja eine Universität. Obwohl, auch das ist Ihre Entscheidung. Besuchen Sie die Grundschule, haben Sie viel Zeit und lernen langsam. Im Gymnasium geht es schneller, aber Sie müssen sich mehr anstrengen. Und die Universität ist hart.

Weil die Erde dies alles bietet, ist es etwas Besonderes, hier leben zu dürfen. Sie stehen am Glücksrad und unter den 201 Möglichkeiten stecken sowohl Nieten als auch Hauptgewinne. Wenn Sie nicht am Rad drehen, haben Sie bereits verloren, weil Sie sich nicht weiter entwickeln. Also nutzen Sie Ihre Chance!

Selbstmord

Das Leben ist eine völlige Selbstverständlichkeit, weit verbreitet und jedem Wesen einfach so geschenkt, ohne jeglichem eigenen Verdienst. Aber zugleich ist das Leben eine unschätzbare Kostbarkeit. Eine Fliege totzuschlagen, ist ganz einfach, sie wieder zum Leben zu erwecken, völlig unmöglich. Kein Geld der Welt kann etwas wiederbringen, was ursprünglich völlig ohne Gegenleistung geschenkt worden ist.

Wirklich ohne Gegenleistung? Leider ist es nicht so einfach. Sie kennen doch das Bild vom kleinen Rädchen im Getriebe? Gut, heutzutage haben Uhren einen Chip, aber in grauer Vorzeit waren das einmal richtig komplizierte Mechaniken. Luxusuhren haben sogar heute noch so kleine Zahnrädchen, daß man eine Lupe braucht, um sie überhaupt zu erkennen. Ein Wecker zum Aufziehen hingegen hat so große Zahnräder, daß haushaltsübliches Werkzeug ausreicht, um ihn zu zerlegen und wieder zusammenzubauen. Das haben ungezählte Kinder praktiziert und oft genug blieb das eine oder andere Teilchen übrig. Der Wecker sah noch ganz intakt aus, aber er funktionierte nicht mehr...

Sie sind so ein Teilchen innerhalb der Schöpfung. Sie sind nicht zufällig dort, sondern aus einem ganz bestimmten Grund. Gott hat etwas mit Ihnen vor... Ja, gut, ich gebe zu, Gott hat noch viel mehr zu tun, außerdem hat er die Schöpfung so organisiert, daß er bei seinem ein paar Milliarden Jahre dauernden Kurzurlaub nicht belästigt werden muß.

Fangen wir also anders an: Ihre Seele hat an einer weltumfassenden Lotterie teilgenommen und gegen eine Unmenge anderer Teilnehmer den Hauptgewinn ergattert: Ihr Leben.

Kommen Sie bitte nicht mit Ausflüchten, von wegen Ihr Leben sei beschissen, weil sich Ihre heiß begehrte Mitschülerin für den Hallodri von Fußballspieler entschieden hat, Sie seit 24 Jahren nicht befördert wurden, die Lottozentrale konsequent Ihre Zahlenvorschläge ignoriert und Sie entgegen aller Wahrscheinlichkeit noch immer nicht Bundeskanzler geworden sind.

Ihr Leben hat einen Sinn, auch wenn Sie den nicht erkennen. Deshalb haben Sie alles getan, um dieses Leben zu ergattern. Sie haben gewonnen, gegen alle anderen, die es versucht haben. Das ist so ein bißchen, als hätten Sie nach einer heftigen Bieterschlacht die Mona Lisa erworben. Wenn Sie jetzt dieses kostbare Gemälde, das Millionen Sammler zu gerne ein einziges Mal in Händen halten würden, einfach ins Feuer werfen würden, wäre das nicht nur ein Sakrileg, es wäre sogar höchst unfair.

Genau das ist es, wenn Sie Ihr Leben eigenmächtig beenden. Leonardo da Vinci konnte zwar eine Mona Lisa zusammenpinseln, aber um einen einfachen Menschen wie Sie zusammenzusetzen, hätte seine ganze Kunst nicht ausgereicht. Was also ist wertvoller?

Irgendwann sterben Sie, dann ist das Maß Ihrer Tage auf der Erde vollendet. Dann haben Sie das getan, wozu Ihre Seele auf die Erde gekommen ist, Ihre Lebensaufgabe erfüllt. Dabei ist es gleichgültig, ob Ihr Tod in den Augen der Welt sinnvoll gewesen ist oder nicht. Kein Mensch kann beurteilen, ob ein Tod einen Sinn hatte, denn der Tod kann nützlich sein für die ganze Welt, für einen anderen Menschen oder nur für Sie, für Ihr eigenes Seelenheil. Sie haben die Wertigkeit +8 erreicht, dürfen auf die Insel der Seligen, doch wenn Sie nur eine Woche länger gelebt hätten, wären Sie auf +3 abgesunken und wieder nach Eleulorien gekommen. Das kann keiner derjenigen wissen, die sich jetzt fragen, warum Sie mit 230 km/h aus der Kurve geschleudert sind.

Wenn Sie Ihr Leben eigenmächtig beenden, dann nehmen Sie sich selbst vorzeitig aus dem Spiel. Schon morgen hätten Sie ein Kind aus dem Fluß gezogen, das jetzt ertrinken muß... Sie können nichts davon wissen. In 20 Jahren hätte man an Ihnen das Heilmittel gegen Krebs gefunden, weil nur Sie eine ganz bestimmte Mutation aufweisen, welche die Medizin auf die richtige Spur gebracht hätte. Aber jetzt sind Sie tot und 150 Millionen Menschen müssen sterben, bis es eine zweite Chance gibt.

Verstehen Sie, warum Sie ein weitaus wertvollerer Mensch sind, als Sie zu sein glauben? Ja, ich habe auch schon darüber nachgedacht, meinem Leben ein Ende zu setzen – hätte ich es getan, würden Sie jetzt dieses Buch nicht in Händen halten. Und vielleicht... ja, vielleicht rette ich ja so ein Leben, das sonst verloren gegangen wäre. Sehen Sie?

Deshalb, auch auf die Gefahr, mich zu wiederholen:

Selbstmord – von höherer Warte aus betrachtet

Ihr irdisches Leben endet und Sie treten ein ins Nachleben, ins Jenseits. Dort bereiten Sie sich auf das nächste Leben vor und kehren wieder auf die Erde zurück. Von der Warte der heutigen Konsumgesellschaft sieht es so aus, als wäre der Selbstmord die Möglichkeit, ein ungeliebtes Leben bei Nichtgefallen umzutauschen, gegen ein neues, das einem womöglich besser gefällt.

Erstens: Sie sind nicht hier, um sich ein paar schöne Tage zu machen. Sie sind hier, um eine Lektion zu lernen. Eine Lektion, die SIE SELBST ausgesucht haben. Eine Lektion, die Ihnen wichtig war, sonst hätten Sie sich diese nicht gewählt. Das Leben, das Sie gerade weggeworfen haben, war optimal für diese Lektion geeignet gewesen. Sie haben die Lektion nicht beendet, also müssen Sie diese Lektion wiederholen. Der Konflikt, dem Sie ausgewichen sind, wird Ihnen erneut begegnen. Sie haben also nichts gewonnen.

Zweitens: Um dieses Leben haben Sie sich beworben! Hunderte, Tausende, ja womöglich Millionen anderer Seelen wollten genau dieses Leben haben, um genau diese Lektion zu erlernen. Sie hatten das große Los gezogen, Sie durften antreten, um zu lernen. Und Sie haben diesen Hauptgewinn weggeworfen... Ihre ehemaligen Mitbewerber dürften ganz schön sauer auf Sie sein...

Drittens: Nach den Begriffen des Militärs ist ein Selbstmord Fahnenflucht, Feigheit vor dem Feind. Das wird mit Erschießen bestraft. Ihnen wurde mit diesem Leben eine Chance gegeben und Sie haben diese weggeworfen. Sie haben **das Leben an sich** verworfen. Sie, Herr Anton Schneider, waren einzigartig. Es wird Sie in dieser Form nie mehr geben. Nie mehr! Im nächsten Leben werden Sie irgendwer anders sein, aber niemals mehr Anton Schneider. Sie haben diesen Anton Schneider aus der Schöpfung, aus dem Plan Gottes entfernt. Und Sie glauben, das würde einfach so hingenommen?

Selbstmörder im Jenseits

Sie haben gerade einen Wehrlosen und Unschuldigen umgebracht. Sie sind ein Mörder und als solcher treffen Sie im Jenseits ein. Sie haben sich einen Aufenthalt im Schwarzen Reich eingehandelt, in der schlimmsten Zone, die das Jenseits bereit hält. Sie haben nur sich selbst gesehen, sich nicht eingebunden in der Schöpfung gefühlt. Sie haben an sich gedacht, daran, daß Ihre Probleme zuviel für Sie sind. Sie haben diese Probleme jetzt Anderen aufgebürdet. Sie gehen mit dieser Energie ins Jenseits und Sie werden mit genau dieser Energie konfrontiert.

Sie sind der Wehrlose und Unschuldige, den Sie umgebracht haben. Oh, plädieren Sie ruhig auf „Tötung auf Verlangen", das würde ein Anwalt schließlich auch tun. Aber der Getötete war unzurechnungsfähig, als er das verlangt hat. Und der Mörder? War der nicht ebenfalls unzurechnungsfähig?

Ich fürchte, das sind Ausflüchte. Sie haben die Tat schließlich sorgfältig geplant, über Tage, Wochen und Monate hinweg. Sie haben nicht im Affekt gehandelt, sondern gezielt und heimtückisch geplant. Sie hatten immer wieder „lichte Momente", also die Gelegenheit, den Mord zu verhindern. Aber das haben Sie nicht getan. Sie haben einen Menschen umgebracht, der Ihnen völlig vertraut hat und vollkommen von Ihnen abhängig gewesen war. Deshalb sind Sie ein Mörder und vor dem Seelengericht hilft Ihnen kein Anwalt. Sie werden schwer bestraft!

Selbstaufopferung

Das ist zwar auch eine Form des Selbstmordes, aber sie erfolgt nicht aus selbstsüchtigen Gründen. Gehe ich in den sicheren Tod, um Andere zu retten, werfe ich mein Leben nicht weg, sondern nutze es. Und selbst, wenn meine Chance nur Eins zu einer Milliarde ist – ich habe diese Chance. Ich bringe mich nicht selbst um, nicht mit eigenen Händen. Ich sterbe, weil ich mich für Andere einer großen Gefahr ausgesetzt habe. Ich komme deshalb mit einer ganz anderen Energie ins Jenseits.

Wer sich selbst opfert, und sei es noch so sinnlos, erfüllt seine Lebensaufgabe. Der Kamikaze-Pilot, der sich auf ein feindliches Schiff stürzt, tut das, um Tausende Menschen in seiner Heimat zu retten. Der Landsknecht, der sich in die Speere der Feinde stürzt, um so seinen Kameraden eine Bresche in der Phalanx der Gegner zu öffnen, ist kein Selbstmörder, sondern ein Held.

Eine andere Angelegenheit sind Selbstmordattentäter. In den vorherigen Beispielen haben die Selbstmörder feindliche Kämpfer angegriffen, wehrhafte, bedrohliche Menschen. Wer sich einen Sprengstoffgürtel um den Leib schnallt, um Frauen und Kinder umzubringen, die zwar zum Volk des Feindes gehören, aber selbst keine feindlichen Soldaten sind, ist ein Mörder, der obendrein sich selbst umgebracht und sein Leben weggeworfen hat.

Der Unterschied liegt im Ziel, nicht in der Zahl. Wer im Irak Amerikaner angreift, die das Land besetzt haben, und dabei in Kauf nimmt, daß einige Landsleute ebenfalls sterben, hat sich geopfert. Wer jedoch 50 Iraker umbringt, in der Hoffnung, ein paar Amerikaner zu erwischen, ist ein Mörder.

Ich kann keine griffige Faustregel bieten, wann der Kollateralschaden aufhört und der Mord beginnt. Die einzige Regel, die tatsächlich greift, ist jene, es im Zweifelsfall nicht zu tun. Das Jenseits entscheidet nicht danach, was Sie glauben, daß der Prophet Ihnen versprochen hat. Sie stehen vor dem Seelengericht und das läßt sich nicht betrügen. Das Seelengericht entscheidet nicht nach dem Koran und nicht nach der Scharia, sondern ausschließlich nach der Gerechtigkeit. Das Seelengericht kennt alle Ihre Zweifel – deshalb, wenn Sie auch nur den geringsten Zweifel haben, tun Sie es nicht!

Selbstmord aus Gründen der Ehre

Hier ist die Antwort schwer. Früher wurden die Menschen so erzogen, daß die Ehre mehr gilt als das Leben. In diesem Fall *kann* ein Selbstmord eine Selbstaufopferung sein. In so einem Fall kommt es stark auf das Motiv an. Wer seine Ehre wiederherstellt, um seinen Nachruhm zu sichern, handelt ganz sicher aus selbstsüchtigen Motiven.

Grundsätzlich gilt aber auch hier: es ist tapferer, auszuhalten und sich durchzubeißen. Um ein Beispiel zu konstruieren: Wer das Familienvermögen am Spieltisch durchgebracht hat und sich nun „ehrenvoll" erschießt, ist in Wirklichkeit den Problemen ausgewichen. Nach Amerika auswandern, als Tellerwäscher anfangen und schließlich als Millionär alle Schulden tilgen, wäre weitaus ehrenvoller gewesen.

Ehre ist in der Regel eine Ausrede. Zu seinen Taten stehen und sich dem Urteil stellen, ist in jedem Fall besser. Bis zuletzt seine Pflicht erfüllen und die Lektion abschließen, so lautet die Vorgabe. Nur dann haben Sie die Gelegenheit zu Einsicht, ehrlicher Reue und Umkehr. Und nur das zählt vor dem Seelengericht.

Fazit: Leben Sie! Stellen Sie sich den Problemen! Halten Sie durch!

Geben Sie nicht auf, denn womöglich sollen Sie genau das lernen, von dem Sie glauben, es lasse Ihnen keinen Ausweg. Mit Ihrem

Selbstmord bestrafen Sie nicht die Anderen, die Ihnen das angetan haben, sondern in erster Linie sich selbst!

Bitte antworten Sie ehrlich: Ist Ihnen die Möglichkeit, daß Ihre Peiniger fünf Minuten betroffen den Kopf schütteln (offiziell, womöglich gar nicht ernst gemeint und heimlich über Sie lachend), eintausend Jahre in Isolationshaft in der schwärzesten Zone im Jenseits wert? Nicht Ihre Peiniger werden durch Ihren Selbstmord bestraft, sondern Sie selbst. Immer.

Stehen Sie es durch! Nur dann können Sie Ihre Peiniger abschütteln. Lassen Sie die nicht triumphieren. Leben Sie Ihr Leben. Selbst in der Todeszelle gibt es Hoffnung. Und wenn sich die Hoffnung nicht erfüllt, sind die Anderen die Mörder – und nicht Sie.

Nur wer lebt, kann sich entwickeln und seine Probleme lösen!

Genau dafür sind Sie auf die Erde gekommen. Ja, Sie! Hauen Sie nicht ab, denn Ihre Probleme bleiben an Ihnen kleben. Es wird garantiert nicht leichter, wenn Sie die Klasse wiederholen. Also, bleiben Sie am Ball und schließen Sie erfolgreich ab. Nur dann sind Sie den Mist wirklich los – und gchcn als SIEGER aus dem Spiel.

Operation Neustart

Sie müssen eine Lebensaufgabe erfüllen und haben ein paar Dinge falsch gemacht. Also tun Sie das, was Sie in einem Computerspiel tun würden, das Spiel abbrechen und neu laden. Sie werden ja wiedergeboren, bekommen eine neue Chance, also warum nicht mal eben den Reset-Knopf drücken?

Es wäre schön, aber leider funktioniert das Leben nicht wie ein Computerspiel. Ein „Reload“ unter gleichen Ausgangsbedingungen ist nicht möglich. Bevor sich halbwegs ähnliche Ausgangsbedingungen finden lassen, vergehen hundert oder tausend Jahre. Wenn es überhaupt möglich ist, schließlich wollen ganz viele Seelen die Chance, die Sie gerade versaubeutelt haben. Sie haben sich gerade ganz hinten angestellt. Selber schuld – und damit Sie das wirklich begreifen, kommen Sie an einen ganz speziellen Ort, eine „kosmische Besserungsanstalt“ im Jenseits. Da wartet eine harte Lektion auf Sie, schlimmer als in jedem „Boot-Camp“.

Die Strafe für Selbstmörder: Das Schwarze Reich

Diese Ebene ist eine der kleinsten im Jenseits und sie steht außerhalb der Dimension des Gut und Böse. Die Menschen dort leiden nicht wirklich, sie befinden sich nur im Nichts. Sie sind blind und taub, spüren zwar den Boden unter ihren Füßen, aber keine Berührung anderer Menschen, mit denen sie zufällig zusammenstoßen.

Diese Existenz entspricht exakt den Vorstellungen, die viele Leute vom Tod haben. Die Seele befindet sich in einem völlig reizlosen Nichts, ohne Hunger und Durst, ohne Hitze und Kälte, bedürfnislos, aber der eigenen Existenz bewußt.

Diese Ebene benutzt ausschließlich die Isolationsfolter, um die Bewohner zur besseren Einsicht zu bringen. Die Seele erhält keinerlei Hinweis von außen, welchen Fehler sie begangen hat und wie sie sich erlösen kann. Nur das eigene Nachdenken soll sie veranlassen, den Hilferuf auszusenden. Es ist jedoch nicht damit getan, einfach mal die 112 zu wählen. Nur die ernst gemeinte Zuwendung zum Leben öffnet das Tor aus dem Schwarzen Reich. Hier läßt sich niemand betrügen, denn die eigene Seele weiß genau, aus welchem Grund sie um Hilfe ruft.

Diese Ebene besitzt keine Schwingung, welche die gestorbenen Seelen energetisch anzieht. Das ist, als würde ein unbescholtener Mensch wegen Trunkenheit am Steuer (ohne Unfall) zu 30 Tagen Gefängnis verurteilt. Er ist nicht wirklich kriminell, nach deutschem Recht nicht einmal vorbestraft, er sitzt trotzdem diese 30 Tage ab, weil ihm das Geld fehlt, um die Strafe zu bezahlen.

Die Strafe muß abgesessen werden. Im Jenseits ist keine Frist festgesetzt, die Länge der Buße bestimmt der Delinquent. Es ist eine harte Lektion, welche die Seele so gründlich lernen muß, daß sie diese Erfahrung nie mehr wiederholen möchte.

100 Jahre, 500 Jahre, 1000 Jahre – im Schwarzen Reich findet keinerlei Entwicklung statt, sondern eine Auszeit. Wer dort landet, muß die Lektion begreifen, aus eigener Kraft. Es genügt nicht, den Wunsch zu verspüren, diesen Zustand zu beenden, sondern die Seele muß mit allen Fasern ihrer Existenz die Rückkehr ins Leben erstreben.

Es ist schwer, ein Bild dafür zu entwickeln. Sie liegen im flachen Wasser, können sich in einer heftigen Strömung halten. Aber Sie kommen nicht voran, erst, wenn Sie es wagen, nach vorne zu schwimmen. Es würde Sie alle Kraft kosten, die Sie besitzen, vielleicht ertrinken Sie oder Sie werden nach weiter hinten abgetrieben.

Riskieren Sie es? Nein? Keine Sorge, Sie haben 20 Jahre Zeit, um sich aufzuraffen. Wenn das nicht reicht, gerne auch 2.000 Jahre.

Wer kommt in das Schwarze Reich?

Das Schwarze Reich ist eine Strafebene für ein einziges Verbrechen: die Mißachtung des eigenen Lebens. Wer dieses Leben, dieses Gottesgeschenk, eigenmächtig beendet hat, wird für seine selbstsüchtige Haltung damit bestraft, daß er vollkommen auf sich selbst zurückgeworfen wird. Dies ist die einzige Lektion des Schwarzen Reiches, wer dorthin gelangt, soll den Wert des eigenen Lebens erkennen. Die Lektion ist schwierig, sie zu erlernen dauert lange, sehr lange.

Der Todkranke, der sein unerträglich gewordenes Leiden beendet, darf auf Gnade hoffen. Liebeskummer, Geldmangel oder Lebensüberdruß hingegen sind kein Grund, Hand an sich zu legen.

Oh, natürlich wissen Sie, warum Sie das tun. Sie haben wirklich keine andere Möglichkeit, Sie müssen... denken SIE. Aber was denkt das Seelengericht? Denn darauf kommt es an, nicht auf Ihre Ausreden. Wenn Sie sich also fragen, ob oder ob nicht – dann lautet die Antwort ganz eindeutig NEIN. Sie können alles und jeden betrügen, aber niemals das Jenseits.

Der Zweck dieser Ebene

Der Mensch, der ausschließlich sich selbst gesehen hat, wird hier ausschließlich mit sich selbst konfrontiert. Er sieht nicht die Hand vor Augen, nicht den Boden, auf dem er steht, nicht die anderen Menschen, die ihn umgeben.

Die auf ihr eigenes Ego zentrierte Seele, die aus Selbstsucht aus dem Leben geschieden ist, soll hier, in der völligen Isolation, die Notwendigkeit ihrer Mitmenschen erkennen. Sie erlebt, was es heißt, das Leben zu ignorieren, in Form einer Existenz, die keine wirkliche Existenz ist. Die Isolation ist selbst verursacht, deshalb muß sie auch selbst durchbrochen werden.

Die Seele hat sich auf dieser Ebene eingesponnen wie eine Raupe in ihrem Kokon, und wie jene Raupe kann man sie nicht aus diesem Kokon herausschneiden, ohne ihre Entwicklung zum Schmetterling zu stören. Der Mensch war bereits ein Schmetterling und hat sich durch seine Tat wieder zur Raupe degradiert, Jetzt muß er sich erneut verpuppen, erneut zum Schmetterling werden, wieder ins Leben zurückkehren.

Der Weg aus dem Schwarzen Reich hinaus

Der Weg heraus ist eigentlich ganz einfach: Er erfordert die Akzeptanz dessen, was über das eigene, selbstsüchtige Ich hinausgeht. Das Du, die Schöpfung, das Eingewobensein in allem, was existiert. Es geht um die Erkenntnis des Wertes der eigenen Existenz. Die Seele ist Teil der Schöpfung, aber die ganze Schöpfung ist gleichzeitig Teil dieser einen Seele. Erst dann, wenn die Seele bereit ist, über ihre eigene Begrenztheit hinauszugehen, sich der Fülle der Schöpfung zuzuwenden, gelangt ihr Hilferuf nach oben, in die Lichtebenen, und öffnet ein winziges Tor, durch das ein Lichtstrahl dringt.

Eine Inkarnation, direkt aus dem das Erdenleben verneinenden Schwarzen Reich heraus, ist nicht möglich. Da die Wertigkeit der Ebene unbestimmt ist, kann sich auch keine Entsprechung für die Seele auf der Erde bilden. Niemand, der hier ist, empfängt einen ***Ruf***, denn die Isolation ist vollkommen. Die Hilfe führt nur in eine andere Zone des Jenseits, aber nicht ins Diesseits, nicht auf die Erde.

Wenn der Selbstmörder soweit ist, daß er endlich nach Hilfe ruft, damit die Notwendigkeit der Schöpfung angenommen hat, dann öffnet er dadurch eine Verbindung in eine andere Ebene, die seiner tatsächlichen Wertigkeit entspricht. In das Schwarze Reich sind keine Missionsreisen möglich, sie sind auch nicht sinnvoll, da die Bewohner die Besucher nicht wahrnehmen würden. Für die bislang verlorene Seele zeigt sich plötzlich ein ganz schwaches Licht in der Ferne, ein Ziel, auf welches sie sich zubewegen kann. Die Wanderung dorthin kann Wochen oder Monate dauern, sie ist die letzte Prüfung, ob sich der Wille der Seele ins Leben zurückzukehren gefestigt hat.

Das Schwarze Reich führt eine brutale Gehirnwäsche durch, denn es zerbricht jene dicke Mauer, die wir eigenhändig zwischen uns und der Schöpfung errichtet haben, wenn wir grundlos unser Leben wegwerfen. Sie sind dort querschnittsgelähmt, nicht vom Hals abwärts, sondern mitten im Gehirn, von allen Sinnen abgetrennt. Sie sind auf sich allein gestellt, und nur, wenn Sie Ihre gesamte Schöpfungsmacht einsetzen, mit jeder Faser Ihrer Existenz, kommen Sie aus diesem Zustand wieder heraus. Sie sehen das Licht, spüren Ihren Körper, erleben die Mühsal einer endlosen Wanderschaft, bis Sie die vorher nicht wahrnehmbare Grenze überschreiten, die Sie in eine andere Ebene des Jenseits' führt.

Auf jener neuen Ebene wird die Seele mehrere Jahre verbringen, um sich so die Berechtigung für ihre nächste Inkarnation zu erwerben. Diese Inkarnation ist unausweichlich, nicht als „zweite Chance“, schon gar nicht als „Reload“, sondern als sichtbares Zeichen der Besserung und der Umkehr, der Hinwendung zum und der Bejahung des Lebens.

Das Karma

Natürlich kennen Sie dieses Wort und Sie wissen auch, was es bedeutet. Wer sich im letzten Leben an seinen Mitmenschen vergangen hat, muß in diesem Leben dafür leiden. Wenn er Pech hat, wird er sogar als Regenwurm wiedergeboren.

Richtig!

Oder?

Natürlich nicht, sonst würde ich ja nicht so saudumm fragen.

Um dem Karma näherzukommen, hilft Ihnen ein Spielzeug. Da gibt es heute wunderbare Dinge, Made in China, welche die motorischen Fähigkeiten eines Kleinkindes fördern, sein räumliches Vorstellungsvermögen schulen, pädagogisch ungeheuer wertvoll sind und auf alle Fälle die Kassen des amerikanischen Markeninhabers füllen.

Da gibt es so einen schönen Würfel mit Öffnungen. Die eine ist ein Kreis, die nächste ein Dreieck, die dritte ein Stern, ein Viereck... Allen gemeinsam ist, daß die mitgelieferten Plastikförmchen nur durch die eine dafür vorgesehene Öffnung hineingesteckt werden können. Zumindest, solange das liebe Kindlein noch nicht kräftig genug ist, das langweilige und völlig einfallslose Drecksding in Stücke zu reißen.

Das Karma funktioniert wie dieses Spielzeug. Wenn Sie als „Dreieck" ins Jenseits eintreten, kommen Sie auch als „Dreieck" wieder heraus.

Anders ausgedrückt: Wenn Sie als Lügner und Betrüger sterben, kommen Sie an einen Ort im Jenseits, an dem gelogen und betrogen wird. Mit exakt dieser Energie kehren Sie wieder auf die Erde zurück, Sie werden in Verhältnissen geboren, in denen belogen und betrogen wird – DAS ist Karma.

Sie haben jedoch einen freien Willen. Es liegt an Ihnen, ob Sie in alter Familientradition weiter lügen und betrügen wollen, oder Ihr Leben ändern. Ihr Karma läßt Sie in einer Mafia-Familie aufwachsen oder in einer Schule, in der Jugendbanden den Tagesablauf bestimmen. Aber es ist Ihre Entscheidung, in der Jugendbande zu verbleiben oder für die Mafia zu arbeiten. Sie können sich aus dieser Umgebung lösen, gewissermaßen vom Dreieck zum Stern umschmelzen lassen. (Bitte nicht beim Spielzeug versuchen, das wird dabei zu rauchendem und stinkendem Sondermüll.)

Das Karma läßt Sie auf einem Feldweg losfahren oder auf einer vierspurigen Autobahn – Sie können sich darüber beklagen oder die Straße wechseln. Es kostet allerdings ein wenig Mühe.

Einem jeden geschehe, wie ihm gebührt

Das Gesetz des Karma läßt sich auch einfacher ausdrücken: Sie müssen auslöffeln, was Sie sich einbrocken. Jede Ihrer Handlungen, im Guten wie im Bösen, hat Folgen für die Ewigkeit. Sie treten in den Kreislauf der Wiedergeburten mit Wertigkeit 0 ein, ein unbeschriebenes Blatt. Jede einzelne Ihrer Handlungen bringt Sie nach oben oder nach unten. Gut, nicht jede, Sie können sich ein Schnitzel braten, ohne die ewige Verdammnis zu riskieren.

Aber alles, was Sie einem Anderen antun, im Guten wie im Bösen, hat Folgen. Keine einzige Tat bleibt ungesühnt oder unbelohnt. Jede schlechte Tat macht Sie schlechter, jede gute Tat macht Sie besser. Nicht für Stunden oder Tage, nein, gleich für die Ewigkeit. Sie können jederzeit auf dieses Ewigkeitskonto einzahlen oder davon abheben – und alles bleibt für alle Ewigkeiten notiert. Das, und nichts anderes, ist das Gesetz des Karmas.

Erleiden und Lösen von Karma

Wer Betrüger war, wird betrogen, wer Gewalt verübt hat, wird mit Gewalt bestraft. Was man anderen Menschen angetan hat, fällt auf einen selbst zurück. Doch dieses Erleiden des Karmas löst kein bißchen Karma! Nicht die Täter-Opfer-Umkehrung löst das Karma, sondern eine dadurch ausgelöste innere Besserung.

Der Wunsch, nicht mehr zu betrügen, keine Gewalttaten zu verüben, der allein löst das Karma. Der Wunsch und die tätige Reue. Sie kennen bestimmt den linksrevolutionären Spruch: „Alles verändert sich, wenn DU es veränderst.“ In Bezug auf das Karma gilt jedoch: „Alles verändert sich, wenn du DICH veränderst.“

Das Christus-Wort: „Gehe hin, und sündige nicht mehr“, beschreibt exakt den Weg zur Lösung des Karmas. Hören Sie auf, das zu tun, was Sie bisher getan haben, und tun Sie ab jetzt das, was Sie aufgrund besserer Einsicht tun wollen.

Verstehen Sie es bitte nicht falsch: Sie müssen nicht gut sein. Wenn Sie es genießen, Ihre Mitmenschen zu foltern und umzubringen, stört das zwar Ihre Mitmenschen, aber nicht den „lieben Gott" oder das Schicksal. Im Jenseits werden Sie dafür mit Folter und Mord konfrontiert (obwohl dort niemand stirbt), und wenn Sie wieder auf die Erde zurückkehren, dürfen Sie gerne weiterhin foltern und morden, so oft und so ausgiebig Sie wollen. Wenn Sie es eines Lebens satt haben, ändern Sie sich halt.

Strafe durch böses Karma?

Das Karma ist mitnichten eine Strafe, sondern einzig und allein eine Entsprechung. Sie werden nicht für Ihre Taten bestraft, sondern Ihren Taten zugeordnet. Um die Gut-und-Böse-Wertung zu vermeiden: Ein blaues Dreieck kommt wieder als blaues Dreieck zurück, nachdem es im Jenseits unter blauen Dreiecken gelebt hat.

Für Ihre grüne und kreisförmige Ehefrau mögen Sie eine Strafe darstellen, das grüne und kreisförmige Jenseits hingegen eine Erlösung. Es ist ziemlich ausgeschlossen, daß Sie diese Frau im nächsten Leben wieder treffen werden, denn das Karma verweist sie in eine grüne Kreis-Umgebung, fernab Ihrem blauen Dreiecks-Umfeld.

Der Streitsüchtige findet dank des Karmas Streit, der Barmherzige Barmherzigkeit. Intelligente, fortgeschrittene Seelen finden zu intelligenten, fortgeschrittenen Seelen. Nichts davon ist Strafe, nichts Belohnung. Sie entscheiden, wo Sie hinkommen. Sie erhalten eine Art Lebenszeugnis und kommen zu Mitmenschen, welche exakt die gleichen Noten haben wie Sie.

Das Ziel der Existenz

Sie bleiben niemals stehen, Sie entwickeln sich weiter. Und hier kommt wieder das Karma ins Spiel. Wenn Sie jedem, dem Sie begegnen, eine kräftige Begrüßungsohrfeige verpassen, werden relativ wenige Leute zu Ihnen kommen, um Ihnen nützliche Informationen zu geben. Sie müssen alles selbst erforschen, herausfinden und erfahren.

Ein netter, gastfreundlicher Mensch, der jedem Fremden liebenswürdig entgegentritt, bekommt zwar von Ihnen eine schallende Ohrfeige, doch die meisten Anderen begegnen ihm freundlich. Er bekommt Hilfe und Information, wird sich deshalb schneller entwikkeln als Sie bösartiger Rabauke.

Es ist ganz einfach, eine Folge der minimalen Logik. Dem netten Menschen ruft jemand zu: „Vorsicht, das Eis ist zu dünn!", deshalb wird er nicht darin einbrechen und sich keine Grippe holen. Den Rabauken hingegen verfolgen die Mitmenschen mit Schadenfreude, wie er mit blau gefrorenen Lippen, zitternd und triefend nach Hause eilt und die nächsten drei Wochen im Bett verbringt.

Sie können sich als gemeiner alter Wolf hocharbeiten, bösartig und verbittert, doch es wird lange dauern und Sie werden oft in Sackgassen umkehren müssen. Das ist kein schlechtes Karma und schon gar keine Strafe Gottes, sondern eine Folge Ihrer Einstellung.

Wenn Sie als netter, freundlicher Mensch hingegen einem anderen Menschen sagen, daß dieser Weg in einer Sackgasse endet, wird der Gefallen irgendwann erwidert. Sie sparen sich so viele eigene Umwege und kommen schneller ans Ziel. Nicht wegen des guten Karmas und nicht als Belohnung Gottes, sondern wiederum als Folge Ihrer eigenen Geisteshaltung.

Wie Du bist, so wird Dir geschehen!

Das ist das ganze Gesetz des Karmas. Es ist ein unpersönliches: Wie du mir, so ich dir. Ein Gesetz, in Erz gegossen, das alles erfaßt und nichts übersieht.

Obwohl, es gibt eine Abkürzung:

Gnade und Vergebung

Christus hat gesagt: „Gehe hin, und sündige nicht mehr." Er hat nicht gesagt: „Gehe hin, büße für alle deine Sünden." Das Gesetz des Karmas ist kein Buchhaltungsprogramm, das jedes Vergehen notiert und unerbittlich Strafe und Sühne fordert. Sie sind Ihre eigene Strafe, und Sie sind das, solange Sie das wünschen.

Solange Sie morden, sind Sie ein Mörder, egal ob Sie einen Menschen oder zehntausend auf dem Gewissen haben. Wenn Sie aus tiefstem Herzen bereuen und kein Mörder mehr sind, Sie also zu sündigen aufhören, erfahren Sie die Gnade der Vergebung.

Gut, ganz so einfach ist es leider nicht. Nur, weil Sie die letzten 30 Jahre Ihres Lebens in Einzelhaft verbracht haben und keinerlei Gelegenheit hatten, einen Menschen zu töten, sind Sie noch lange kein Mörder mehr. SIE müssen sich ändern, nicht die Umstände. Nur, weil niemand etwas besitzt, das Sie klauen können, sind Sie noch lange kein Dieb. Die innere Umkehr, das Abschwören vom Verbrechen, das ist das entscheidende Moment dabei.

Aber auch das erfolgt in beide Richtungen. 40 Jahre als Heiliger zu leben, bringt Ihnen nichts, wenn Sie danach anfangen, sich für den Zorn Gottes zu halten und zu Feuer und Schwert greifen (oder zu Maschinenpistole und Plastiksprengstoff). Sie haben es in der Hand, sich zu ändern, zum Guten wie zum Schlechten. Das bestimmt Ihr Karma, und damit Ihre Zukunft.

Vergessen Sie den Regenwurm! Das Karma ist nicht schuld an Ihren finanziellen Verhältnissen. Das Karma steckt Sie nicht in einen königlichen Palast. Sie können sich ein „gutes Karma" nicht mit noch so vielen Gebeten erkaufen, nicht mit Mildtätigkeiten oder einem großzügigen Testament zu Gunsten der Kirche.

Sie sind der alleinige Meister Ihres Karmas! Sie bekommen immer wieder neue Chancen, können sich jederzeit ändern – und damit Ihr Karma. Sie sind nicht das Opfer des Karmas, Sie müssen auch nicht abbüßen, was Sie vor fünftausend Jahren angestellt haben. Sie leben, wie Sie sich ganz bewußt entschieden haben zu leben. Und Sie können sich jederzeit neu entscheiden. Sie brauchen nur ein wenig Geduld, es ist wie auf der Autobahn: Bis zur nächsten Ausfahrt müssen Sie durchhalten.

Geister im Nebelland

Das Jenseits wird durch Ihre Gedanken und Vorstellungen geformt, zu einer zweiten Erde, zu einem wahren Himmel oder zur Hölle. Aber wie sieht das Jenseits aus, wenn es keinerlei Vorstellungen gibt? Welches Jenseits haben die ersten Menschen vorgefunden?

Das Nebelland ist eine weite, wetterlose Landschaft, über der ständig dicker Nebel liegt. Es gibt Bäume, Steine, Bäche und Seen dort. Ohne den Nebel wäre es eine attraktive Parklandschaft, aber der Nebel trennt und vereinsamt. Mehr als zwei Schritte weit kann niemand sehen. Sie wissen nie, was auf Sie zukommt, ob ein Strauch, ein Bär oder ein anderer Mensch.

Für die ersten Menschen war das Jenseits ein Ort, mit dem sie keine Vorstellungen verbunden haben. Ein bißchen Boden und sonst nichts – eben Nebel, der die Sicht behindert. Sie irrten ziellos umher, stießen gelegentlich auf ein paar Früchte oder ein kleines, erlegbares Tier. Niemand hatte Erwartungen, es war langweilig und die Menschen wollten wieder zurück, auf die Erde.

Tiere, die noch nicht die Schwelle zum Mensch-Sein überschritten haben, sind absolut neutral gepolt, weder gut noch böse. Dies gilt für menschenfressende Tiger genauso wie für große kinderfreundliche Hunde. Mit dieser Nullwertigkeit treten die Seelen in ihr erstes menschliches Leben ein. In der fernen Urzeit waren Lug und Trug, Haß und Liebe, Mildtätigkeit und Barmherzigkeit noch nicht „erfunden“, diese Verhaltensweisen mußten erst entdeckt, erforscht und erlernt werden. Deshalb hatte das Seelengericht nur wenig zu tun, das Urteil lautete einhellig auf „Nebelland“.

Wenn die Schamanen der frühen Menschheit mit den Geistern gesprochen und sich in deren Reich begeben haben, betraten sie das Nebelland, um dort ihre Ahnen zu sprechen. Die Schwelle war damals leicht zu überschreiten.

Ein kleiner Rest dieses neutralen Nebellandes existiert noch. Schamanen der Urvölker können es nach wie vor erreichen, auch die Toten dieser Völker landen eher dort als in der Ebene von Eleulorien. Diese Menschen kommen dort gut zurecht, sie kennen ja die Erzählungen über das Geisterreich. Für sie ist es ein Ort der spirituellen Erfahrung. Sie treffen dort bevorzugt ihre Totemtiere und unterhalten sich mit diesen. Für sie ist der Aufenthalt dort wertvoll für ihre Weiterentwicklung, ein Schritt in die richtige Richtung.

Das Nebelland ist aber auch eine besondere Zone für zivilisierte Menschen, die eine ganz bestimmte Lektion lernen müssen.

Leben in der Urlandschaft

Sie irren dort richtungslos umher. Wen immer Sie dort treffen, sobald der Andere im Nebel verschwindet, weil er oder Sie weitergegangen sind, werden Sie ihn höchstwahrscheinlich nie mehr wieder treffen. Stoßen Sie auf einen Bären und bekommen Sie von diesem einen Prankenhieb, so schleudert Sie dieser Hieb in den Nebel zurück. Der Bär wird Sie nicht mehr finden, um Sie aufzufressen. Ihre Verletzungen heilen schnell, sterben können Sie sowieso nicht. Es ist kalt dort, unangenehm, wie an einem Septembermorgen, aber nicht schmerzhaft. Erfrieren werden Sie garantiert nicht.

Sie sind auf sich selbst zurückgeworfen und auf Sie selbst beschränkt. Jeder Schritt kann in einen Sumpf führen, in eine Grube fallen lassen oder eben auch zu einem sicheren Tritt werden. Andere Menschen können Sie total ignorieren, Sie angreifen oder mit Ihnen sprechen. Sie wissen nie, ob diese Zufallsbegegnungen Ihnen helfen oder schaden wollen.

Wer kommt ins Nebelland?

Für den zivilisierten Menschen korrespondiert das Nebelland mit seiner eigenen Selbstsucht. Wer immer nur sich selbst gesehen hat, herz- und gefühllos seinen Mitmenschen gegenübergestanden ist, erlebt diesen inneren Zustand im Außen des Nebellandes. Es sind keine Schwerverbrecher dort, sondern nur die Gleichgültigen und Hartherzigen.

Wer dort ist, begegnet der eigenen Angst. Eine schnelle Flucht, fünf Schritte, reichen um zu entkommen, um im Nebel zu verschwinden. Jeder lockt jene Begegnungen an, die er erwartet und fürchtet. Das muß kein Gewalttäter mit einem spitzen Messer sein, es genügt ein aufdringlicher Mathematiklehrer, der einem unbedingt den Satz des Pythagoras erklären möchte.

Sie haben nichts falsch gemacht, keinem wirklich geschadet, aber Sie waren gleichgültig und haben sich außerhalb der menschlichen Gemeinschaft gestellt.

Der Zweck dieser Ebene

Das Nebelland erteilt die Lektion, daß jeder Einzelne seine Umwelt braucht. Er braucht seine Mitmenschen, er braucht Vertrauen zu anderen. Er muß sich darauf einlassen, bereit sein, seine Umgebung wahrzunehmen und sich dieser zu öffnen. Keine Ebene dient als Strafe, insbesondere diese ist ein Ort der Belehrung.

Der Weg aus dem Nebelland

Durch die innere Umkehr, durch den Wunsch, aus diesem Bereich herauszukommen, andere Menschen zu treffen, wird aus dem nebligen Septembermorgen ein hellerer Tag, bei dem die Sonne den Nebel ausdünnt und schließlich einen Altweibersommer-Tag einleitet. Der Wanderer trifft auf eine Siedlung, trifft auf andere Menschen. Er hat es fast geschafft, er muß sich nur mit ihnen anfreunden, ihre Gesellschaft genießen. Wer versagt, irrt wieder hinaus in den ewigen Septembermorgen. Wer sich anpaßt und entwickelt hat, ist angekommen in Eleulorien, in der neutralen Zone, der Erde im Jenseits.

Anders als alle anderen Ebenen wird das Nebelland zumeist noch im Jenseits verlassen, also nicht durch Wiedergeburt.

Wie Cleulorien entstanden ist

Folgen Sie mir bitte in eine ferne Vergangenheit, ans Ende des meidonischen Zeitalters. Das Winterland ist inzwischen zum Hades geworden, auch wenn diese Ebene noch nicht so heißt. Die Freizone hat sich unter dem Hades ausgebildet, auch schon das Tiefdunkel, als unterste „Höllenebene".

Es gibt noch die fünf Eonatas im Jenseits, aber sie zeigen Auflösungserscheinungen. Eonata I ist eine Gartenstadt im Sommerland, deren Stadtkern nur noch schwer zu erkennen ist. Dort gibt es kein Parlanion mehr und der Tempelbezirk wurde zu einer offenen Universität.

Eonata II hingegen ist längst größer als das Eonata auf der Erde. Es wird vom Parlanion aus regiert und es gibt drei Tempelbezirke, welche die Verhältnisse aus unterschiedlichen Jahrhunderten aufzeigen. Dieses Eonata ist bestimmt, die Zeiten zu überdauern, es existiert noch heute, als das Himmlische Eonata. Erst jetzt läuft es Gefahr, zum Himmlischen Jerusalem zu werden, in den Vorstellungen der Menschen.

Eonata III liegt in der neutralen Zone, auf der gleichen Wertigkeit wie das Nebelland. Es gibt erste Ausstülpungen des Nebellandes, in denen der Nebel zurückgewichen ist, nicht mehr als ein paar Enklaven. Meidonier leben in der Umgebung Eonatas, Atlanter haben ihre eigene dörflich organisierte Zone. Viele Seelen irren erst einmal durch das Nebelland, bis sie in eine dieser Zonen gelangen, als erster Lernerfolg, als Hinwendung zu den Mitmenschen.

Eonata IV und V zerfallen, verändern sich langsam zu Abbildern von Poseidonis. Die Atlanter sind aggressiver, betätigen sich als Welteroberer, deshalb schaffen sie nach und nach die Umgebung in den unteren Ebenen. Reiche in der Entstehung zeichnen sich nur ganz selten durch philosophische Größe und ethische Leistungen aus, besitzen dafür aber Skrupellosigkeit und Durchsetzungsvermögen. Erst, wenn die militärische Absicherung gelungen ist, folgen die kulturelle und zivilisatorische Entfaltung.

Auf der Erde hatte gerade die größte Schlacht stattgefunden, welche die Menschheit bis dahin geschlagen hatte. Der Großkönig von Atlantis hatte seinen Leuten befohlen, das eonatische Heer vollständig zu vernichten und höchstens bei bedingungsloser Unterwerfung und sofortiger Versklavung auf den Waffengang zu verzichten. Er ging als Krateros der Große in die Geschichte ein, als erster Kaiser von Atlantis. Er trug als erster einen neuen Titel, den alle seine Nachfolger für sich in Anspruch genommen haben: Beherrscher der Erde.

Der Großkönig hat Poseidonis nie verlassen, die Schlachten schlugen seine Generäle. Sergon Talestra hätte ihm gefährlich werden können, doch nach dieser Schlacht nannte man ihn nur noch „den Schlächter", weil er den größten Teil seiner Leute für den befohlenen Sieg geopfert hatte.

Sinnbildlich gesprochen, hatten die Eonater in dieser Schlacht derart viel atlantisches Blut vergossen, daß sie schließlich darin ertrunken sind. Zehntausende Gefallene gelangen zugleich ins Jenseits, sammeln sich im Nebelland. Sie sind so zahlreich, daß die Seelenführer sich kaum um sie kümmern können und sie nur dort an einer Stelle abliefern.

Sie alle waren Soldaten und gehorchen noch immer ihren Offizieren. Die ersten Gefallenen hatten noch gegeneinander gekämpft, doch schnell begriffen, daß es sinnlos war, sich im Totenreich umbringen zu wollen. Deshalb gibt es jetzt einen Waffenstillstand. Da Sergon Talestra die Schlacht überlebt hatte, war Tschandor Werton der höchstrangige Offizier, der Feldherr der Eonater. Sein Stab und die gefallenen Untergeneräle der Atlanter hatten sich versammelt, um das weitere Vorgehen zu besprechen. Keiner von ihnen hatte eine rechte Vorstellung, den Truppen war zu lagern befohlen.

Erst gegen Ende der Schlacht sind Oberstleutnant Alpis Telpor und Oberst Wendor Etos gefallen. Stören Sie sich bitte nicht an den modernen Titeln, auch nicht daran, daß sie ein Regiment Festungspioniere geführt hatten. Diese Worte erklären nur Rang und Waffengattung. Alpis Telpor wäre ein legendärer Kriegsheld geworden, wenn es seinen Freund und Vorgesetzten Wendor Etos nicht gegeben hätte, der ihn immer wieder übertroffen hatte.

Oberst Etos war eine Legende, auch bei den Atlantern kannte jeder seinen Namen. Und Sie? Sie kennen ihn auch, von früher. Er sieht Monar Argos sogar ziemlich ähnlich, während Oberstleutnant Telpor bestimmt nicht mit Belon Saret verwechselt worden wäre. Das Haus, in dem Alpis aufgewachsen war und das ihm bis vor kurzem gehört hatte, stand zufällig in der Belon-Saret-Straße.

Zwischen der Schlacht und Semor Ethirion liegen viele Jahrhunderte und eine Anzahl Inkarnationen, die sie zusammen erlebt hatten. Während Monar/Wendor nur männliche Inkarnationen angenommen hatte, war Belon/Alpis immer wieder als Frau zur Welt gekommen und sie hatten einander oft genug geheiratet.

Sie hatten sehr viel gelernt und an Macht gewonnen. Sie hatten sogar darauf verzichtet, den ***Ruf*** auszusenden, da sie kurz nach dem Seelengericht bereits wußten, wer sie waren und welche Möglichkeiten sie jetzt hatten. Alpis hatte in der Ebene von Elysium eine kleine Waldlichtung erschaffen, auf der er jetzt seinen Seelenpartner erwartet. Wendor würde sein Leben teuer verkaufen und jener Atlanter, der es ihm schließlich nahm, würde dadurch großen Ruhm und vermutlich die Erhebung in den Adelsstand erlangen.

Als Wendor erscheint, behält er seine menschliche Form nur lange genug bei, um freudig zu lächeln. Er muß Alpis nichts sagen, denn beide hatten sich nach diesem Augenblick gesehnt. Ihre Seelen gleiten ineinander, vermischen sich zu einer ekstatischen Verbindung, die alles übertrifft, was körperliche Liebe zu bieten vermag.

Erst nach den Stunden dieser Vereinigung bilden sie wieder Körper aus. Sie hatten nicht nur ihrem Vergnügen gefrönt, sondern auch entschieden, was sie als nächstes tun würden. Eine Anzahl Soldaten haben trotz Seelengericht nicht verstanden, daß der Tod sie ereilt hatte. Sie irren noch immer auf dem Schlachtfeld von Leonia herum und senden hilflose ***Rufe*** aus, die das Jenseits kaum erreichen. Die Seelen hätten Tage, vielleicht Wochen benötigt, um den Weg ins Jenseits zu finden und einen Seelenführer herbeizurufen.

Alpis und Wendor sammeln die Energie aus den vielen Rufen. Belon und Monar hätten das noch nicht gekonnt, aber jetzt sind sie stark genug, um sich davon ins Diesseits tragen zu lassen. Unter normalen Umständen hätten sie für jede einzelne verwirrte Seele Stunden benötigt, um ihr die Situation zu erklären und sie zu überreden, ihnen zu folgen.

Aber hier haben sie es mit Soldaten zu tun. „Alles hört auf mein Kommando! Soldaten, Achtung! Vor mir – antreten!“

Der Kommandoton wird von allen Toten verstanden, die Lebenden hingegen bekommen nichts davon mit. Eonater und Atlanter, die gerade noch Feinde waren, sammeln sich, mangels besserer Alternativen.

„Ich bin Oberst Wendor Etos und beabsichtige, Sie alle hier herauszuführen. Haben Sie das alle verstanden?“ Niemand meldet sich, was der Oberst als Zustimmung betrachtet. „Hat einer der Atlanter ein Problem damit, ab sofort mir zu gehorchen?“

Ein Mann meldet sich. „Wir kämpfen nicht gegen unsere eigenen Leute!“

Der Oberst nickt. „Der Kampf ist zu Ende. Wir – Alpis Telpor und ich – beabsichtigen, die Armeen aufzulösen und Sie alle an einen Ort zu bringen, an dem Sie in Frieden leben können. Im Reich der Toten sind wir keine Feinde und die Schlachten der Lebenden liegen hinter uns. Wollen Sie mir jetzt folgen?“

Der Atlanter tauscht Blicke mit anderen Offizieren. „Geben Sie uns darauf Ihr Wort, Herr?“

„Ja, mein Ehrenwort!“, bestätigt der Oberst.

„Ich ebenfalls“, versichert sein Stellvertreter.

„Dann gehorchen wir“, erwidert der Atlanter.

„Bilden Sie eine Marschkolonne! In Dreierreihen antreten!“ Die mächtigen Seelen öffnen den Weg ins Jenseits weit genug. Unter Führung von Alpis marschieren die Soldaten vom Schlachtfeld. Wendor beaufsichtigt sie und sorgt dafür, daß niemand zurückbleibt.

Alpis und Wendor hätten auf sich gestellt lange suchen müssen, um die Gefallenen im Nebelland zu finden. So aber spüren sie den richtigen Weg anhand der Bestimmung der Seelen, die sie anführen und kommen folgerichtig dort an, wo die Überreste der beiden Heere lagern.

General Werton tritt auf sie zu. „Oberst Etos! Ich habe mich schon gefragt, wo Sie bleiben... Sagen Sie bloß, Sie haben Gefangene gemacht?“

Wendor muß über diese Vorstellung lachen. „Keine Gefangenen, Herr General, das sind alles Kameraden. Der Krieg liegt hinter uns. Wir...“

„Was ist das für ein graues Zeug, das Sie umgibt?

Wendor beschließt, sich die Erklärungen zu sparen. „Herr General, wir sind gekommen, um das Kommando zu übernehmen.“

„Sie können uns zum Sieg führen?“, fragt der General hoffnungsvoll.

„Nein, denn die Zeit der Siege liegt hinter uns. Und bei allem Respekt, Herr General, es ginge schneller, wenn Sie mich nicht dauernd unterbrechen würden. Das hier sind die führenden Offiziere beider Armeen?“

„Äh, ja.“ Die Laune des Generals hat sich merklich verschlechtert. „Was befähigt Sie Ihrer Meinung nach, das Kommando zu beanspruchen?“

Oberstleutnant Telpor, der als der Rangniedrigere bis jetzt nicht einmal begrüßt worden war, beginnt breit zu feixen. „Meine Herren, weiß ein Einziger von Ihnen, was als nächstes zu tun ist?“

„Äh, wir beratschlagen noch“, antwortet ein atlantischer Untergeneral verlegen.

„Nun, WIR wissen es“, erklärt Oberst Etos in einem Ton, der keinerlei Widerspruch zuläßt. Er entfernt sich von den Offizieren und läßt seine Gestalt auf zehn Meter Größe anwachsen.

„Alles hört auf mein Kommando!“ Auf der Erde hätte er aus Leibeskräften brüllen müssen und wäre doch nicht von allen gehört worden. Mit den Mitteln des Jenseits bleibt er leise, aber jedes seiner Worte erreicht alle Soldaten.

„Ich bin Oberst Etos, Sie alle dürften meinen Namen kennen. Oberstleutnant Telpor und ich sind gekommen, um diese Armeen aufzulösen und Ihnen allen ein Auskommen zu verschaffen. Sie werden deswegen ein letztes Mal gehorchen, damit wir Ihre Kräfte bündeln können, um Ihnen eine neue Heimat zu verschaffen.“

Wendor schwächt seinen Schleier und strahlt jetzt schmerzhaft helles Licht aus. „Sie kennen mich nur als Oberst Etos, aber ich war früher ein Sohn der Sonne. Ich wurde eingeweiht in alle Geheimnisse des Tempels und weiß deshalb, was wir tun müssen. Treten Sie an der Linie an und bilden Sie einen Kreis um mich, so geht es am schnellsten.“

Alpis projiziert einen Kreis mit zwölf Schritten Radius um Wendor. General Werton fragt ihn leise: „Können Sie das wirklich? Haben Sie das schon mal gemacht?“

Alpis antwortet ebenso leise: „Im Kleinen, ja. In diesem Maßstab hat es noch nie jemand gewagt."

Der General wiegt skeptisch den Kopf. „Ich hoffe, Sie wissen, was Sie tun. War der Oberst tatsächlich früher Priester?"

„Sicher." Alpis verändert seine Kleidung.

„Das steht Ihnen nicht zu!", knurrt der General empört. „Sie können sich hier nicht einfach zum Senator erheben!"

„Ich nicht", stimmt Alpis zu. „Belon Saret aber schon." Er verändert jetzt noch seine Gestalt. „Der bin ich nämlich gewesen."

„Sen... Erster Senator Saret...", stammelt der General.

„Ja." Alpis wird wieder zu Oberstleutnant Telpor. „Vielleicht finden Sie sich so ein wenig leichter damit ab, daß Ihnen das Kommando entzogen wird."

„Jaaa... Danke. Ich hatte ja keine Ahnung..."

„Ich auch nicht, Herr General. Wer ich war, weiß ich erst, seit ich hier bin."

Der General atmet tief ein, schlägt die Hacken zusammen und salutiert. „Zu Befehl, Erster Senator!" Er wendet sich an seinen Stab. „Oberst Etos hat das Kommando! Gehorchen Sie gefälligst!"

Bei den Atlantern hatte jener Offizier, der auf dem Schlachtfeld das Ehrenwort von Wendor Etos verlangt hatte, mit seinen Kameraden gesprochen. Auch er hatte sie überzeugt.

Wendor wartet, bis die Menge sich möglichst dicht um ihn versammelt hat. „Ich möchte, daß Sie alle in meine Melodie einstimmen. Singen Sie und denken Sie an gar nichts! Das ist ein Befehl, und zwar der letzte Ihres Soldatenlebens."

Wendor stimmt eine ganz einfache Melodie an, nur ein: „La – lalala", das ständig wiederholt wird und so einen hypnotischen Zwang ausübt. Nach einigen Minuten singen alle und wiegen ihre Oberkörper im Takt. Die Männer werden systematisch eingelullt, in Trance versetzt. Jetzt löst Wendor seinen Körper auf und schwebt als empfangsbereiter Geist über allen. Auch Alpis löst sich auf und greift nach den Seelenkörpern der Soldaten. Der Gesang hatte deren Widerstand ausgelöscht, sie lassen sich von ihm willig auflösen und Wendor zutreiben. Die Reihen lichten sich, dafür wird der Geistesverbund immer größer und mächtiger. Das Singen wird leiser und nach guten zwei Stunden haben alle Soldaten ihren Jenseitskörper verloren. Als letztes verbindet sich Alpis mit ihnen.

Jetzt setzt der Geistesverbund seine Schöpfungskraft ein. Alpis und Wendor liefern das nötige Können, die Soldaten die Energie, um das große Werk zu beginnen. Der Nebel lichtet sich, es bildet sich eine sanfte Hügellandschaft, mit Seen, Flüssen und Bächen. Schon umfaßt diese Ebene hundert Quadratkilometer – und sie wächst unaufhörlich weiter. Häuser entstehen, gruppieren sich zu Dörfern, gelegentlich auch einmal zu einer kleinen Stadt. Alpis und Wendor genießen die Macht, die ihnen die vielen Seelen verleihen, verfallen in eine Art Schöpfungsrausch. Weiter und weiter schieben sie die Grenzen dieser Ebene hinaus, schaffen Land, das auf menschliche Besiedelung wartet.

Bei etwa 50.000 Quadratkilometern fühlen sie die beginnende Erschöpfung. Alpis und Wendor empfinden das als einen Absturz aus der Allmacht, zurück in die Begrenzung des eigenen Daseins. Jetzt wird es mühsam, denn sie lösen den Verbund wieder auf, versehen die einzelnen Menschen mit Körpern, setzen sie in eine Umgebung, die diese gewohnt waren. So kommen Bauern auf ihre Höfe, Handwerker in ihre Werkstätten, Jäger in ihre Wälder.

Nach fünf Tagen hat der letzte Soldat den Verbund verlassen. Jetzt fallen noch Alpis und Wendor heraus, entstehen körperlich auf der Spitze einer Felsnadel, die einen Kilometer hoch aus der sanften Ebene emporragt. Die Erschöpfung fordert ihren Preis. Sie sinken auf der Stelle um und fallen in den Schlaf.

Als sie wieder erwachen, ist eine Woche vergangen. Von ihrem hohen Standpunkt aus überblicken sie ihre Schöpfung. Was sie sahen, gefällt ihnen – und es birgt eine Überraschung: Eine der Enklaven im Nebelland hatte sich an ihre Schöpfung angeschlossen, ein kleines Fischerdorf mit einem Vulkanberg dahinter – das erste Poseidonis, das sich hier im Jenseits gebildet hatte.

Dies nehmen sie gelassen zur Kenntnis, die nächste Überraschung trifft sie weitaus schmerzlicher: Sie stellen fest, daß sie kein grauer Schleier mehr umgibt und sie trotzdem nicht gleißend hell leuchten. Hatten Sie mit der Erschaffung dieser Ebene so sehr gegen kosmische Gesetze verstoßen, daß sie weit in ihrer Entwicklung zurückgeworfen worden waren?

Sie brauchen sich nicht abzusprechen, als sie die Felsnadel auflösen. Ihre Schöpfungsmacht ist ungebrochen, sie können immer noch fliegen. Der nächste Gedankenimpuls versetzt sie auf eine andere Ebene, ins Elysium – demnach haben sie nichts verloren, ihnen wird der Zugang nicht verwehrt.

Wieso benötigen sie dann im neutralen Gebiet keinen Schleier mehr? Sie besuchen andere Ebenen und stellen fest, daß sie nirgendwo einen Schleier benötigen, sich dort also unerkannt bewegen können. Sie tragen noch immer das Licht des Elysiums in sich und strahlen es auch aus, wenn sie sich darauf konzentrieren.

Alpis und Wendor entscheiden, daß sie eine neue Fähigkeit erlernt haben. Sie beschließen, durch das Land zu wandern, das sie erschaffen hatten, jedoch als einfache Leute. Als Ervan Senar, Tischler aus Garth, und seine Frau Ligia, beides alte Leute, ihre vorletzte Inkarnation, wollen sie über das Land ziehen und bei Bedarf den Leuten helfen.

Ihre Wanderung sollte hundert Jahre dauern, in denen sie das neue Land stabilisieren und immer wieder vergrößern. Niemand erkannte sie, selbst ihre gelegentlichen Schöpfungen verbargen sie so gut, daß niemand sie als Urheber herausfand.

Den Namen Eleulorien prägte allerdings General Werton.

Das Himmlische Eonata

Seien Sie andächtig, wenn Sie diese Ebene das erste Mal betreten. Es ist das letzte Eonata, das sich erhalten hat. Nennen Sie es ruhig das Himmlische Jerusalem, aber vergessen Sie niemals, daß diese Stadt viel älter ist.

Leider müssen Sie feststellen, daß diese Stadt nicht die Erfüllung Ihres Glaubens ist, sondern eine extreme Prüfung. Hier sind sehr viele Leute Fanatiker, allerdings für unterschiedliche Religionen. Woanders gäbe es Mord und Totschlag, aber hier, in der Stadt Gottes, hält jeder den Frieden.

Sie sind schließlich eine Seele mit Geschichte... Eonata ist die unterste Ausbildungsebene, hier erlernen Sie die Machtstufe 1. Das Jenseits verfügt natürlich nicht über eine Schulbürokratie, Sie müssen also nicht die Ausbildungsebenen besuchen und erfolgreich abschließen, um diesen Fortschritt zu erlangen. Wie Sie sich das Wissen und die Erfahrung aneignen, bleibt Ihnen überlassen, die Ausbildungsebenen sind nur der leichteste Weg.

Es ist ebenso Ihre Angelegenheit, wie Sie die Ausbildungsebene nutzen. Am schnellsten geht es, wenn Sie eine „Klasse“ besuchen, dann ein „Praktikum“ auf der Erde ableisten, um in eine höhere „Klasse“ zurückzukehren. Wobei die Erde immer ein Risiko darstellt, weil dort Veränderungen in beiden Richtungen stattfinden. Wenn Sie Pech haben, kommen Sie nicht mehr nach Eonata zurück und müssen anderweitig weiterlernen.

Am sichersten ist es, wenn Sie ein paar Jahrhunderte in einem der Klöster zubringen und sich dort langsam aber stetig nach oben arbeiten. Sie erlangen dabei nicht nur die Machtstufe 1, sie finden dabei mit genügend Geduld sogar den Weg nach oben, in die Sonnenstadt, in die nächste Ebene des Jenseits.

Eonata ist nicht nur eine Stadt, sondern eine ganze Ebene. Das heißt, daß Eonata eine räumliche Größe von mehreren Millionen Quadratkilometern hat, aber sich zugleich anfühlt wie ein größerer Landkreis: die Stadt selbst ist für viele Bewohner dieser Ebene gerade einmal einen Tagesmarsch entfernt. Die Ebenen des Jenseits unterliegen einer anderen Geometrie als die Länder der Erde.

Es gibt allerdings nicht nur religiöse Fanatiker auf dieser Ebene. Sogar direkt in Eonata leben ein paar Leute, die nur die Stadt selbst aufsuchen wollten. Auch für sie gibt es zwei Ausbildungsstätten: die Universität von Eonata und der historische Tempel des Vaters der Sonne. Außerhalb des Umkreises von Eonata gibt es Dorfgemeinschaften und kleinere Städte, sogar völlig nichtreligiöse Bereiche. Dort ähnelt diese Ebene Eleulorien, also der Erde – nur die Bewohner sind deutlich freundlicher.

Ort der Verheißung

Diese Ebene wird von sehr vielen Religionen als heilig angesehen, als die Verheißung im Jenseits. Manche nennen die beherrschende Stadt das Himmlische Jerusalem, Andere Shangri-La oder Xanadu. Das ist die höchste Ebene, an den einen Menschen sein Glaube führen kann, die Vollendung der Kirchenlehren. Das Himmlische Eonata erhebt sich aus einer fruchtbaren Ebene, es ist als ferner Ort auf einer Anhöhe von jedem zu sehen, der in dieser Ebene lebt.

In Bereichen, in denen Seelen leben, denen der Gedanke an eine heilige Stadt im Himmel fremd ist, erscheint Eonata als schemenhafte Stadt über den Wolken eines hohen Berges. Der Ort symbolisiert den Aufstieg in die Sonnenstadt, die auch jenen Gemeinschaften zugänglich ist.

Mathias Gruber war ein religiöser Eiferer, aber er hat von seinem Katholizismus auch die Gebote der Nächstenliebe, der Vergebung und des Mitgefühls beherzigt, anstatt seine Ansichten mit Feuer und Schwert allen Mitmenschen aufzuzwingen. Da er auf der Erde die Gespräche gerne auf das Thema Glauben und Christentum gebracht hat, war er bei seinen Mitmenschen als Gesellschafter nicht unbedingt beliebt, aber das wurde mehr als ausgeglichen durch seine Bereitschaft, überall zu helfen, wo Hilfe gebraucht wurde. Er war also das, was man „eine gute Haut" nennt, deshalb hat er sich im Jenseits eine Belohnung verdient.

Jeder Gläubige findet seine eigenen Klöster vor, doch der Eintritt ist freiwillig. Wir befinden uns auf einer Lichtebene, die einem Muslim durchaus als Paradiesgarten vorkommen mag. Erst dann, wenn die Freuden des Paradieses (zu denen leider keine 72 Jungfrauen gehören) zu langweilen beginnen, tritt er in ein Sufi-Kloster ein, während sein Bruder dort schon seit Jahren unterrichtet wurde, weil der keine Lust hatte, sich erst ein wenig zu entspannen.

Buddhisten, Hindus, Shintoisten... Jede Religion, die Klöster und Mönche kennt, findet auf der Ebene des Himmlischen Eonata ihre speziellen Einrichtungen. Und ja, es gibt auch eine Talmudschule, eine ganz kleine, in der Diaspora, nicht etwa, weil es zu wenige „gute“ Juden gibt, sondern deshalb, weil ein Jude die Diaspora verinnerlicht hat und deshalb davon ausgeht, eine kleine Minderheit zu sein.

Mathias Gruber gelangte nach Monte Casino, dem Stammkloster der Benediktiner. Dieser Ort liegt außerhalb Eonatas, das von dort aus deutlich sichtbar ist. Für Christen ist das christliche Himmlische Jerusalem das Zentrum dieser Ebene, mit der konstantinischen Basilika, der Vorläuferin des Petersdoms, als zentralem Heiligtum. Die Städte der Ungläubigen erscheinen als kleine, untergeordnete Stadtteile, oft nur im Rang von Vororten.

Für Muslime steht im Zentrum die Himmlische Kaaba, manche nennen die Stadt Mekka, andere Jerusalem. Jedenfalls ist das IHRE prachtvolle Stadt, die Ungläubigen wimmeln ziellos in schäbigen Vororten herum.

Der Tempel des Vaters der Sonne ist ebenfalls so ein Zentrum, weitaus größer, als es der Bedeutung dieses Glaubens auf der Erde angemessen wäre. Dies ist längst eine Seelenreligion geworden, die auf der Erde nicht mehr vertreten ist. Der eifrige Buddhist, der auf der Erde Buddhas Wegen gefolgt ist, erfährt im Jenseits, daß da noch eine viel ältere Religion existiert, der er bei früheren Aufenthalten im Jenseits angehangen hat, folglich entscheidet er sich für die uralte Religion.

Oh, das Parlanion, den Königspalast, als Sitz der weltlichen Regierung, gibt es dort ebenfalls. Dort leben eine Anzahl Seelen der Machtstufe 3, die seit Jahrzehntausenden nicht mehr auf die Erde zurückgekehrt sind, die immer noch im meidonischen Zeitalter leben. Sie – und eine Menge ihrer Diener. Dort herrscht Ervan Segal, ein meidonischer Admiral, der sich als Statthalter von Parla Ethir versteht, dem legendären Gründer des irdischen Eonata. Dieser ist für ihn der Kaiser, der Imperator der jenseitigen Welt. Doch auch das gehört hierher, ins Himmlische Eonata: der Glaube an eine bessere, großartige Vergangenheit.

So findet hier jeder, was er sucht: ob nun die Hagia Sophia, den Tempel des Herodes oder den des Salomo, das Mahabodi... Jedes bedeutende Heiligtum steht in einem der „Vororte“, die für die jeweiligen Gläubigen das eigentliche Zentrum Eonatas darstellen.

Der glaubensfeste Pharisäer, der das Himmlische Jerusalem erreicht hat, lebt unter Juden und ist sich nicht bewußt, wie nahe ihm Schiiten sind, die dort mit dem Mahdi zusammenleben.

Eonata ist nicht durchgängig auf Wertigkeit +20, es gibt dort das gesamte rechnerische Spektrum von 15 bis 25 – sogar noch mehr, denn die Religiosität lockt sehr viele Menschen an. Das Spektrum reicht von 10 bis 27 und umfaßt alle Seelen, die noch nicht tolerant genug sind, um zur Sonnenstadt aufzusteigen.

Die unterschiedlichen Wertigkeiten des Himmlischen Eonatas haben nichts mit unterschiedlichen Religionen zu tun, sie kennzeichnen unterschiedliche Gemeinschaften. So wie sich Benediktiner, Franziskaner und Kapuziner unterscheiden, obwohl sie alle christliche Orden sind, so unterscheiden sich die „Klöster" oder „Bezirke" im Himmlischen Eonata. Die +12-Seele wird sich in einem +18-Kloster nicht sonderlich wohl fühlen, aber sich womöglich hin und wieder dort zu einem Vortrag einfinden – und das als Buß- und Sühnegang für ihre Verfehlungen auf sich nehmen.

Christliche Seelen unterschiedlicher Wertigkeiten können sich zu Missionsreisen zusammenschließen, um Christen auf tieferen Ebenen zu „erretten". Anders als auf der Erde werden diese Christen nur Seelen kontaktieren, die für die christliche Mission ansprechbar sind. Muslime oder Hindus unternehmen andere, eigene Missionszüge.

Es gilt das Gesetz der Resonanz. Seelen aus höheren Ebenen können nur Seelen kontaktieren, mit denen sie eine irgendwie geartete Verbindung haben. Verwandtschaft, Glauben, Erziehung, Nation – alles kann eine Brücke zum Mitmenschen bauen. Ein gottesfürchtiger, christlicher Bauer aus Bolivien der Wertigkeit +15 kann jedoch keine Brücke der Verständigung zu einem nur nominell jüdischen, aber atheistisch eingestellten General aus Israel der Wertigkeit -68 aufbauen.

Wer kommt ins Himmlische Eonata?

Das Himmlische Eonata ist das Ziel aller Glaubenseiferer. Wer auf Erden alle Grundsätze seiner Religion befolgt, im Wissen, daß er Gutes tut, also keinem Satanskult angehört, der bewußt das Böse fördert, erarbeitet sich das Himmlische Eonata.

Dieses Himmlische Eonata ist die höchste Ebene, die das Befolgen religiöser Vorschriften erreichen kann. Natürlich gelangt niemand hier hin, der sich als „Schwert Gottes" fühlt, Andersgläubige unterdrückt, verfolgt und ermordet. Nicht die Inquisitoren gelangen hierhin, nicht die „Deus lo vult"-Kreuzzügler, nicht die Selbstmordattentäter. Selbst das reine irdische Gewissen, nur das Werk Gottes zu tun, erhebt den Menschen nicht ins Himmlische Eonata, seine Untaten, vom Seelengericht erbarmungslos offengelegt, ziehen ihn hinab. Nur wer „gut" ist, also vergibt und verzeiht, anderen Menschen hilft und sie unterstützt, gelangt nach Eonata.

Viele Seelen auf dieser Ebene sind nicht „gut" aus persönlicher Einsicht oder aus eigenem Antrieb, sondern deshalb, weil ihre Religion das vorschreibt und sie den Zorn Gottes fürchten. Das Himmlische Eonata ist nicht das Ziel, nicht der wirkliche „Himmel", sondern als Ausbildungs- ebenfalls eine Bewährungsebene, eine Art „Fegefeuer", wenn auch keines, in dem Seelen gequält werden.

Wer in Eonata ankommt, hat die Regeln befolgt, aber nicht verinnerlicht. „Gott will es", fertig. Wer nicht versteht, daß Gott ihm den freien Willen deshalb gegeben hat, damit er aus eigener Einsicht die guten Werke tut und nicht nur deswegen, weil irgendeine Kirche dies vorschreibt, bleibt in Eonata hängen.

Der Zweck dieser Ebene

Diese Ebene ist zugleich eine Verheißung und eine Sackgasse. Die Religion der Priester zeigt Ihnen den Weg zum Gipfel, führt Sie aber nur bis zum ersten Basislager. Nicht sehr weit, oder? Irrtum! Die Religion kann Sie von -100 bis +27 führen, also den größten Teil des Weges. Wenn Sie den Mount Everest besteigen wollen, legen Sie den größten Teil des Anstiegs im Flugzeug zurück. Oder würden Sie bereits in München zu kraxeln beginnen? Eben!

Das Himmlische Eonata ist eine Barriere, eine dicke Mauer, an der Sie sich den Kopf einrennen sollen, immer und immer wieder. So wie jene Eonater in der dortigen Königsburg, die sich einbilden, die jenseitige Welt im Namen eines entrückten Imperators beherrschen. Die Religion entspricht der Zugspitzbahn, die sie bequem und mühelos auf 3.000 Meter bringt, aber der Gipfel liegt auf 8.850 Meter – und dahin fahren weder Zug noch Seilbahn.

Dort, im Himmlischen Eonata, lernen Sie, daß Sie selbst die Verantwortung für Ihr Fortkommen tragen. Nicht der Priester, Imam, Lama, Rabbiner, nicht mal der Bischof oder der Papst. So sehr Sie die Stadt aus Gold auch genießen werden (von der manche Religionen sprechen), sie ist nicht das Ziel, sondern nur eine Station. Bis Sie das begreifen, akzeptieren und verinnerlichen, ist es eine Sackgasse.

Der Weg aus dem Himmlischen Eonata hinaus

Was Du nicht willst, daß man Dir tu, das füg auch keinem Andern zu. Erinnern Sie sich? Da steht nicht: „was GOTT nicht will... Da steht **DU**. Nicht ich, nicht Papst, nicht Allah, sondern **DU**. So spreche nicht ich mit Ihnen, sondern Sie selbst. Sie sind doch mit sich per Du?

Es ist verdammt leicht, sich an Tempo 30 zu halten, wenn die Polizei gut sichtbar eine Radarmessung vornimmt. Es ist auch leicht, an einer Ampel bei Gelb zu bremsen, wenn da ein „Starenkasten" hängt. Deshalb ist es immer leicht, sich an die Gebote zu halten, wenn irgendein nimmermüder Überwachungsengel alles aufzeichnet und Sie beim lieben Gott denunziert.

Doch eigentlich sollte das Schild „Schule" schon ausreichen, um bremsbereit zu fahren – oder die drängelnden Fußgänger an der Ampel. Nicht die Angst vor Gottes Überwachungsengel sollte Ihr Handeln bestimmen, sondern die Einsicht, nicht der Katechismus Ihr Leben regeln, sondern Vernunft und Achtung vor der Schöpfung.

Von der Erde aus werden Sie dann nicht mehr ins Himmlische Eonata zurückkehren. In der Stadt selbst stoßen Sie plötzlich auf eine kleine Gasse oder eine Tür, die Sie nie zuvor gesehen haben. Dahinter finden Sie eine kleine, schmale Brücke, die in den Nebel führt. Womöglich ist die Brücke alt und baufällig, sie zu beschreiten kostet Überwindung. Sie führt nicht auf den Gipfel, sondern nur hinaus aus dem Himmlischen Eonata, auf die nächste Ebene, ein paar Meter nach oben, zum Aufstieg, in die Sonnenstadt.

Die dunkle Seite

Das Himmlische Eonata liegt auf einem Hügel über einer fruchtbaren Ebene wie jene von Eleulorien. Der Name Eonata wird nur noch hier gebraucht, doch das Himmlische Jerusalem, das Shangri-La – das gibt es mehrfach. Auch jene Glaubenseiferer, die mit Feuer und Schwert, mit Bombe und Sprengstoffgürtel die Ungläubigen bekämpfen, finden ein Himmlisches Jerusalem, eine abgeschiedene Stadt, die negativ gepolt ist.

Es gibt Abstufungen, bis hin zu jenem finsteren Ort, an dem das Blut der Unschuldigen durch die Straßen fließt, wo jedes Haus einen

Folterkeller besitzt und alle Bewohner, die auch nur ein einziges falsches Wort aussprechen, sich hochnotpeinlichen Glaubensprüfungen unterziehen müssen.

Das Himmlische Eonata liegt auf +20, aber die Höllenstädte, die den pervertierten Gedanken verkörpern, reichen bis -80 hinunter. In den dortigen Monte Casinos werden Inquisitoren und Folterknechte ausgebildet, dort wird gelehrt, die Ungläubigen zu bekämpfen und auszulöschen.

An ihren Taten werdet ihr sie erkennen...

Einfach genug, oder? Es gibt ein sicheres Anzeichen: den Tempel des Vaters der Sonne. Die Religion des alten Eonata ist von der Erde verschwunden, deshalb hegt niemand im Jenseits Erwartungen von Macht und Einfluß in Verbindung mit dieser uralten Religion. Die Nachbildungen, die sich Jerusalem oder sonstwie nennen, haben keinen solchen Tempel, als großes, imposantes Bauwerk an zentraler Stelle. Von ihnen gehen nur Haß und Zerstörung aus, ein weiteres, sicheres Indiz.

Auf Missionszug

Mathias Gruber hat sich Monte Casino verdient. Gut, sein Leben ist nicht ganz so verlaufen, wie er das geplant hatte. Er ist einmal der Fleischeslust verfallen und mußte anschließend das Mädchen heiraten, deshalb konnte Mathias Gruber leider kein Priester mehr werden. Natürlich er hat seine Söhne streng erzogen und zwei sind heute Priester. Nur der dritte... Er hat nicht nur geheiratet, sondern lebt in Sünde, mit einer Evangelischen, ohne Gottes Segen... Aber Herrn Grubers Glaubensstrenge hat sich bewährt, ihm hier im Jenseits einen Platz im Kloster des Heiligen Benedikt verschafft, mit Blick auf das Himmlische Jerusalem. Gewiß, einige Ketzer nennen die Stadt das Himmlische Eonata, jedoch alle, denen der Herr, Jesus Christus, seine Gnade erwiesen hat, kennen den wahren Namen.

Seine weltlichen Bindungen sind hinter ihm geblieben. Freunde und Verwandte ebenso wie jene Frau, deren Schwangerschaft ihm den Weg zur Priesterschaft verbaut hatte. Er hatte seine Frau geehrt und immer gut behandelt, getreu seinem Versprechen vor dem Altar, aber er hat sie nicht geliebt, denn seine Liebe gehörte nur Gott allein.

Das erste Jahr hat Bruder Mathias im Gebet verbracht und die heiligen Schriften gelesen, unter Anleitung erfahrener Brüder. Jeden Morgen hat er die Heilige Messe und abends die Vesper-Feier besucht. Dann hat man ihm erlaubt, die heiligen Schriften abzuschreiben, sorgsam wie im Mittelalter, als eine Übung im Glauben und für das tiefere Verständnis der Schriften. Er erinnert sich an sechs vergangene Leben, die er benötigt hat, um die heutige Glaubensstärke zu erlangen und sich den Weg hierher zu bahnen, in die Gnade des lebendigen Gottes. Doch leider war er in keinem davon Künstler, deswegen darf er nicht die Schriften zum Lobe des Herrn illustrieren.

Im Lauf der Jahre haben seine Brüder in Christo ihm ehrenvolle Aufgaben übertragen. So darf er alle vierzehn Tage bei der Morgenmesse das Evangelium verlesen und zweimal durfte er bereits im Refektorium eine Bibelstelle auslegen, um sie mit den Brüdern zu diskutieren, um so den Willen des Herrn zu erforschen.

Mathias Gruber hatte sich gewünscht, mehr zu tun, das auf sich zu nehmen, was die Alten als das grüne Martyrium bezeichnet hatten, das Kreuz zu nehmen und auf Missionsreise zu gehen. Dies hier ist das Jenseits, und seit er weiß, daß Gottes Gnade sogar bereit ist, Seelen aus der Hölle zu erlösen, brennt er darauf, jenen dunklen Reichen das Licht des wahren Glaubens zu bringen.

Jetzt, endlich, nach mehr als 30 Jahren, geht sein Wunsch in Erfüllung. Der Abt hat ihn zu sich gerufen und ihm sowie einigen Mitbrüdern eröffnet, daß sie auserwählt worden sind, um als Abgesandte des Ordens in das verruchte London auf einer Dunkelebene zu gehen und dort zu missionieren. Durch den Unterricht im Kloster weiß Mathias, daß diese Ebene „die Unterwelt" genannt wird und die oberste Ebene der Hölle ist, also eine ehrenvolle, seiner Erfahrung angemessene Aufgabe.

Mathias näht sich das rote Kreuz auf seine bislang schmucklose Mönchskutte. Am nächsten Morgen kniet und liegt er bei der Heiligen Messe in Demut vor dem Altar, während der Abt und die Brüder den Missionssegen spenden. Es sind nur acht Leute, die das Kloster verlassen, die hinübergehen in die heilige Stadt, ins Himmlische Jerusalem. Dort, in der Kathedrale, werden die drei Bischöfe der Stadt Bruder Mathias und seine Mitstreiter aus anderen Orden zu einer weiteren Heiligen Messe versammeln und sie endgültig aussenden in die Reiche der Finsternis.

Die Gruppe wird bereits erwartet. Ein Priester im vollen Ornat, wie zur Fronleichnamsprozession, hat bereits andere Missionare um sich versammelt. Er begrüßt die Neuankömmlinge freundlich und nach einer festlichen Hymne schreiten alle durch die mit weiß-gelben Fahnen geschmückten Straßen auf die Kathedrale zu. Herr Gruber weiß, daß das die Konstantins-Basilika ist, der Vorläufer des Petersdoms, jedoch größer und prächtiger ausgeschmückt als jede Kirche der Erde. Die Missionare ziehen in diese Kirche ein und warten mit vielen anderen Mönchen auf den Beginn der Messe. Den Laienbrüdern fallen Leute in Weiß auf, die ebenfalls rote Kreuze auf ihren Gewändern tragen. Sie fragen sich, ob es Kreuzritter sind oder Tempelritter, doch alle sagen sich, daß dies ihre Begleiter sein werden, der starke Arm der wehrhaften Kirche. Die Heiligkeit dieses Ortes schnürt den Missionaren beinahe den Atem ab.

Herr Gruber erkennt einen der Bischöfe, weil er sein Bild in einem seiner Bücher gesehen hat. Der Bischof war einst Papst gewesen, Bischof von Rom. Doch hier im Jenseits gibt es keinen Papst, oder besser, sehr viele ehemalige Päpste. Da war es nur gerecht, wenn sie hier im Himmlischen Jerusalem als Bischöfe wirkten. Der Ablauf der Messe unterscheidet sich nicht von dem, was die Teilnehmer von der

Erde her kennen, aber nach dem Segen folgt nicht das „Ita missa est“, sondern ein Ruf der Bischöfe nach einem Abgesandten des Himmels, der gleich darauf in prächtiger goldener Rüstung erzengelgleich aus dem Nichts erscheint. Er beugt seine Knie vor der erhobenen Monstranz des mittleren Bischofs, während die beiden anderem ihm die Hände aufs Haupt legen und ihn mit Gottes Segen zum Kommandeur des Missionszugs erheben.

Die Missionare treten hinaus vor die Kathedrale, wo der Erzengel alle antreten läßt. Seine Kommandos sind leise, doch jeder auf dem Platz hört sie in der gleichen Lautstärke. Den Laienbrüdern gegenüber haben sich die Tempelritter aufgestellt. Das nächste Kommando läßt die Gruppen ihre Reihen mischen, ordnet jedem Missionar einen Tempelritter zu. Mathias hat einen stattlichen Begleiter mit edlen Zügen erhalten, der ihn freundlich begrüßt. Die Bischöfe überreichen den Bannerträgern zwei Fahnen, die bei einem feierlichen Te Deum entrollt werden.

Der Zug formiert sich hinter seinem Kommandeur und hinter den Bannern des Herrn. Auf Geheiß des Erzengels öffnet sich ein Portal mitten auf dem Kirchplatz. Umgeben von Feuersäulen zeigt sich darin der sternbedeckte Nachthimmel. Der Kommandeur schreitet hindurch, gefolgt von den Bannerträgern. Abteilung für Abteilung folgen die Truppen des Allmächtigen. Als Mathias an der Reihe ist, zögert er einen kurzen Augenblick, denn vor ihm öffnet sich ein Abgrund. Aber zugleich sieht er seine Mitstreiter sicher wie auf Engelsflügeln vor sich schweben, auf das ferne Ziel zu. Im Vertrauen auf den Schutz des allmächtigen Gottes tritt er hinaus in den Abgrund – und schwebt nun selbst sicher hinunter.

Unter den Reisenden erstreckt sich die Ebene von Eleulorien, auf der fast alle von ihnen ihre ersten Zeiten im Jenseits zugebracht haben. Ihr Flug ist jedoch zu schnell, um Einzelheiten zu erkennen. Ganz kurz beschleicht Mathias die Angst vor dem Absturz, doch ein Blick ins Gesicht seines Gefährten gibt ihm die Zuversicht zurück. Der Missionszug fliegt auf ein kreisförmiges Portal zu, das die Ebene durchdringt. Die Wüste Eburack liegt in weiter Ferne, der Zug berührt sie nicht einmal Statt dessen tauchen alle ein in die dunklen Gefilde.

Mathias erblickt bei der Reise die Ebene des Fegefeuers und erinnert sich schaudernd an die vielen Jahre, die er dort in quälendem Hunger und Durst zugebracht hat, als verdiente Strafe. Damals hatte er in Amerika gelebt, in der Union, als Kaufmann die Yankee-Truppen beliefert, im Krieg gegen die Rebellen. Oft genug hatte er schlechte Ware gegen gutes Geld eingetauscht. Erst im Fegefeuer hat er begriffen, daß mancher brave Unions-Soldat wegen seiner Gewinnsucht den Tod erlitten hatte. Das Fegefeuer hat ihn zur Umkehr bewegt, zum gottgefälligen Leben, und ihm verdankt er heute das Himmlische Jerusalem.

Mathias hört das Kommando an die letzte Zenturie, die Formation zu verlassen und einzuschwenken ins Purgatorium. Seine eigene Reise führt ihn weiter, hinab in die Vorhölle, die ihm selbst gerade noch erspart geblieben war. In seinem Kloster hat man ihn unterrichtet, daß die Höllenebenen nicht der feurige Pfuhl der endlosen Qualen ist, als die sie auf Erden dargestellt werden, aber es überrascht ihn doch, eine Landschaft unter sich zu sehen, die ganz ähnlich der von Eleulorien ist und auch auf der Erde liegen könnte. Wo sind die Teufel? Wo die Höllenfürsten? Wo ist die Strafe für die Menschen, die hier leben? Sie sehen nicht viel davon, denn Ihre Reise geht noch weiter. Nur die zweite Zenturie schwenkt aus, um hier zu missionieren.

Der Zug erreicht den ersten Kreis der Hölle, und jetzt ist es die Zenturie, zu der Mathias Gruber gehört, die ausschwenkt und landet. Die Tempelritter sorgen dafür, daß die Zenturie sich weiter aufteilt. Das Ziel von Mathias – und das seiner Mitbrüder vom Monte Casino – ist ein kleines Kloster vom Orden des Heiligen Benedikt. Sie landen sanft auf dem Innenhof, weitaus sanfter, als bei einem Fallschirmabsprung.

„Willkommen, liebe Brüder in Christo", begrüßt die Ankömmlinge der Prior des Klosters. „Wir haben schon sehnsüchtig auf Euch gewartet. Ihr werdet die nächsten zwei Wochen hier im Kloster arbeiten, um Euch an die Verhältnisse hier zu gewöhnen."

Arbeit? Mathias hatte mit Missionierung der Heiden gerechnet! Aber die Regel seines Ordens lautet ora et labora, also weicht er keiner Arbeit aus. Er repariert die Klostermauern und hilft den hiesigen Brüdern auf den Feldern. Zwischendurch erhalten alle Neuankömmlinge Unterweisungen durch den Abt, der mit ihnen übt, den grauen Schleier um sich zu errichten, die schützende Barriere zwischen den Missionaren und den Höllenbewohnern. Wie nützlich diese Barriere ist, erkennt Mathias, als er das erste Mal auf dem Feld mit den Novizen arbeitet, Höllenbewohnern, die ihrem unseligen Treiben abgeschworen haben und hier im Kloster für ihr Seelenheil und die Gnade des Allmächtigen arbeiten. Beim ersten Kontakt mit Mathias weichen diese zurück, so schmerzhaft ist das innere Licht, das von dem Missionar ausgeht. Erst dank des grauen Schleiers kann er sich ihnen nähern, um mit ihnen zu arbeiten.

Jetzt begreift Mathias, welche umfassende Planung hinter einer solchen Missionsreise steht, was Jungmissionare alles lernen müssen, um ihre gottgewollte Aufgabe zu erfüllen. Den Tempelritter, seinen Begleiter und Beschützer, hat er oft um sich. Er ist eine erfahrene Seele, die selbst schon fünf Reisen als Missionar und zwei weitere als Ritter absolviert hat. Er weist Mathias ein, hilft ihm und einmal, als Mathias sich mit der Sichel tief in die Hand geschnitten hat, heilt er seinen Schützling mit einem kurzen Gebet.

Die zwei Wochen vergehen schnell, auch dank der harten Arbeit, die Mathias oft genug vergessen läßt, wo er sich befindet. Am Abend, im Refektorium, eröffnet der Abt seinen Gästen, daß morgen die Aussendung stattfinden wird. Die Missionare können vor Aufregung kaum schlafen. Erleichtert folgen sie dem Ruf zur Heiligen Messe, der letzten für eine lange Zeit. Es ist eine besondere Messe, denn zwei Novizen dürfen das erste Mal den Leib Christi empfangen, den sie auf Erden gering geschätzt haben und der hier um so mehr das Mittel der Erlösung ist.

„Selig, die zum Mahle des Herrn geladen sind!“ Das tiefe Heilsversprechen erlebt Mathias Gruber jetzt, denn die beiden Novizen erfüllt nach der Kommunion inneres Licht. Die Klosterbrüder stimmen einen Choral an und während dieser feierlichen Melodie erstrahlen die beiden immer heller, bis sie schließlich in einer Wolke von Licht vergehen. „Sie sind auf die nächste Ebene aufgestiegen“, raunt Mathias der Tempelritter zu, der dessen Unverständnis bemerkt hat. „Damit haben sie eine deutlich bessere Ausgangsbasis für ihr nächstes Leben.“

Nach der Messe überreichen die Klosterbrüder den Missionaren Wanderstäbe und eine Umhängetasche. Mit einer herzlichen Umarmung verabschieden sie die Besucher, geleiten sie noch bis zum Klostertor und bleiben zurück, als die Missionare und ihre Mitstreiter paarweise in verschiedene Richtungen aufbrechen.

„Was hat man uns hier mitgegeben?“, fragt Mathias seinen Begleiter.

„Verbandmaterial, Salben, Brot und Wein – unsere Missionsausrüstung."

„Verbandmaterial? Ist die Mission denn so gefährlich?", staunt Mathias.

Sein Begleiter mustert ihn lächelnd. „Das ist nicht für uns bestimmt. Hast du etwa gedacht, wir würden wie Zeugen Jehovas an den Häusern klingeln, um mit den Leuten über Gott zu sprechen? Oder willst du Volksreden auf dem Marktplatz halten?"

„Ich... ich weiß nicht. Ich wollte den Menschen vom Himmlischen Jerusalem erzählen..."

Der Tempelritter nickt verständnisvoll. „Du bist wirklich noch sehr jung. Du warst wohl immer Christ?"

„Ja. Du etwa nicht?"

Der Tempelritter lacht auf. „Ich habe zu Ra gebetet, zu Ahura Mazda, zu Zeus und Jupiter. Und natürlich zu Mars, dem Gott der Legionäre. Ich war Optio unter Vespasian und Zenturio unter Titus, ich habe das irdische Jerusalem erstürmt und den Tempel der Juden brennen sehen. Ich habe auch gelesen, wie Flavius Josephus uns verleumdet hat... Ich habe mit dem Ruf ‚Deus lo vult!' Jerusalem ein zweites Mal erobert und dabei ein Gewand wie dieses über meinem Kettenhemd getragen, das an diesem Tag rot wurde vom Blut der Ungläubigen. Der Lohn dafür war nicht die vom Papst versprochene ewige Seligkeit, sondern das hier, der erste Kreis der Hölle. Damals hieß die große Stadt vor uns noch nicht London, sondern Poseidonis – Poseidonis IV. Ich kenne das blutige irdische Jerusalem, deshalb kann ich das Himmlische Eonata nicht so nennen."

Mathias staunt fassungslos. Noch nie hat er jemanden so offen über frühere Leben sprechen hören. „Ja, aber... du trägst doch das Kreuz?"

„Ja, ich trage das Kreuz. Glaubst du etwa, das hier sei jene Hölle, die man dir immer geschildert hat?" Der Ritter lacht über die Unwissenheit des Missionars. „Ich habe es damals genossen! Das hier ist der Ort für einen Krieger, für einen wahren Sohn des Mars'! Ich habe hier gekämpft und gesiegt, in jedem meiner hundert Jahre hier mehr Blut vergossen, als in meinen Erdenleben. Ich habe es aus der Provinz nach Poseidonis geschafft, der Stadt des Kaisers, war Offizier in seiner Garde... Bis mich meine Neider in einem Hinterhalt erwischt haben. Sie haben mich in Stücke gehackt, mir zusätzlich noch vergiftete Messer in den Leib gesteckt, um mich auf Jahre hinaus zum Siechtum zu verdammen. Da erst habe ich die Hölle am eigenen Leib erfahren. Hier bleibt einem die Gnade des Todes versagt, hier mußt du im geschundenen Körper weiterleben."

„Und da hast du zu Christus gefunden", folgert Mathias erleichtert.

„Nein", antwortet der Tempelritter. „Ich habe mich auf den Stümpfen meiner Beine zu einem Ort geschleppt, den ich bislang verachtet habe. Unterwegs wurde ich noch ausgeraubt, was meine lieben Kameraden versäumt hatten. So kam ich in den Tempel des Großen Sun, des Vaters der Sonne, in das Hospital."

„Du... du warst... bei den Ketzern?", fragt er entsetzt.

„Ja, und ich hatte das große Glück, einen Eonater zu treffen. Die meisten von ihnen haben schon damals in den höheren Sphären gelebt, weit jenseits der Sonnenstadt..."

„Welcher Sonnenstadt?"

„Wir, eure Beschützer, leben in der Sonnenstadt, die du erst erreichen wirst, wenn du die Lektion des Himmlischen Eonatas begriffen hast. Nein, frage nicht, das mußt du selbst herausfinden." Der Tempelritter atmet tief durch. „Der Eonater war auf einer Missionsreise, doch so reine Seelen können die Höllenebenen nicht wirklich betreten, sie müssen in den Tempeln des Vaters der Sonne bleiben, wie sie den Großen Sun der Atlanter nennen. Er hat sich um meine Wunden gekümmert und mir immer wieder geduldig erklärt, daß ich sie mir letztlich selbst zugefügt habe, durch mein eigenes Verlangen nach Gewalt. Er war eines der beiden Tempeloberhäupter, hatte sich für 64 Jahre verpflichtet, in Poseidonis IV zu leben, eingesperrt im Tempel. Er war es, der mich zur Umkehr bewegt hat."

„Bist du auch so aufgestiegen, wie die Laienbrüder vorhin?"

„Nein. Ich habe den ***Ruf*** vernommen, in ein neues Erdenleben, bevor ich völlig geheilt war. Ich wollte ihn ablehnen, doch der Eonater hat mich überzeugt, es nicht zu tun. Er hat mir erklärt, daß der Weg zur Erde die schnellste Möglichkeit wäre. Er hat mich gesegnet, mit mir gebetet, an meinem Bett gewacht, bis ich hinüberglitt, zur Erde." Jetzt lächelt der Tempelritter seinen Begleiter freundlich an. „Dort habe ich Christus empfangen, nicht als Teil der wehrhaften, sondern der barmherzigen Kirche. Ich habe Kranke versorgt, während der Schwarze Tod umging und blieb dabei wie durch ein Wunder selbst gesund. Ich habe Mildtätigkeit geübt und nach meinen Kräften gute Werke getan, in jedem Leben seither. Ich habe mich der christlichen Gemeinde angeschlossen, auf der Erde und hier. Aber einmal im Jahr gehe ich in den Tempel des Vaters der Sonne, um dort zu beten. Denn das ist nur ein anderer Name für den gleichen Gott, zu dem alle Völker der Erde beten."

Die Worte haben Mathias nachdenklich gemacht. Einige Zeit schreitet er schweigend neben seinem Beschützer her, bis dieser wieder das Wort ergreift. „Die Binden und die Medizin in unseren Beuteln, das sind die Waffen, mit denen wir hier missionieren. Ich habe zahllose Wunden geschlagen und wohl ebenso viele empfangen, kenne das Leben als Sieger wie als Verlierer. Der Verlierer, das hilflose Opfer, ist empfänglicher für Barmherzigkeit. Taten öffnen das Herz für Worte, nicht umgekehrt."

Mathias hat sich diese Mission ganz anders vorgestellt, aber er begreift, daß er der Lehrling ist, der von der Erfahrung seines Begleiters profitieren soll. „Ja, gut, aber... Wo finden wir Opfer, die unserer Barmherzigkeit bedürfen?"

Der Tempelritter lächelt freundlich. „Wir finden sie schneller, als uns lieb sein dürfte. Das hier ist die Hölle, schon vergessen? Hier benutzt keiner Worte, der Fäuste hat – und keiner Fäuste, der eine Waffe besitzt. Wir werden sie finden, keine Sorge. Nicht alle werden dir zuhören, aber wir werden Seelen finden, die wir auf den rechten Pfad bringen. Eine pro Woche ist ein guter Erfolg."

„Nur eine? Eine einzige in einer ganzen Woche?", staunt Mathias.

„Ja, denn für IHN sind tausend Jahre wie ein Tag – die Ewigkeit erlaubt uns Geduld, mein Freund."

Mathias schreitet schweigend neben seinem Begleiter her. Bisher hat er gedacht, die Wahrheit stünde in der Bibel und würde gelehrt von der Kirche, doch zum ersten Mal wird ihm bewußt, daß selbst die Lehren der Kirche nur zeitliche Lehren sind, die nur einen Aspekt der Ewigkeit umfassen. Die Kirche weist den Weg, führt die Gläubigen heraus aus dem Erdental, aber schließlich muß der Gläubige den Pfad allein beschreiten...

Sind das ketzerische Gedanken? Gerade jetzt, wo Mathias im Namen des Herrn unterwegs sind, um die Seelen der Verdammten zu retten? Seine Waffe ist der Glaube, den darf er nicht schwächen, nicht ausgerechnet jetzt. Dann hat er die Lösung gefunden: Er ist noch längst nicht dort angekommen, wohin ihn die Kirche zu führen vermag. Und auch er selbst ist eine Seele, der die Rettung erst noch zuteil werden muß, denn er hat gerade einmal einen Hügel erklommen, noch keinen Berg.

Jetzt begreift Mathias die Weisheit, wieso er der Missionar ist und nicht der viel erfahrenere Tempelritter. Er wird die armen Seelen anleiten, so wie sein Begleiter ihn anleiten wird. Alles wird sich zum Besten fügen, denn sie alle sind in Gottes Hand.

Die Ebenen des Jenseits

+100	**Das Grüne Land**	Die lichten Reiche, die Kreise des Himmels
+90	Das Himmelreich	
+80	Das Paradies	
+70	Elysium	
+60	Das Friedensreich	
+50	Der Garten von Giläon	
+40	Das Sommerland	
+30	Die Sonnenstadt	Licht-zone
+20	Das Himmlische Eonata	
+10	Die Inseln der Seligen / Die ewigen Jagdgründe / Walhall	Die Tages-ebenen
0	**Das Nebel-land** **Eleulorien**	
-10	Die Wüste Eburack	
-20	Purgatorium	Dämmer-zone
-30	Die Vorhölle	
-40	**Die Unterwelt**	Die dunklen Reiche, die Kreise der Hölle
-50	**Der Hades**	
-60	**Die Freizone**	
-70	**Die Hölle**	
-80	**Acheron**	
-90	**Abyss**	
-100	**Das Tiefdunkel**	

Auflistung aller Ebenen des Jenseits, mit Ausnahme des „Schwarzen Reiches“, der Ebene der Selbstmörder.

Die folgenden Schilderungen sind Teilaspekte, die das Leben in diesen Bereichen schildern. Ich verwende hier Bilder der westlichen Zivilisation, ein Inder würde vergleichbare Zustände vorfinden, nur eben seinem Kulturkreis angepaßt. Wenn die einzige Nahrung aus Rindfleisch besteht, ist das für Europäer völlig annehmbar, im Land der heiligen Kühe jedoch eine barbarische Höllenstrafe, die dem Höllenbewohner seine Unreinheit ständig ins Gewissen ruft.

Ein umfassender Reiseführer einer einzigen Ebene hätte den Umfang einer Kulturbeschreibung der gesamten Erde. Auch die Städtenamen sind unserem Kulturkreis entnommen. Wir Westler orientieren uns nach Poseidonis V, das zu New York geworden ist, während ein Inder auf der gleichen Jenseitsebene Kalkutta als seinen städtischen Orientierungspunkt angeben würde.

Das Tiefdunkel (-100)

Das ist die tiefste, verworfenste Höllenebene, der siebte Kreis, das schwärzeste der dunklen Reiche. Der Begriff Tiefdunkel bezieht sich auf die ewige Nacht, die hier herrscht, die aber nicht wirklich pechschwarz ist, sondern es erlaubt, so 50 bis 100 Meter weit zu sehen.

Aber wer will das schon? Die Landschaft präsentiert sich für Seelen auf einer höheren Wertigkeit ekelerregend und abstoßend. Die Hölle ist kein Ort, an dem Teufel mit ihrem Dreizack die Verdammten peinigen, sondern für die Bewohner genau der Ort, an dem sie leben möchten. Die Teufel sind nicht die Herrscher oder die Folterknechte, sondern die Seelen selbst, die dort leben.

Die Grausamkeit wird dort direkt, von Angesicht zu Angesicht ausgeübt. Sie haben Hunger? Nehmen Sie ein Messer und tranchieren Sie Ihren „Nächsten“, also den ersten Unglücklichen, der Ihnen über den Weg läuft. Aber womöglich ist der ein besserer Kämpfer und dann stehen SIE auf der Speisekarte. Es gibt sonst nur fauliges Wasser und von Maden durchsetztes Fleisch, schimmliges Gemüse, verdorbene Kartoffeln. Da ist eine frische, blutige Keule vom Mitbewohner eine wahre Delikatesse, nicht wahr?

Keine Sorge, Sie werden in der Hölle nicht krank. Ihnen bleibt die Gnade des Wahnsinns ebenso versagt wie jene des Todes. Sie hatten Pech und wurden geschlachtet? Auch das wächst nach. Bis dahin sind Sie leider das Opfer der anderen Höllenbewohner. Aber Sie können sich bald rächen! RACHE! Das ist das Feuer, das in Ihnen brennt, der Wunsch nach Rache, der Haß auf die Mitmenschen. Und vielleicht finden Sie ja den Weg zur Erde. Irgendein Diktator braucht immer einen Henker, irgendein Kriegsherr immer Soldaten.

Es gibt hier keinen Unschuldigen. Jeder, der heute den Anderen quält, wird schon morgen das Opfer eines Dritten sein. Der Starke, Mächtige, herrscht uneingeschränkt, bis ein Stärkerer, noch Mächtigerer auftaucht. Und der wird auftauchen, ganz sicher. Hier leben auch erfahrene, schöpfungsmächtige Seelen, die keine Mühe hätten, eine blühende Blumenwiese zu erschaffen oder einen prächtigen, glänzenden Palast. Aber sie tun es nicht, sie entscheiden sich bewußt für die Perversion. Wer eine reine, klare Quelle erschaffen kann, produziert trotzdem einen stinkenden Jauchefluß, weil er es niemandem gönnt, die Reinheit zu genießen.

Die Hölle des Tiefdunkels ist nicht die Abwesenheit des Guten, sondern der alleinige Wunsch, nur das Böse zu bewirken.

Und wo ist der Teufel?

Der Teufel sitzt nicht irgendwo in einer Grube unterhalb des Tiefdunkels, auf Wertigkeit -101. Der Teufel ist das Tiefdunkel selbst, die Verlockungen der totalen, unumschränkten Macht. Es ist der Geist der Bewohner, der sie gefangen hält, keine personifizierte übernatürliche Kraft. Nicht der Teufel inkarniert auf der Erde, sondern eine schwarze Seele aus diesem Bereich, um dort die Grausamkeiten zu verüben, die wir als „teuflisch" bezeichnen. So wird der Teufel zu einer fühlbaren, realen Macht.

Selbst wenn der Teufel keine wirkliche Person ist, der teuflische Geist ist durchaus personifiziert. Der Kampf gegen das Licht findet wirklich statt, die Verlockungen des Tiefdunkels, die brutale, uneingeschränkte Macht, verführen dafür anfällige Seelen. Die Erde ist zur Strafkolonie geworden, weil sich viele Menschen den Einflüssen und den Einflüsterungen des Tiefdunkels bereitwillig geöffnet haben.

Der Teufel legt Ihnen keinen Sack voll Gold auf den Tisch, für den Sie ihm Ihre Seele überschreiben sollen, auf einem Vertragspapier, mit dem eigenen Blut als Tinte. Der Pakt wird weitaus einfacher geschlossen. Die „herrenlose" Brieftasche, die Sie nicht zurückgeben, obwohl ein Ausweis darin steckt, der gemobbte Kollege im Büro, das elegant gestreute Gerücht, das dem Konkurrenten die Beförderung verhagelt – das sind alles kleine Pakte mit dem Teufel, bei dem dieser Sie mit den Verlockungen der Macht ködert und Sie ihm immer wieder einen kleinen Teil Ihrer Seele überschreiben.

Oh, nichts davon wird Sie dem Tiefdunkel überantworten, aber jeder derartige Erfolg wird Sie weiter für die Einflüsterungen öffnen. Nur ganz Wenige schaffen es in einem einzigen Leben, sich hier hinab zu arbeiten. Keine Sorge, der „Teufel" hat Zeit. Fünf Leben oder zehn Leben, was ist das schon, wenn die Ewigkeit dahintersteht? Der Kleinkriminelle qualifiziert sich im nächsten Leben zum Mörder, danach zum Kommandeur einer marodierenden Truppe – und irgendwann ist er hier, gehört dem „Teufel", zu dessen Teil er damit geworden ist.

Abyss (-90)

Der sechste Kreis der Hölle unterscheidet sich nur wenig vom Tiefdunkel. Daß es hier ein wenig heller ist, merkt man nur, wenn ein direkter Vergleich möglich ist. Die Seelen dieser Ebene haben noch einen letzten Rest des Guten in sich, können also im begrenzten Umfang zusammenarbeiten. Das tun sie auch – um gegeneinander Krieg zu führen.

Hier im Abyss werden große und kleine Schlachten geschlagen, mit gewaltigen Heeren. Wer auf der Erde irgendwelchen Organisationen angehört hat – seien es Armeen oder Verbrecherbanden – gehört hier zu den kämpfenden Truppen. Wenn nicht gerade in die Schlacht marschiert wird, kämpfen die Seelen untereinander, um die besten Positionen, um Rang und Status.

Es gibt sogar Bündnisse, auf Zeit, um zur Macht zu kommen. Bündnisse, bei denen sich jeder den Rücken frei halten muß, um so mehr, je näher das Ziel kommt. Im entscheidenden Moment springt der Bündnispartner über die Klinge, der Skrupelloseste setzt sich durch.

Acheron (-80)

Hier, im fünften Kreis der Hölle, liegt das unterste Poseidonis, Nummer acht, auch bekannt als Rom. Es ist das furchtbarste, schlimmste, grausamste Rom, in dem die Inquisition wütet. Wer hier nicht selbst denunziert, wird unweigerlich von den Nachbarn gemeldet. Kleinste und ganz offenkundig ohne jeglichen Beweis angezeigte „Verbrechen" führen zu drakonischen Strafen. Wer heute im christlichen Sektor wohnt, kann schon morgen im jüdischen Sektor wohnen und als Christ verfolgt und hingerichtet werden. Wobei die Hinrichtung nicht zum erlösenden Tod führt, sondern zu fortgesetzten Höllenqualen, bis die Wunden nach und nach ausheilen.

Hier unten sind nicht einmal Buddhisten friedlich, sondern aggressive Fanatiker, die Andersgläubige erbarmungslos verfolgen. Das ist zugleich der einzige Schutz, denn nur eine starke Gemeinschaft garantiert Sieg und Besitz.

Die schlimmsten Greuel der Welt wurden im Namen eines barmherzigen Gottes verübt. Auf der Erde zeigt sich zumeist die Größe eines Glaubens, die gute Seite – doch hier, in Acheron, gibt es nur die Verbrechen, keinen Hauch von Barmherzigkeit oder gar Liebe.

Die „acheronische Finsternis" ist viel weniger düster, sie gleicht eher einer mondhellen Nacht. Tageslicht bekommen Sie hier jedoch nie zu sehen.

Die Hölle (-70)

Trotz des originären Namens ist das „nur" der vierte Kreis der Höllenebenen. Hier gibt es einen kleinen Rest von Recht und Ordnung, auch wenn allgemein Gewalt regiert. Der Herrscher der Hölle sitzt im Kaiserpalast von Poseidonis VII – und glauben Sie mir, Sie sind nicht daran interessiert, zu einer Audienz eingeladen zu werden.

Um den Unterschied zu den tieferen Höllenebenen am Beispiel auszudrücken: Auf dieser Ebene werden Sie nicht für einen Apfel oder einen Laib Brot „umgebracht", sondern wegen des 50-Euro-Scheins in Ihrer Brieftasche, den Sie vorwitzig herumgezeigt haben.

In der Hölle gibt es ein wenig Vegetation, auch wenn es nur Kakteen und hartblättrige Wüstenpflanzen sind, die hier gedeihen. Menschenfleisch wird nicht regulär verzehrt, sondern nur zu besonderen Anlässen. Kräftige Gefangene werden versklavt, nicht mehr verspeist. Allerdings empfinden viele Höllenbewohner Vergnügen dabei, andere Höllenbewohner zu foltern oder zu verstümmeln. Der schlechte Ruf dieser Ebene ist somit nicht gänzlich unverdient.

Die Freizone (-60)

Im dritten Kreis der Hölle herrscht die totale Freiheit. Ja, man könnte es auch Anarchie nennen. Poseidonis VI ähnelt ein wenig Chicago, allerdings dem von Al Capone. Die „Familie" ist hier alles und wer keiner Familie angehört, sollte sich wenigstens mit der lokalen Familie gut stellen, durch freiwillige und durchaus großzügige Geschenke. Die „Familie" kann natürlich auch eine Partei sein, eine Gewerkschaft...

Sie müssen kein Sizilianer sein, um in eine Familie aufgenommen zu werden, aber wenn Sie einer sind, dann kennen Sie ein paar der Familiengesetze. Der Pate – oder besser, der Boß – bestimmt, wo es lang geht. Wenn der Boß sich mit dem benachbarten Boß über Gebietsgrenzen nicht einigen kann, wird gerne vorgeführt, daß die Bewohner der falschen Familie großzügige Geschenke überreicht haben, einer Familie, die sie leider nicht beschützen kann.

Die Spielereien mit dem blutigen Pferdekopf im Bett vergessen Sie ruhig. In der Freizone braucht niemand so subtil vorzugehen. Da wachen Sie eben mit einem Messer in der Brust auf – und derjenige, der es Ihnen überbracht hat, versichert Ihnen, daß Sie es als Andenken behalten dürfen. Sie ziehen das Messer heraus, haben die nächsten Tage ziemliche Brustschmerzen und wissen, daß Sie sich in Zukunft mit der Leibowitsch-Familie gut stellen sollten, falls Sie nicht vorhaben, ins Gebiet von Don Cesare zu ziehen.

Die Landschaft ist immer noch trist und karg, grüne Vegetation oder gar idyllische Plätzchen suchen Sie vergebens. Das Essen ist alles andere als appetitlich und selbst der Boß der Bosse sehnt sich nach einem Schluck sauberen Wassers, das er allerdings in seiner kurzen Amtszeit nie bekommen wird. Billigen Fusel gibt es dafür reichlich. Der Alkohol wirkt ein bißchen, leider nur ganz schwach betäubend. Dafür bekommen Sie am nächsten Morgen einen wunderbaren Kater, selbst wenn Sie auch nur einen winzigen Schluck davon probiert haben.

Der Hades (-50)

Ja, den kennen Sie bereits, Poseidonis V, das New York der Jenseitsebenen. Der zweite Kreis der Hölle ist wenigstens soweit zivilisiert, daß Kaufleute sich gegenseitig übers Ohr hauen können. In New York gibt es sogar Wahlen. Ja, richtige Wahlen... bei denen der Bürgermeister wird, der am meisten Stimmen gekauft hat.

Die Lichtverhältnisse dieser Ebene gleichen einem trüben Novembermorgen, einer zähen, nicht enden wollenden Dämmerung, in der alles grau erscheint. Es gibt hier Pflanzen, kümmerliche, graue Objekte, von denen jedes einzelne aussieht, als sei es ein Dokument für das Waldsterben oder die Schädlichkeit von Autoabgasen.

Der Hades ist die Ebene der Plutokraten. Für Geld bekommt man alles, sogar Polizeischutz. Allerdings haben nur ganz, ganz wenige Leute genug Geld, um sich überhaupt etwas leisten zukönnen. Und anders als auf der Erde, wo sogar ererbtes Vermögen ein Leben in Sorglosigkeit bedeutet, kann im Hades niemand sicher sein, sein einmal erlangtes Vermögen zu behalten.

Die Unterwelt (-40)

Der erste Kreis der Hölle mit Poseidonis IV ist so, wie sich viele Leute die Arbeitswelt vorstellen: eine ständige Ausbeutung. Dieses Poseidonis trägt Züge von Manchester oder London, zur Zeit von Karl Marx, und es ist genauso, wie er es in seinen Werken schildert: Gefühllose Unternehmer beuten hilflose Arbeiter aus.

Aber Sie müssen nicht unbedingt arbeiten. Jede Fabrik braucht ein paar Schläger, um die Arbeiter bei der Stange zu halten. Auch die Gewerkschaften halten sich Schlägertrupps, jeder braucht Männer mit kräftigen Fäusten. Warum den Konkurrenten aus dem Markt drängen, wenn man ihm viel einfacher die Fabrik anzünden kann? Für so eine Schlägertruppe hat der Tempelritter einstmals gearbeitet, war ihr Anführer gewesen. Damals gab es hier noch keine Fabriken, statt dessen große Landgüter, mit Scharen von Leibeigenen.

Auf dieser Ebene lassen sich erste Farben ahnen, so hell ist es geworden. Für die Oberschicht gibt es einen gewissen Luxus, von dem die einfachen Arbeiter nur träumen können. Natürlich ist es ein dekadenter, pervertierter Luxus, aber immerhin ein Ziel, für das es sich zu kämpfen lohnt. Wer skrupellos genug ist, arbeitet sich hoch, auf Kosten seiner Mitmenschen, natürlich. Und wer absinkt, ins Heer der Rechtlosen, der Arbeitssklaven, der begreift, daß er in der Hölle gelandet ist.

Die Vorhölle (-30)

Damit haben wir die dunklen Reiche verlassen, sind in die Dämmerzone aufgestiegen. Auf den ersten Blick könnte Poseidonis III in Eleulorien liegen, an einem Tag mit schlechtem Wetter. Das Leben hier scheint normal abzulaufen, die Bewohner fallen nicht auf. In Wirklichkeit belauert jeder den anderen. Wer kann, schwärzt seinen Nachbarn an, bei jeder möglichen Obrigkeit, im Verein, bei anderen Nachbarn... Keiner läßt ein gutes Haar an seinen Mitmenschen, es wird immer nur das Böse und das Schlechte in ihm gesehen. Nur man selbst ist gut und nur durch einen Fehler des Seelengerichts mit diesen schlimmen Leuten zusammengekommen.

Sollten Sie in die Vorhölle gelangen, dann hören Sie diesen Erzählungen genau zu. Sie stimmen nämlich alle, jeder hier ist ein Schuft und ein Bösewicht, jeder hätte etwas zu verbergen – nur, leider, geht das in der Vorhölle nicht.

Es gibt hier keine Verzeihung, keine Vergebung, sondern nur ewige Schuld. Nichts kann getilgt werden, es gibt keine Sühne, keine Wiedergutmachung, nur ständige Vorwürfe. Niemand versucht dort, Vergebung zu erlangen, weil er selbst sich immer im Recht sieht, als das alleinige Opfer, niemals als Täter. Folglich hacken alle unablässig aufeinander ein.

Purgatorium (-20)

Dies ist das Fegefeuer, der Ort der kleinen Sünder. Poseidonis II ähnelt dem Paris des ausgehenden 19. Jahrhunderts, eine Stadt voller Lichter und Laster. Wer ins Fegefeuer kommt, frönt dort allen morbiden Ausschweifungen und hält das für eine Ebene der Belohnung. Das Leben ist eine unendliche Folge von Vergnügungen, von Bällen und Gelagen. Jeder sorgt sich um Geld, doch sobald er es bekommt, wird es verpraßt.

Es dauert lange, bis der Seele bewußt wird, daß sie hier nicht belohnt, sondern mit ihrer eigenen Verkommenheit konfrontiert wird. Die Ausschweifungen befriedigen kein einziges inneres Bedürfnis, sie sorgen nur dafür, daß die Seelen in ihrer Sklaverei verharren.

Im Moment der Erkenntnis tritt die Läuterung ein, die Seelen fliehen aus den Städten, suchen die Einsamkeit auf dem Land, die Enthaltsamkeit, die Keuschheit. Mit der Reinigung beginnt die Umkehr und endet in relativ kurzer Zeit auf der Erde, in einem neuen Leben.

Die Wüste Eburack (-10)

Wir befinden uns jetzt nahe der Mittelebene, in der untersten Tageszone. Hier gibt es kein Poseidonis und keine großen Städte. Es gibt Dörfer, Handelsposten, Nomadenlager – und endlose Weiten aus Sand und Geröll. Der Himmel ist trübe, wolkenverhangen, aber nie fällt auch nur ein einziger Tropfen heraus. Wer hier landet, kämpft um sein Überleben, in der Einsamkeit, auf sich selbst reduziert.

Im Neuen Testament steht, daß Jesus freiwillig in die Wüste gegangen ist, um zu fasten und seinen Glauben zu stärken – Eburack hat den gleichen Zweck, nur ist hier niemand freiwillig. Die Menschen dort sind hart, gegen sich selbst und gegen andere. Die ständige Not verhindert ein Teilen, denn was du heute verschenkst, mangelt dir morgen.

Wer in Eburack mit Begleitern reist, braucht nicht zu fürchten, daß er überfallen und ausgeraubt wird. Aber selbst, wer Monate zusammen war – sobald ein Gefährte eine Schwäche erleidet, wird er zurückgelassen und aufgegeben. Es gibt keine gegenseitige Verpflichtung, folglich auch keine Hilfe. Wer einen anderen Weg nimmt, wird vergessen.

Das Nebelland / Eleulorien (±0)

Diese Zonen habe ich bereits beschrieben. Dort herrschen Erdbedingungen – in fast jeder Hinsicht. Die Menschen sind dort weder gut noch böse, sondern unentschieden. Wer sein erstes Leben als Mensch beendet, gelangt mit größter Sicherheit nach Eleulorien. Gut und Böse muß jeder erst lernen, im eigenen Leben erfahren. Hier steht das oberste Poseidonis (I).

Die Inseln der Seligen (+10)

Karibik... All-inclusive-Urlaub... Genuß ohne Reue...

Alle Orte mit der Wertigkeit +10 erlauben ein angenehmes Leben, erscheinen paradiesisch. Trotzdem sind sie eine Prüfung, denn nur wer begreift, daß er noch ganz am Anfang steht, schafft es, sich diesen Verlockungen zu entziehen.

Die Inseln der Seligen liegen vor der Küste Eleuloriens und können von den richtigen (geläuterten) Seelen per Schiff erreicht werden. Es gibt nicht nur die „Karibik", sondern auch eine Insel der Philosophen, auf der die große Bibliothek von Alexandria steht, eine Insel mit einem steilen Berg, auf dessen Gipfelplateau die Bewohner über den Wolken den Erdenniederungen entrückt leben... Sie werden Ihre Vorliebe schon finden.

Eine große Insel beherbergt **Walhall**, den germanischen Götterhimmel, so richtig mit tagsüber munterem Kampfe und abends fröhlichem Gelage. Nur der präsidierende Wotan wechselt hin und wieder.

Zu diesen Inseln gehören auch die **Ewigen Jagdgründe**, wo ein Indianer noch ein „Wilder" sein darf, der von der Büffeljagd lebt. Die Inseln können klein sein, mittelgroß oder sehr groß. Sie versprechen eine Belohnung für ein gutes Leben und bieten paradiesähnliche Verhältnisse. Es sind sorglose Urlaubsinseln – und deshalb eine Hürde beim Aufstieg in höhere Sphären, weil sie zum Verweilen einladen, anstatt in höhere Ebenen zu verweisen.

Das Himmlische Eonata (+20)

Diese Ebene wurde bereits ausgiebig vorgestellt. Mit ihr beginnen die Lichtebenen, die Ebenen der Hoffnung und der Morgenröte. Sie ist die unterste Ausbildungsebene und hilft den Seelen beim Aufstieg von Machtstufe 0 auf Machtstufe 1. Die Ebene bietet noch eine zweite Lehre: den Weg vom Glauben mit seinen religiösen Lehren zum Begreifen und akzeptieren – diese Lehre ist die schwerere.

Die Sonnenstadt (+30)

Dieser Ort ist die prächtigste Stadt im Jenseits. Das marmorne Rom des Kaisers Augustus, die geplante Welthauptstadt Germania eines Adolf Hitler lassen ahnen, was hier tatsächlich existiert. Wenn Bayerns Märchenkönig Ludwig unbegrenzte Mittel zur Verfügung gehabt hätte, hätte er vielleicht eine solche Stadt gebaut.

Jedes Privathaus ist ein kleiner Palast nach dem bevorzugten Baustil seiner Bewohner. Hier gibt es Hausanlagen, die ein prächtiges Atrium umschließen, üppige Villen, ausladende Bungalows, aber auch extravagantc Häuser in lebenden Bäumen oder solche, die auf einer Wolke fliegen. Die Häuser sind von riesigen, parkähnlichen Gärten umgeben, ganz nach Wunsch der Bewohner.

In die Sonnenstadt gelangen entwickelte Seelen, welche die Schöpfungsmacht im Jenseits beherrschen, denn alles, was in der Sonnenstadt existiert, wurde durch deren Bewohner erschaffen. Die Vorlieben der Bewohner erhalten und gestalten diese Bauwerke. Jedoch sind die Bewohner weit genug fortgeschritten, um nicht aus einer Laune heraus mit „Kunst am Bau“ die Augen ihrer Nachbarn beleidigen zu wollen.

Die Straßen der Stadt sind mit Brunnen und Statuen geschmückte Alleen. Die Kunstwerke mögen vor Jahrtausenden geschaffen worden sein, doch jeder Betrachter wirkt an deren Gestaltung und Vervollkommnung mit, indem er sich an deren Anblick erfreut.

Über der Sonnenstadt erstreckt sich der Himmel im ewigen Blau. Eine Frühlingssonne strahlt warm herunter, doch nicht sengend oder gar verbrennend. Als Jenseitszone ist die Stadt nicht auf Regen angewiesen. Sie schwebt auf einer weißen, strahlenden Wolke, von der man auf das Himmlische Eonata und die Ebene von Eleulorien hinabblickt, ohne von dort gesehen zu werden. Als entwickelte Seelen können die Bewohner sich in die Lüfte erheben und fliegen, sei es, um andere Orte zu besuchen oder um einfach nur den Anblick der Sonnenstadt aus größerer Entfernung zu genießen.

An den Universitäten und Akademien der Sonnenstadt wird alles gelehrt, was den Seelen dieser Entwicklungsstufe zugänglich ist. Es gibt dort aber auch Kasernen, Ausbildungsstädten für die Legionen des Lichts. Wann immer das Himmlische Eonata eine Missionsfahrt aussendet, schickt die Sonnenstadt ein Begleitkommando zum Schutz der Missionare mit. Dieser Geleitschutz tritt nur selten in Erscheinung, anders als Mathias Gruber nehmen die Missionare ihre Helfer und Beschützer oft gar nicht wahr. Diese Abschirmung schützt die Bewohner der dunklen Ebenen vor dem inneren, schmerzhaft hellen Licht der Sonnenstädter.

Doch auch die Sonnenstadt selbst rüstet Expeditionen in die Dunkelebenen aus. Unter grauen Schleiern verborgen können die Sonnenstädter als Letzte der Lichtebenen noch bis hinab ins Tiefdunkel steigen, um die dort scheinbar Verdammten zur Umkehr zu bewegen. Solche Expeditionen erfolgen mit militärischer Disziplin, gleich einer Kampftruppe, die auszieht, um möglichst viele Gegner gefangen zu setzen. Die Waffen dieser Kampftruppen sind das Wort, die frohe Botschaft, die Kunde von den Freuden der Lichtebenen. Doch diese Waffen bezwingen keinen starken, verstockten Willen. Ohne den Wunsch der verlorenen Seelen zur Umkehr kann die ganze Macht der Sonnenstädter nichts ausrichten.

In der Sonnenstadt gibt es noch Religionen, dort stehen Kirchen, Tempel und Moscheen. Doch der Glaube der Menschen dort orientiert sich nicht an den Lehren der Kirche, sondern am göttlichen Quell der Wahrheit in ihrer jeweiligen Religion. Im Zentrum der Stadt steht ein Tempelpalast mit zahlreichen Flügeln. Jeder Flügel ist die Gebetsstätte einer menschlichen Religion und jeder ist eingeladen, dem dortigen Gottesdienst beizuwohnen. In der zentralen Gebetshalle stehen die drei Altäre der Urgötter der Menschheit: Der Altar der Erdmutter, der des Sonnenvaters und in der Mitte, zentral, jener des Vaters der Sonne.

Der Vater der Sonne ist der erste Name, unter dem die Menschheit jenen Schöpfer verehrte, den unsere heutigen Religionen als Gott, den Allmächtigen bezeichnen. Erdmutter und Sonnenvater gehören der ersten überregionalen Religion an, der Frühzeit der Menschheit, als die Menschen sich noch der Beseeltheit der Natur bewußt waren. Parla Ethir, der legendäre Gründer der Stadt Eonata, hatte dort den ersten Tempel des Vaters der Sonne gebaut. In der Sonnenstadt, und nur dort, wird erzählt, daß Parla Ethir tatsächlich im Jenseits angelangt ist und sowohl die Ebene der Sonnenstadt als auch den zentralen Tempel geschaffen hätte, bevor er die Sphäre der Menschheit für immer verlassen hat. Doch niemand, nicht einmal die ältesten Seelen, bestätigt diesen Bericht.

Die Sonnenstadt ist ein Ort der Erholung und des Lernens. Wer die Sonnenstadt erreicht, hat die Barriere des Himmlischen Eonata überwunden. Die Seele ist an einen Ort der Reinheit und der Schönheit angelangt, der einlädt zum Verweilen – und das ist gleichzeitig die Prüfung, der die Seele hier unterzogen wird. Die Sonnenstadt ist ein verlockender Ort für die Ewigkeit, eine Belohnung für die Erdenmühen.

Und doch vollzieht sich hier in der Sonnenstadt ganz unmerklich der weitere Aufstieg. Der Tempel des Zeus', den der Neuankömmling bewundert und worin er viel Zeit verbracht hat, wird schließlich nur noch selten aufgesucht, wie ein Spielplatz aus Kindertagen, der in einem Erwachsenen nostalgische Gefühle auslöst. Dafür besucht die Seele jetzt gerne den Delphinbrunnen auf dem Platz des Friedens... Jeder kann den Tempel des Vaters der Sonne betreten, aber selbst er wirkt auf eine Seele der Wertigkeit +28 anders als auf eine der Wertigkeit +27. Während die eine Seele am hölzernen Altar der Erdmutter immer wieder neue Figuren entdeckt, empfindet die andere die euphorisierende Wirkung des Lichts aus dem Herzen der Sonne, dem Zentrum des Hauptaltars.

Jede einzelne Skulptur der Sonnenstadt ist prächtig und vollkommen, trotzdem verändert sie sich ständig, weil jeder Betrachter der Vollkommenheit noch einen weiteren Aspekt hinzufügt. Diese ständige Veränderung, die fortschreitende Weiterentwicklung, betrifft auch die Bewohner. Es mögen Jahrhunderte oder Jahrtausende vergehen, doch schließlich hat die Seele die Lehren der Sonnenstadt verinnerlicht und bricht auf zur nächsten Ebene.

War das Himmlische Eonata das „Basislager" für den Aufstieg zum Gipfel, so ist die Sonnenstadt die erste „Bergstation". In der Sonnenstadt findet die Ausbildung zur zweiten Machtstufe statt.

Das Sommerland (+40)

Das Sommerland gehört bereits zu den lichten, den himmlischen Reichen. Es ist der erste, der unterste Kreis des Himmels, wo Mühe und Plage den Bewohnern fremd geworden sind.

Kennen Sie die „Zum Glück gibt's Österreich"-Werbung? Idyllische Landschaften, saubere Umwelt, Kaiserwetter – was die Werbeindustrie mit aller Kunstfertigkeit der Bildgestaltung erreicht, ist die natürliche Umgebung des Sommerlandes. Hier gibt es keine großen Städte, sondern kleine Dörfer, in denen jeder Ankömmling willkommen ist und sein eigenes Haus errichten darf – was eine Seele der Machtstufe 2 problemlos beherrscht. Ein Haus, das den eigenen Ansprüchen genügt, keinen Prunkbau oder protzigen Palast. Wer diese Ebene erreicht hat, ist sowieso über dieses irdische Blendwerk erhaben.

Im Sommerland muß niemand arbeiten, weil jeder sich das erzeugen kann, was er zum Leben braucht. Es gibt keinen Neid und keine Mißgunst, sondern nur vertrauensvollen Umgang miteinander.

Das Sommerland ist eine uralte Ebene, die immer höher aufgestiegen ist und von der sich die noch höheren Ebenen abgetrennt haben. Deshalb ähneln die höheren Ebenen in ihrer landschaftlichen Ausformung alle dem Sommerland.

Das Sommerland ist eine „Urlaubsebene", gewissermaßen eine Belohnung für gute Taten, aber gleichzeitig eine Verheißung für den weiteren Aufstieg. Bewohner des Sommerlandes können sich für den Tempeldienst in den unteren Ebenen melden, sie können auch an den Expeditionen der Sonnenstadt teilnehmen, doch anders als dort ist das keine Verpflichtung.

Seelen aus höheren Ebenen besuchen das Sommerland, halten „Vorträge" und „Sprechstunden" ab, um die Bewohner zum weiteren Aufstieg anzuleiten. Dabei handelt es sich um Angebote, nicht um Verpflichtungen. Wer im Sommerland angekommen ist, hat das Recht, sich ein wenig auf dem Erreichten auszuruhen.

Der Garten von Giläon (+50)

Der Garten von Giläon entspricht dem Ideal der Städteplaner der 1950er Jahre – und dem Alptraum der heutigen Städteplaner. Er ist eine einzige Parklandschaft, total zersiedelt mit kleinen Häusern von etwa 100 bis 150 Quadratmetern Wohnfläche. Es gibt keine abgegrenzten Bereiche, sondern eine allgemeine Parkfläche, die jeder für sich gestalten kann. Immer wieder stößt man auf einen Teich, einen Springbrunnen, eine Sitzbank oder eine kleine, gewachsene Laube. Für sich betrachtet ist alles schön und harmonisch, als Ganzes jedoch absolut chaotisch und ohne jede Gesetzmäßigkeit.

Je höher die Wertigkeit einer Ebene ist, um so dauerhafter werden die Schöpfungen der Bewohner. Die Sitzbank, die völlig unmotiviert in der Landschaft steht, hat womöglich vor tausend Jahren jemand erschaffen und sie einfach dort belassen. Stört sie einen Bewohner, wird er sie verschwinden lassen oder durch einen Baum ersetzen.

Die Bewohner haben Macht über das Wetter. Während über dem einen Haus ewiger Sonnenschein herrscht, sieht man über dem anderen Haus einen Frühlingsregen, einen Gewittersturm oder auch heftigen Schneefall. Hier im Garten wird klar gezeigt, wie weit die Freiheit des Einzelnen geht und wo die des Anderen anfängt.

Die Bewohner haben keine Straßen angelegt, höchstens ein paar Wanderwege. Niemand benötigt eine Straße, der sich mit einem Gedanken an jeden beliebigen Ort wünschen kann. Allerdings ist es unhöflich und nur zwischen ganz engen Freunden üblich, sich IN ein fremdes Haus hineinzuwünschen. Wer jemanden besuchen möchte, wünscht sich vor das Haus, klopft an und wartet, bis er hereingebeten wird.

Es gibt Versammlungshallen, Tempel und offene Haine, um sich dort zu treffen. Die Vielfalt der menschlichen Religionen gibt es hier nicht mehr. Wenn es derselbe Gott ist, zu dem gebetet wird, so genügt ein einziger Name, der älteste: „Vater der Sonne“.

Der Garten ist ein Ort für bewährte Seelen. Wer es dorthin schafft, hat mindestens zehntausend Jahre der menschlichen Existenz hinter sich und oft schon hundert Inkarnationen. Er hat die Höhen und Tiefen im Diesseits und im Jenseits ausgekostet, ist oft genug auf dem Weg gestrauchelt und hat so persönlich die Dunkelebenen erfahren.

Gerade diese Seelen, die sich den Weg ins Licht zurück erkämpft haben, bringen so viel Erfahrung mit, daß ihre Ausbildung hier nur eine kurze Zeit erfordert – wobei „kurz“ 500 Jahre sind, mit drei Inkarnationen auf der Erde.

Der Aufstieg führt nicht über ein einziges Leben, sondern über eine fortlaufende Kette der Mildtätigkeit und Barmherzigkeit, den Aufenthalten im Jenseits und dem stetigen Wachstum. Der Aufstieg erfolgt durch eine ständige Reinigung und Veredelung. Insofern ist der Garten bereits ein hart erkämpftes Ziel, vielleicht vergleichbar einem Abitur, das einem Schüler als ferner Erfolg nach unendlich langen Schuljahren erscheint, aber doch nur den Einstieg zu Studium, Promotion und Professur darstellt.

Der Garten ist wieder eine Barriere und eine Schwelle. Hier lernen die Seelen, mit ihrer Schöpfungsmacht verantwortungsvoll umzugehen – und als Grenze dieser Macht den Willen des Anderen, des Gegenübers zu akzeptieren.

Hier im Garten von Giläion erwirbt die Seele die Fähigkeiten der Machtstufe 3, unter der Anleitung von Lehrern aus höheren Ebenen, auch aus dem Grünen Land selbst. Ehe diese Ausbildung nicht abgeschlossen ist, kann der Garten nur „nach unten" verlassen werden, ein weiteres Vordringen ins Licht ist nicht möglich.

Die Seelen lernen auf zwei Weisen: zum einen in der Einsamkeit, in der stetigen Auseinandersetzung mit sich selbst, zum anderen durch Anleitung der Erfahrenen. Alle Seelen hier besitzen genügend Schöpfungsmacht, um sich fast alle Wünsche erfüllen zu können. Jede könnte sich einen Palast aus massivem Gold mit tausend Zimmern erschaffen und diesen sogar mit seelenlosen, aber dienstbaren Geistern bevölkern. Doch es gibt hier niemanden, den ein solcher Palast beeindrucken würde. Für das eigene Leben reicht ein bescheideneres Haus, dessen Zimmer jeder nach seinen Launen umgestalten kann, bis er des eitlen Tands überdrüssig wird.

Die Bewohner respektieren ihre gegenseitige Einsamkeit, können sich jedoch jederzeit besuchen. Die Ausbildung ist deshalb anstrengend, trotz aller Freiheiten und der bisher erlangten Macht.

Das Friedensreich (+60)

Diese Ebene ähnelt dem Garten von Giläon, mit dem wichtigen Unterschied, daß hier alles aufeinander abgestimmt ist. Die „langweilige Vorstadtsiedlung" wird nicht durch Bauvorschriften erzwungen, sondern freiwillig eingehalten durch gegenseitige Achtung.

Streit und Kontroversen liegen hinter den abgeklärten Seelen, die diese hohe Lichtzone erreicht haben. Von hier stammen die Expeditionsleiter für die Missionszüge der Sonnenstadt und des himmlischen Eonatas. Einen davon hat Mathias Gruber als strahlenden „Erzengel" beschrieben.

Diese Seelen können die Durchgänge nach unten öffnen, in die Höllendimensionen, deshalb braucht jeder Zug einen Leiter aus dem Friedensreich.

Für direkte Missionsaufgaben sind diese Seelen bereits zu weit entwickelt. Sie fände keine Basis mehr zu einem Gespräch mit einem Isaac Treuman. Dies mußten sogar Belon Saret und Monar Argos einsehen, bei ihrem Versuch, Semor Ethirion zu helfen.

Elysium (+70)

Die höheren Ebenen sind relativ schwach besiedelt. Sie sind deshalb nicht allzu groß, verglichen mit dem riesigen Eleulorien.

Das Elysium ist ein Ort der Einsamkeit und der Kontemplation, in dem man Kraft und Einsicht sammelt für die nächsten Schritte. Kleinere Gruppen finden sich immer wieder zusammen, um einen Mentor, der sie aus dem Himmelreich besucht, um ihnen weiteren Unterricht zu geben und die Fragen der Seelen zu beantworten.

Die Einsamkeit wird nicht erzwungen, wer möchte, kann sich jederzeit mit anderen Seelen treffen, um Probleme zu besprechen und Rückmeldungen zu erhalten, oder ganz einfach, um die Anderen durch eine Darbietung oder ein Kunstwerk zu erfreuen. Die meisten Seelen verstreuen sich jedoch über das Land.

Das Paradies (+80)

Dieser Garten ist die höchste Ausbildungsebene, für die Machtstufe 4. Das Paradies ist ein Ort der Bedürfnislosigkeit, weil alles so gestaltet ist, daß keine Bedürfnisse mehr entstehen.

Die Seelen leben dort in kleinen Gruppen zusammen, die regelmäßig ein Mentor aus dem Himmelreich besucht. Das Leben dort ist am ehesten vergleichbar mit einer Gemeinschaft von Klosterschülern, die unter der Aufsicht und gelegentlichen Anleitung eines weisen Meisters scheinbar sinnlose Tätigkeiten verrichten, die aber im Nachhinein beträchtliche Fortschritte erbringen.

Das Himmelreich (+90)

Dort bekommen Sie weder Flügel angeheftet, noch müssen Sie den ganzen Tag über Hosianna singen. Sie haben es geschafft und sind oben – fast ganz oben angelangt. Hier leben die Lehrer, die andere Seelen in den Lichtebenen unterrichten.

Diese Lehrer brauchen die Erde nicht mehr, sie sind aus dem Kreis der Wiedergeburten ausgeschieden. Ein Aufenthalt auf der Erde könnte sie korrumpieren. Hin und wieder begibt sich doch eine dieser großen Seelen auf die Erde, als Weisheitslehrer für die gesamte Menschheit.

Diese Seelen erscheinen den Menschen als von Gott gesandte Erlöser, als große spirituelle Meister. Sie verkörpern die Hoffnung in der Welt, selbst dann, wenn alle Hoffnung verloren scheint.

Das Grüne Land (+100)

Das Grüne Land ist der vollkommenste, schönste Garten, den Menschen je erdacht haben. Wunderbare, vollendete Blumen bedecken das Land, erfüllen es mit der perfekten Harmonie. Die Menschen dort leben bescheiden, bedürfnislos in kleinen Häusern. Fenster und Türen der Häuser sind immer offen, denn es gibt nichts, was im jeweiligen Haus nicht willkommen wäre. Die Menschen verbringen ihre Tage in philosophischen Gesprächen und Meditation.

Die Häuser hier sind allesamt „magisch", äußerlich kleine Katen, von der Größe einer Garage, enthalten sie nur einen einzigen Raum. Das Grüne Land erreichen nur entwickelte, erfahrene Seelen, die alle die Mechanismen des Jenseits beherrschen. Niemand benötigt einen Palast mit tausend Räumen, wenn sich das Zimmer, das man bewohnt, jederzeit jedem Wunsch anpaßt. Was gerade noch ein prunkvolles Schlafzimmer im Stil von Versailles war, ist jetzt eine Schwimmhalle mit Wellenbad und Gegenstromanlage. Habe ich vom Schwimmen genug, wird daraus das nüchterne Innere einer afrikanischen Hütte, um sich beim Besuch meiner Nachbarn in eine bequeme Wohnlandschaft zu verändern.

Wer das Grüne Land erreicht hat, besitzt die Fähigkeiten, sich im Jenseits ein virtuelles Universum zu erschaffen. Aber zugleich hat die Seele genug gelernt, um die Sinnlosigkeit eines solchen Tuns einzusehen. Für eine junge Seele wirkt das Grüne Land wie eine Rentnerkolonie, deren Bewohner den ganzen Tag langweilige Gespräche führen.

Aus der ersten Ebene, dem Nebelland, spalteten sich das Sommer- und das Winterland ab. Das Grüne Land war die erste Abspaltung über das Sommerland hinaus, für jene Seelen, die sich am weitesten entwickelt hatten. Jene Menschen lernten, das Jenseits zu gestalten und eine angenehme Umgebung zu erschaffen. Katastrophen, welche die frühe Menschheit dezimierten, sorgten dafür, daß Seelen länger im Jenseits verweilen mußten und dessen Möglichkeiten erforschten. Während dunkle Seelen ihre Macht über andere Seelen ausbauten, erlangten lichtere Seelen immer bessere Gestaltungsfähigkeiten für ihre Umgebung.

Nach Zehntausenden von Jahren ist das Grüne Land jetzt dort angelangt, wo es allem Anschein nach nicht mehr weiter geht. Dort leben die hellsten und mächtigsten Seelen. Sie können unerkannt und ohne die grauen Schleier andere Ebenen aufsuchen, doch sie tun das nur ganz selten. Gelegentlich bitten die Bewohner des Himmelreiches um einen Berater aus dem Grünen Land, um eine offene Frage zu klären oder ihnen weiterzuhelfen.

Würde ein Bewohner des Grünen Landes ohne Abschirmung ins Tiefdunkel vordringen, er würde dort eine Feuersbrunst auslösen und dabei selbst ausbrennen, angesichts der Seelenqualen, die er damit dort auslöst.

Im Grünen Land leben die ältesten Seelen, die den Ehrentitel „die Ersten“ tragen. Einige von ihnen waren damals die ersten Siedler in Eonata gewesen, der ersten Stadt der Menschheit. Sie haben dort zusammen mit Parla Ethir gelebt, aber ihn nach ihrem Tod nicht im Jenseits angetroffen, obwohl sie damals alle Ebenen nach ihm abgesucht haben. Sie kamen zu dem Schluß, daß Parla Ethir die menschliche Daseinsebene verlassen hätte, billigen ihm Machtstufe 5 oder gar 6 zu. Er soll den Schritt über das Grüne Land hinaus geschafft haben.

Deshalb ist Parla Ethir sehr wichtig für die Bewohner des Grünen Landes, weil er sie daran erinnert, daß bei aller Macht, die sie erlangt haben, doch noch eine Grenze existiert, die überschritten werden kann – wenn die Seele sich weit genug entwickelt hat und dazu bereit ist.

Das Grüne Land korrespondiert mit dem Edelsten und Besten im Menschen. Der Weg dorthin ist lang, in zweifacher Hinsicht. Es genügt nicht, sich auf Erden den Heiligenschein aufzusetzen, er muß verdient werden. Die Entscheidung für das Gute ist keine Mitgliedschaft, bei der man einmal unterschreibt und ab sofort dazu gehört. Es ist vielmehr wie die Zugehörigkeit zur Weltspitze im Sport, ob nun Tennis oder Gewichtheben. Diese erfordert jahrelanges Training, Kasteiung, Verzicht.

Der Spitzensportler rafft sich immer wieder zum Training auf, gibt sein Bestes bei jedem Wettkampf, um schließlich oben zu stehen, auf dem Treppchen. Nicht anders ist es hier. Sie trainieren im Jenseits, bilden sich weiter, lernen und lehren, um zum Wettkampf zur Erde zurückzukehren, um zu zeigen, was Sie können. So wie das „Talent", das mit sechs Jahren entdeckt wird, Hunderte von Wettkämpfen absolviert, bis es bei der Olympiade oder der Weltmeisterschaft antritt, so muß die Seele Hunderte, ja Tausende Leben durchlaufen, um endlich ins Grünen Land zu gelangen.

Die letzte Strecke des Weges ins Grüne Land führt nur ganz selten über Inkarnationen. Die letzte Reinheit und Vollkommenheit wird fast nie auf der Erde erlangt, sondern im Jenseits, durch die Hilfe der Seelen aus dem Grünen Land, in Jahrhunderten der Ausbildung und Schulung.

Das Grüne Land wird als das Ziel der menschlichen Entwicklung angesehen, auf das alle Seelen zustreben. Zugleich wird es als Schwelle angesehen, so wie das Himmlische Eonata einen ersten scheinbaren Endpunkt darstellt, der schließlich überwunden werden kann. Jeder Bewohner des Grünen Landes hofft, das Tor zu finden, in die nächsthöhere Ebene, was immer diese sein mag.

Die Bewohner haben die Aufgabe, anderen Seelen auf dem letzten Abschnitt der Reise zu helfen, sie ins Grüne Land zu bringen, zugleich suchen sie diesen Ausgang. Sie haben den Zyklus der Inkarnationen willentlich beendet, sie sind aber noch immer Teil von ihm.

Was jenseits der Schwelle liegt, entzieht sich dem menschlichen Erkenntnisstreben. Es mag das Nirwana sein, die Auflösung des Selbst in der Unendlichkeit des Göttlichen, aber auch nur die Fortsetzung des Aufstiegs auf einer neuen, höherentwickelten Erde, die von einer anderen, gottgleichen Menschheit bewohnt wird.

Geschlechter im Jenseits

Dieser Punkt gehört zwar sachlich nicht zu den Ebenen im Jenseits, paßt allerdings thematisch hier herein.

Fast jeder Mensch hat in seinen Erdenleben beide Geschlechter ausprobiert. Anders, als es uns die modernistischen Lehren der Emanzipation einreden wollen, sind die Geschlechter nicht gleichwertig im Sinne von austauschbar. Es gibt ein wunderschönes Symbol für die Qualitäten der Geschlechter, das Symbol für eine Heirat, zwei Ringe, die sich teilweise überlappen.

Die beiden Ringe grenzen so drei Bereiche ab: Einen Bereich Mann, einen Bereich Frau und einen beiden gemeinsamen Bereich. Über die Größe der Bereiche kann man sich streiten, deshalb will ich hier nicht darauf eingehen. Das Symbol zeigt jedoch deutlich, daß es Dinge gibt, die eine Frau entweder ausschließlich oder zumindest besser kann, Dinge, in denen beide gleich gut sind und Dinge, in denen der Mann besser ist.

Niemand käme auf die Idee, einen Friseur und einen Schlosser zum Beispiel Gedichte schreiben zu lassen, um zu ermitteln, wer der bessere Handwerker ist. Der Schlosser ist eindeutig die falsche Adresse, wenn es darum geht, Haare zu schneiden, also kann der Schlosser nicht beweisen, daß er ein besserer Schlosser ist, als der Friseur ein Friseur. Aber heute ist es modern geworden, daß Frau ihren Mann stehen soll.

Die Geschlechter haben ihre natürlichen Rollen und sind dafür entsprechend ausgestattet. Eine Seele auf ihrem Weg des Lernens muß beide Rollen durchleben, um zur Erkenntnis zu gelangen, deshalb wird sie ihr irdisches Geschlecht öfter wechseln.

In den dunklen Reichen des Jenseits’ herrscht Gewalt vor, rohe, körperliche Gewalt. Diese ist nach allgemeiner Ansicht eine Domäne des männlichen Geschlechts, deshalb greifen Seelen in diesen Ebenen mit Vorliebe auf eine männliche Inkarnation zurück. Natürlich kann sich eine Frau ebenso teuflisch benehmen wie ein Mann, ein Leben als Frau schützt nicht davor, in die tiefste Höllenebene zu gelangen. Mit größter Sicherheit dürfte sie aber dort baldigst als Mann auftreten, deshalb trifft man in den dunklen Reichen überwiegend Männer an.

Das Jenseits ist jedoch eine virtuelle Umgebung. Die körperliche Anlage zu mehr Muskelmasse, die auf der Erde den Männern zuteil wird, gibt es im Jenseits nicht. „Herkules“ muß dort kein großer, muskelstrotzender Mann sein, das kann genauso gut eine schmächtige Frau werden, denn im Jenseits gibt es keine körperlich vorgegebenen Geschlechterrollen.

Im Jenseits können keine Kinder gezeugt und geboren werden, deshalb fällt der wichtigste Unterschied zwischen (Erden-)Frau und (Erden-)Mann weg.

Allerdings besteht die Konditionierung durch das Erdenleben fort, das heißt, wir verbinden mit dem Äußeren und dem Geschlecht des

Gegenübers gewisse Vorstellungen. Wenn Sie die Wahl unter zehn oder mehr Leben haben, welche Person Sie im Jenseits verkörpern wollen, dann beziehen Sie Ihre Umgebung ein und wählen sorgfältig aus.

Es gibt dort keinen „Krieg der Geschlechter", solche billigen Machtspiele bleiben dem irdischen Leben vorbehalten.

Schöpfungsmacht

Beneiden Sie Wendor Etos und Alpis Telpor? Die beiden haben die totale Macht über ihre Umgebung. Die Seelen der Soldaten waren nur eine Art Batterie, geschaffen wurde Eleulorien von Wendor und Alpis.

Stellen Sie sich ruhig einmal vor, Sie hätten diese Macht. Sie haben nicht mal einen Balkon? Schaffen Sie sich doch einen! Reichen tausend Quadratmeter? Ihre Einzimmer-Wohnung ist zu klein? Na gut, in Ihrem künftigen Palast ist das die Abstellkammer.

Ich weiß, es ist gar nicht so einfach, ein Gott zu sein – und als göttergleiche Schöpfer habe ich die beiden vorhin beschrieben. Solche Fähigkeiten sind übrigens überaus lästig, wenn Ihr Nachbar sie hat – und SIE nicht. Der stellt dann jeden Parkplatz mit seiner Rolls-Royce-Sammlung zu... Und Sie wollten doch bloß einen einzigen Ferrari.

Andererseits, nach dem ersten Schnitzel ist niemand mehr hungrig, egal ob vom Schwein (für 2,- Euro) oder aus dem Filet eines Kobe-Rinds (für 500,- Euro). Wenn ein vollbetankter Rolls Royce immer dann da ist, wenn Sie damit fahren wollen, brauchen Sie nicht 50 oder 100 davon. So lehrt Sie Schöpfungsmacht ein bißchen Bescheidenheit.

Wenn das so toll funktioniert, aber nur im Jenseits, warum sollten Sie auf die Erde zurückkehren? Dort sind Sie in einer vollkommenen Welt... Leider hat die Sache einen kleinen Haken: Diese Schöpfungsmacht erlangen Sie erst, wenn Sie gelernt haben, damit umzugehen. Klara Manning konnte gerade sich selbst verändern, Alpis und Wendor alles einrichten, wonach ihnen gelüstete – 3.000 Jahre Jenseitserfahrung gegen 60.000 Jahre. Sie werden also noch eine ganze Menge lernen müssen, aber dafür haben Sie zum Glück alle Zeit der Welt.

Die Schöpfungsmacht hat jedoch eine Ursache. Gewiß, sie „fällt vom Himmel", jedoch aus einem ganz bestimmten Grund. Diese Schöpfungsmacht ist bereits in Ihnen vorhanden, auch jetzt, sogar auf der Erde.

Der Schöpfer sind - SIE

In der Bibel und in diversen anderen Schöpfungsmythen bastelt der Schöpfer sich einen Menschen aus dem, was gerade so herumliegt, und haucht ihm den göttlichen Atem ein. Der Mensch nimmt damit eine Zwischenstellung ein. Auf der einen Seite ist er bereits vorhandene Materie (Erde, Lehm, Ton), auf der anderen Seite wird noch etwas zugefügt, was in der Schöpfung bisher nicht vorhanden war: der Atem Gottes.

Dieser göttliche Hauch, oder besser, der göttliche Funke, glimmt in Ihnen. Dieser kleine Funke macht Sie nicht zum Gott und auch nicht zum Schöpfer. Der nachglimmende Docht einer ausgeblasenen Kerze kann uns schließlich nicht die Sonne ersetzen. Aber das Fünkchen glimmt, es leuchtet – und es ist das „Ding“ in uns, das dem Göttlichen am nächsten kommt.

Die Gleichung $E = mc^2$ ist mittlerweile Allgemeingut. Nach ihr sind Materie und Energie äquivalent und ineinander überführbar. 100 Gramm Butter und 100 Gramm Gold bestehen aus Materie. In ihnen steckt die gleiche Energiemenge, trotzdem streichen Sie die eine Materie aufs Brot und legen die andere in den Tresor. Der Unterschied besteht im darin enthaltenen „göttlichen Funken“, oder, profaner formuliert, in der darin enthaltenen Information. Gelänge es Ihnen, die Information „Gold“ auf die Materie „Butter“ zu übertragen, wären Ihre finanziellen Probleme gelöst. Jene Information ist wieder die „Software“, welche der Materie / Energie ihre Funktion gibt. Zu dieser „Software“ gehört übrigens auch die Form der Materie.

Auf höherer Ebene bildet diese „Software“ den belebenden Hauch, der aus ein wenig Chemie eine lebende Zelle formt. Dieser Hauch steigert sich immer weiter und bildet schließlich das Bewußtsein, das wir alle als göttlichen Funken begreifen.

Es ist dieser kleine Funke, der unseren Seelen die Unsterblichkeit verleiht. Er ruht gewissermaßen im Inneren unserer Seele. Im Rahmen der persönlichen Entwicklung gilt es, diesen göttlichen Funken in uns anzufachen, ihn zu nähren, zu vergrößern und heller scheinen zu lassen. Aber selbst jetzt, selbst in dieser schwach glimmenden Version, gibt der Funke Ihnen die Macht zu erschaffen!

Sie – der Schöpfer Ihrer Wirklichkeit

Die Erfolgsgurus haben recht – wenigstens ein kleines bißchen. Dieses unwichtige und das Geschäft schädigende Detail verschweigen sie Ihnen zumeist. Sie sind der Erschaffer Ihrer Wirklichkeit, aber es geht eben **nicht** mit „Tsjakka – du schaffst es!“

Der göttliche Funke in Ihnen reicht nicht aus, um spektakuläre Schöpfungsergebnisse in affenartiger Geschwindigkeit zu erzielen. Das bleibt den mächtigsten Seelen vorbehalten und funktioniert nur im Jenseits.

Was auf Erden passiert, passiert zäh und mühsam. Wichtig ist es, dabei am Ball zu bleiben. Wenn Sie ein Haus erschaffen, bauen Sie dieses Stein auf Stein und... Ja, ich kenne Ihren Einwand. Mit einem Haufen Steinen, genügend Maurern und einem geeigneten Plan bedarf es keines göttlichen Funkens, um ein Haus zu erschaffen, man fängt einfach an und baut.

Wirklich? Als Millionenerbe oder Großverdiener ist das ganz selbstverständlich. Aber als Familienvater? Mit weniger als 3.000 Euro netto pro Monat? Da müssen Sie organisieren, Schwierigkeiten überwinden, Finanzierungen aufstellen... es dauert lange, bevor die Maurer loslegen. Und in zwanzig Jahren fragt Sie ein Arbeitskollege bewundernd: „Wie hast du das geschafft? Wieso du und ich nicht?“

Sie sind am Ball geblieben! Sie haben nicht aufgegeben! Sie haben eine Schwierigkeit nach der anderen überwunden! Sie? Oder der göttliche Funke in Ihnen? Sie haben das Haus geschaffen, mit Ihrer eigenen Schöpferkraft. Nicht mit einem hervorgeschleuderten, explosiven „Fiat!“, sondern mit beharrlicher Arbeit, mit Ihrem festen, immer wieder projizierten inneren Wunsch. Schließlich sind alle Widerstände überwunden und Sie können einziehen. Gratuliere!

Und ja, Sie haben die Schöpfung verändert. Ein paar Steine, ein wenig Baustahl, ein bißchen Beton – das ist weniger Information als ein fertiges Haus. Weniger „göttlicher Hauch“, auch wenn das vollendete Haus nicht lebt. Es ist trotz allem der Ausdruck eines lebendigen Willens – Ihres Willens! Deshalb sind Sie auch im Diesseits ein Schöpfer, denn auch im Diesseits sind Gedanken wirksame Kräfte.

Schöpfungsmacht im Jenseits

Das Jenseits ist als Ganzes keine Materie, sondern eine Konstruktion aus Gedanken, eine Art virtueller Welt. Jede Ebene im Jenseits wurde von ihren früheren und derzeitigen Bewohnern miterschaffen. Jeder Gedanke besitzt dort eine unmittelbar in Erscheinung tretende schöpferische Kraft. Sie können dort Ihre Umgebung beeinflussen, viel schneller und direkter als auf der Erde.

Wenn Sie Ski fahren wollen, erschaffen Sie Schnee. Wollen Sie einen Gewittersturm, nur zu... Es klappt, aber nur, wenn sich nicht andere Seelen in Ihrer Nähe gleichzeitig Badewetter wünschen, denn das Jenseits ist demokratisch. Ziehen Sie am besten mit Leuten zusammen, die Ihre Wetterwünsche ebenfalls hegen. Oder siedeln Sie ein bißchen abseits, wo es niemanden stört.

Wendor und Alpis haben die Seelen zweier Armeen in sich integriert, die Wünsche Zehntausender Menschen ausgeschaltet und nur ihre eigenen Vorstellungen wirken lassen. Sie mußten keine entgegenwirkenden Schöpfungen überwinden, um die eigene Idee durchzusetzen.

Stellen Sie sich einen hundert Meter durchmessenden Teich vor, auf dem ein Nachen schwimmt, in dem ein Lottogewinn von fünf Millionen Euro liegt. Sie haben ein langes Seil und können diesen Gewinn zu sich herziehen. Gut, nicht wahr? Jetzt stellen Sie sich bitte 600 weitere Menschen vor, die um diesen Teich herumstehen und ebenfalls Seile in der Hand haben, um den Nachen zu sich zu ziehen. Jeder zieht aus Leibeskräften in seine Richtung, deshalb bleibt der Nachen schön in der Mitte des Teiches.

Der Vorteil der „guten“ Seelen besteht darin, daß sie einander etwas gönnen. In einer positiven Ebene würden die 600 Leute sich schließlich auf einer Seite des Teiches versammeln, den Nachen zu sich ziehen und jeder bekommt 8.333 Euro. In Eleulorien ziehen sich alle Schwielen an den Händen und in den negativen Ebenen fangen die Leute an, sich gegenseitig zu verprügeln. Am Ende bekommt keiner etwas, weil sogar der Sieger der Schlägerei zu erschöpft ist, um den Nachen zu sich zu ziehen.

Sie wollen ein maurisches Schloß als angemessenen Wohnsitz? Dann bauen Sie doch eines! Oh... Auf der Erde fehlt Ihnen dazu das Kleingeld, im Jenseits hingegen... kommt es auf Ihre Nachbarn an. Zunächst müssen Sie lernen, so große Strukturen zu schaffen, dann brauchen Sie Nachbarn, die solche Strukturen zulassen.

Aridor Ethirion, der Tyrann von Eonata V, hätte sich vermutlich zu gerne eine „Alhambra“ hingestellt. Doch der Palast, in den Semor Ethirion so gerne gezogen wäre, konnte sich im Winterland nicht entwickeln. Alle Seelen, die Aridor unterdrückt hatte, empfanden seinen Palast als drohende Zwingburg, deshalb wurde daraus exakt diese drohende Zwingburg.

Gedanken sind Kräfte, Neid und Mißgunst starke Antriebe. Deshalb wird das Leben im Jenseits immer schwieriger, je tiefer wir in die Ebenen des Bösen hinabsteigen. Es ist nicht Gottes Strafe, sondern ein ganz einfaches Naturgesetz: Gleiches zieht Gleiches an.

Massenschöpfung auf der Erde

Wenn ein einzelner Mensch bereits Schöpfungsmacht besitzt, sogar hier auf der Erde, was passiert dann, wenn sich mehrere Menschen zusammentun, wenn sie über Jahrhunderte einen Plan verfolgen, diesem Plan ihre schöpferische Energie widmen?

Ja, unter diesen Bedingungen entsteht Großes. Das Römische Reich war so eine Idee, die über Generationen hinweg verfolgt wurde. Die Idee mußte über Jahrhunderte hinweg wachsen, die Vorstellung, eine Welt zu erobern und ihr Gesetze zu geben. Dann hatte sich alles erfüllt, das Mittelmeer war als „Mare Nostrum" ein römisches Binnengewässer geworden. Mit ihrer Erfüllung starb die Idee dahinter und die Schöpfung, das Römische Reich, hatte keinen Bestand.

Ein Reich, eine gesellschaftliche Schöpfung, entsteht durch eine große Idee, welche die Schöpfungsenergie der Menschen bündelt. Deshalb bricht sich eine Idee ihre Bahn, wenn ihre Zeit gekommen ist, weil die göttlichen Funken der Menschen schöpferisch zusammenwirken. Deshalb entstehen Reiche aus einer Vision, die um sich greift und von vielen geteilt wird. Diese Schöpfungsmacht ist der Wirkmechanismus hinter den Visionen.

Eine kleine Verschwörungstheorie

Stellen Sie sich vor, daß vor einigen Jahrhunderten die Templer, die Illuminaten oder die Freimaurer einen Plan formuliert haben. Einen Plan, der sich dieser Schöpfungsmacht bedient. Einweihungen in Geheimlehren verstärken diese Schöpfungsmacht. Langsam, ganz langsam, tritt der Plan in Aktion. Widerstände werden „hinweggeschaffen", und wo die Schöpfungsmacht zu langsam oder zu schwerfällig vorgeht, schicken sie Attentäter und Meuchelmörder.

Ein derartiger Plan erfordert den ganzen Einsatz. So, wie ein Familienvater alle Kräfte einsetzen muß für sein Haus, so müssen die Verschwörer sich ebenfalls aller Mittel bedienen. Feinde, Gegner des Plans, müssen ausgeschaltet werden, auch auf der mentalen Ebene. Wenn zu viele Leute dagegen schöpfen, mißlingt der Plan.

Die Verschwörer wollen die Weltherrschaft, was sonst? Dafür werden nicht nur einzelne Menschen, sondern auch ganze Völker geopfert. Millionen Tote zählen nicht, denn es geht um die Erfüllung einer großen Vision. Selbst Weltkriege finden nach diesem Plan statt. Die Erde wird zur Strafkolonie...

Der Stolz der Völker muß gebrochen werden, damit keine Gegenschöpfung mehr stattfindet. Erst wenn die Völker nachbeten, was die Verschwörer vorgeben, wenn alle mitarbeiten an dem großen Plan, dann wird dieser Plan sich erfüllen.

Kleine Fehler

Dunkle Pläne stoßen auf mehrere Probleme. Wer dunkle Pläne skrupellos umsetzt, qualifiziert sich vor dem Seelengericht für die dunklen Ebenen. Der Aufenthalt in den dunklen Zonen dauert tendenziell länger als in den lichteren Zonen, also werden die Verschwörer nicht so schnell wieder auf der Erde inkarnieren. Die Gruppe der Eingeweihten, welche die teuflischen Pläne vorantreiben, ist sehr klein, folglich gibt es wenige Möglichkeiten für die Seelen im Tiefdunkel, wieder auf die Erde zu gelangen. Wer vor dreihundert Jahren die ersten Schritte in die Wege geleitet hat, sitzt noch immer im siebten Kreis der Hölle fest, anstatt die Macht auf der Erde zu erlangen.

Informationen über die Erde erreichen natürlich auch die Kreise des Himmels, wo sich Seelen die Aufgabe setzen, als Lichtarbeiter zur Erde zurückzukehren und gegen den Plan des Bösen zu arbeiten. Die Lichtseelen erwartet auf der Erde jedoch keine Organisation, keine Familie mit jahrhundertelanger Tradition als Freimaurer oder uraltem Milliardenvermögen. Diese Hilfe erfahren nur die Dunkelseelen.

Die Verhältnisse scheinen sich umgekehrt zu haben, die Bösen arbeiten hilfreich zusammen, der Plan der Verschwörer gedeiht, während die Guten auf sich allein gestellt sind. Das Böse wird mächtiger, den „Teufeln" in der obersten Führung treten immer mehr „Dämonen" zur Seite, die Gruppe der Bösen wächst, während die vereinzelten Guten auf verlorenem Posten stehen.

Es sieht schlecht aus für die gute Seite, aber – die Schwächen des Bösen behindern die Aktion, je weiter sie fortschreitet. Die Disziplinierung durch schwere Strafen wirkt nur bedingt, denn jeder achtet auf seinen eigenen Vorteil und seine eigene Macht. Die Verschwörer arbeiten gegeneinander, es gibt Verräter, undichte Stellen. Das, was zu einem früheren Zeitpunkt die Verschwörung gefördert hat, als es noch wenige Böse gegen die große Menge der Anderen gearbeitet haben, schwächt jetzt die böse Seite. Erinnern Sie sich ans Gefangenen-Dilemma? Der Kronzeuge profitiert nur, wenn sein Komplize nicht ebenfalls aussagt. Die Verschwörung trifft jetzt immer häufiger auf eigene Leute, zum wechselseitigen Schaden.

Die gute Seite braucht nur den Willen der Menschen aufrecht zu erhalten, sich nicht dem Bösen zu unterwerfen. Nadelstiche reichen, und längst überwunden geglaubter Widerstand formiert sich neu, mehr und mehr Menschen setzen ihre eigene Schöpfungskraft dagegen. Der großen Vision wird ein „So nicht!" entgegengesetzt, das die Vision mehr und mehr schwächt.

Schließlich beginnt der Endkampf. Nicht die Himmel öffnen sich und Legionen von Engeln fallen über die Teufel und Dämonen her, sondern die „Macht des Schicksals" zeigt sich in den Gegenschöpfungen der Menschen. Was über Jahrhunderte hinweg bestens nach Plan gelaufen ist, gerät aus dem Ruder. Die Massen, die sich für den Plan der Verschwörer begeistert haben, erfahren immer öfter die Nachteile des Plans. Die Verschwörer müssen nachregeln, immer öfter und hektischer, bis der Plan schließlich scheitert und unvorhersehbare Ergebnisse eintreten.

Das ist eine Folge dieses einfachen Schöpfungsgesetzes, ganz leicht ableitbar. Das Gute, das für die Mehrzahl der Menschen, der schöpfungsmächtigen Menschen Vorteile bietet, setzt sich schließlich durch, das selbstsüchtige Böse scheitert an der Gegenschöpfung der Mehrheit.

Worum Ihr bittet, das wird Euch gegeben...

Das ist das Prinzip der Schöpfungskraft. Jeder besitzt sie und jeder kann sie einsetzen. Da wir unsere Umgebung selbst erschaffen, tragen wir dafür auch die Verantwortung. Dank der jedem Einzelnen innewohnenden Schöpfungsmacht trägt jeder Einzelne die Verantwortung für die gesamte Schöpfung.

Nur, wie setzen wir diese Macht ein? Ganz einfach: Lasset uns beten! Kein simples Vaterunser, keinen noch so wunderschönen Psalm, keine der heiligen Suren des Korans, sondern frei heraus mit unseren eigenen Worten. Sprechen wir zu Gott, so sprechen wir auch zu dem göttlichen Funken in uns. Sagen wir es, zu Gott und zu uns, dann wird daraus nach und nach eine Vision. Und schließlich schaffen wir uns das, was wir wollen. Was für uns richtig ist, selbst wenn es dem Plan der Verschwörer widerspricht.

Der Zeitfaktor

Leider gibt es bei diesen Schöpfungen ein kleines Hindernis, das Sie einkalkulieren müssen: die Zeit. Unglücke haben die Tendenz, plötzlich über uns hereinzubrechen, während das Gute endlos dauert, bis es endlich eintrifft.

Das Unglück bricht jedoch in den allermeisten Fällen nur subjektiv überraschend herein. Sicher, ein Herzinfarkt passiert plötzlich, von einer Sekunde auf die andere. Nur, wie viele Warnungen Ihres Körpers haben Sie zuvor ignoriert? Sie erhalten fast immer eine Quittung für jahrzehntelanges Fehlverhalten – aber die eben „ganz plötzlich". Sie haben Ihren Führerschein abgenommen bekommen? Ja, natürlich „ganz plötzlich". Aber wie oft sind Sie schon alkoholisiert gefahren? Wie oft haben Sie die Ampel bei „Dunkelorange" passiert? Wie oft Geschwindigkeitsbeschränkungen als Empfehlungen für schlechte Fahrer abgetan?

„Es ist noch kein Meister vom Himmel gefallen" – das besagt, daß wir alle lernen müssen. Gefällt Ihnen mein Schreibstil? Ich feile seit 16 Jahren tagtäglich daran! Alles, im Guten wie im Schlechten, braucht seine Zeit.

Früher hatte man mehr Geduld, heute fördert eine ganze Werbeindustrie unsere Ungeduld. „Kaufe jetzt, zahle später!" – so heißt es. Aber jeder Kreditvertrag, jede Ratenzahlung ist eine Sklavenkette, die Ihnen die Freiheit raubt. Das Gute braucht Zeit – und Sparen ist fast immer die bessere Lösung. Die Zeit des Ansparens ist die Zeit, in der Ihre Schöpfungsmacht wirkt. Deshalb bringt Ihnen das mühsam Ersparte ganz sicher mehr Befriedigung und Nutzen, als der schnelle Kreditkauf, der nur zu bald durch den nächsten Wunsch ersetzt wird.

Was lange währt, wird endlich gut

Wobei in diesem Fall „endlich" für „am Ende" steht. Es ist fast, als senden Sie einen ***Ruf*** aus. Das, was für Sie, und nur für Sie bestimmt ist, trifft bei Ihnen ein und verbleibt lange bei Ihnen, ist robust und hat einen hohen Nutzwert. Was Sie nebenbei aus der Portokasse oder mittels „Sofortkredit" kaufen, erweist sich oft genug als „Montagsauto", weil Sie es nicht wirklich für sich erschaffen haben.

Evolution

Ich habe vorhin vom „göttlichen Funken“ in jeder Materie gesprochen, der Information, die darin enthalten ist. Mit dieser Information möchte ich Sie jetzt näher bekannt machen.

Der Äther

Ja, ich weiß, der hochgejubelte Superphysiker Albert Einstein hat gesagt, es gäbe keinen Äther. Aber der hat auch gesagt, die USA bräuchten die Atombombe und sie solle doch baldigst auf Deutschland abgeworfen werden.

Keine Sorge, das wird keine Physik-Vorlesung. Sie brauchen hier nur ein wenig Vorstellungskraft, die wenigen Zahlen, die ich hier aufführe, können Sie relativ einfach nachrechnen. Tabellenkalkulationen dürfen sogar Nicht-Buchhalter benutzen.

Also, stellen Sie sich jetzt einfach einmal nichts vor. Oder anders ausgedrückt: das Nichts. Das ist nicht ganz einfach und außerdem so langweilig, daß aus Ihrer Vorstellung vom Nichts immer wieder etwas erscheint, das Sie dann wieder auslöschen müssen. Das entspricht übrigens der Realität, denn dem physikalischen Nichts ist es ebenso langweilig, deshalb entsteht auch dort ständig etwas und verschwindet wieder. Das nennt man Quantenfluktuation des Vakuums. Der gleichfalls legendäre Physiker Stephen Hawking zerstört damit übrigens schwarze Löcher.

Es ist also „Etwas“ da, sogar im „Nichts“. Stellen Sie sich lieber eine Perlenkette vor, das ist einfacher. Die Kette ist aufgespannt, die Perlen können nach oben und unten schwingen. Wenn Sie jetzt gegen eine Perle schnipsen, fängt die an zu zittern und die Nachbarperlen schwingen mit. Mit ein bißchen Geschick schaffen Sie sogar eine Welle: Sie schnipsen die erste Perle an, die hüpft, läßt die nächste Perle hüpfen und so fort, bis die letzte Perle gehüpft ist und die Kette wieder ruhig daliegt.

Leider wird es jetzt noch komplizierter. Die Perlenkette wird zu einem dreidimensionalen Raumgitter. Sie haben so etwas bestimmt schon einmal im Chemieunterricht gesehen, als Modell eines gewöhnlichen Kochsalz-Kristalls. Im Unterricht ist das Modell starr, doch mein Raumgitter kann schwingen. Jeder Knotenpunkt kann vibrieren und diese Schwingung auf seine Nachbarn übertragen.

Jetzt wird das Ganze klein, richtig klein. Eigentlich noch viel kleiner. In einem einzigen Atom hat eine Billion dieser würfelförmigen Zellen Platz. Oder vielleicht eine Billion Billionen, da will ich mich nicht festlegen. Dieses Raumgitter füllt das gesamte Universum aus und es heißt Äther.

Und jetzt wollen Sie bestimmt wissen, was dieser saublöde, Kopfschmerzen erzeugende Äther mit Bewußtsein zu tun haben mag. Wenn nicht, haben Sie bestimmt schon aufgehört zu lesen.

Ich habe Ihnen jetzt ein äthergefülltes Universum zugemutet, in dem sich erst mal absolut nichts tut. Das heißt, hin und wieder knistert es im Gebälk, da zittert etwas herum und verschwindet wieder. Das sind die oben beschriebenen Quantenfluktuationen. Stephen Hawking wartet übrigens immer noch auf sein erstes, dadurch explodierendes Schwarzes Loch.

Jetzt füge ich eine winzige Menge „Information" hinzu, ganz sparsam. Ich versetze einen einzigen Ätherknoten in Schwingung und diese Schwingung rauscht derart hastig davon, daß ich gar nicht hinterherkomme. Diese winzige Schwingung hört auf den schönen Namen Photon, ein „Lichtteilchen".

Jetzt bin ich ein bißchen großzügiger und lasse ein paar Ätherknoten schwingen. Ich muß die richtige Frequenz treffen, leider gibt es viele solche Frequenzen, ich brauche Glück – und habe mein erstes Elektron. Nach diesem Erfolg bastele ich mir ein Wasserstoffatom... Und ehe ich Sie zu Tode langweile, lasse ich lieber auf Anhieb das Universum entstehen. Fiat... Ach nein, das hat ja schon jemand getan, der viel kompetenter ist als ich. Bis ich ein funktionierendes Universum zusammengepfriemelt habe, ist die Ewigkeit vorbei. Nehmen wir lieber das, was uns Gott schon hingestellt hat.

Ach ja, vielleicht haben Sie einmal gelesen, daß der Äther tausendfach härter sein müßte als Stahl. Deshalb war man ein wenig ratlos, wie sich Planeten durch diesen superstabilen Äther bewegen sollen. Der Äther kann gerne noch viel, viel härter sein, es muß ihn ja nichts und niemand durchdringen. Erinnern Sie sich an die Perlenkette? Die Schwingung wandert, nicht die Kette. Das Photon huscht durch den Äther davon, das Gitter selbst bleibt unbeeindruckt und „eisern" an seinem Ort. Und eine riesige Menge Atome, die einen Planeten bilden, bewegen sich als „Herde" ebenso einfach durch den Äther.

Jetzt wissen Sie auch den Unterschied zwischen 100 Gramm Butter und 100 Gramm Gold: im einen schwingt ein Bach-Choral und im anderen eine Mozart-Sonate. Na ja, nicht direkt, aber es sind die Äther-Schwingungen, die das eine zum Nahrungsmittel und das andere zur Geldanlage werden lassen.

Der Schritt zum Bewußtsein

Wenn Sie aus dem ersten Teil mitgenommen haben, daß ein Elementarteilchen aus einer winzigen Menge Information besteht, die „etwas" ausformt, reicht das. Nehmen Sie zweimal die Information „Wasserstoff" und einmal die Information „Sauerstoff" und schieben die auf dem „Etwas" nahe genug zusammen, dann bildet sich eine „Oberschwingung" namens „Wassermolekül" aus.

Wasser ist ein einfaches Molekül, es gibt welche, die sind viel größer, enthalten also viel mehr dieser Information. Wir brauchen jetzt noch ein Bild, aber diesmal eines, das zum Glück viel weniger abstrakt ist. Stellen Sie sich eine Menge Würfel vor, die jeweils zehn Zentimeter Kantenlänge haben. Wie viele müssen Sie davon übereinander stapeln, bis Sie die Höhe von einem Meter überschreiten? Wenn Sie nicht gerade zu sehr zittern, stellen Sie diese aufeinander. Zehn Würfel sind einen Meter hoch, mit dem elften Würfel überschreiten Sie diese Höhe.

Jetzt bekommen Sie Kugeln, zehn Zentimeter Durchmesser und sollen die stapeln. Wie viele brauchen Sie jetzt? Die Dinger rollen weg, wenn Sie stapeln wollen... Aber es geht. Das haben Sie sicher bereits einmal gesehen, neben alten Kanonen im Museum. Auf einem Dreieck von sechs Kugeln kann man drei Kugeln stapeln, darauf wieder eine in der Spitze. Sie bauen also einen Tetraeder, eine dreieckige Pyramide. Die erste Lage bringt zehn Zentimeter, jede weitere 8,7 Zentimeter (Wurzel drei mal Radius). Sie brauchen zwölf Lagen und 364 Kugeln, um einen Meter hoch zu kommen.

Jetzt stapeln Sie immer mehr Kugeln, um immer weiter in die Höhe zu gelangen. Die Moleküle werden größer, der angehäufte Informationsberg wird immer höher. Wenn der Berg hoch genug wird, entsteht Leben. Schon die primitivste Blaualge besteht aus Trillionen Atomen, die untereinander mehr oder weniger komplizierte Moleküle bilden und als Ganzes schließlich eine Schwelle überschreiten, bei der sie sich selbst organisieren können. Bei einem Meter sei in diesem Beispiel die einfache Blaualge erreicht.

Algen sind primitive Zellen, die einfach nur leben, ohne wie auch immer geartete aktive Handlungen ausführen zu können. Was hier angehäuft wurde, ist nicht mehr bloße Information, aber noch nicht Bewußtsein. Ich möchte es deshalb „Protobewußtsein" nennen. Die erste primitive Zelle hat vermutlich nicht lange überlebt, aber die Bedingungen für das Leben waren günstig, also erschienen immer wieder Zellen, die schließlich „lernten", sich fortzupflanzen. Protobewußtseine bevölkerten die Erde, und wie sich einst die Atome zu Molekülen zusammengeschlossen haben, schlossen sich irgendwann einmal Zellen zu Mehrzellern und schließlich zu Vielzellern zusammen. Noch immer stapeln wir Kugeln, um die Höhe zu erreichen, die Höhe des Bewußtseins, die wir anstreben.

Die ersten Spuren des Lebens sind Milliarden Jahre alt. In diesen Jahrmilliarden experimentierte „die Natur" damit, immer bessere Protobewußtseine zu formen. Es kostete sehr, sehr viel Zeit, bis der Stapel endlich hoch genug war. Zehn Meter bedeuten 116 Lagen, 266.916 Kugeln – und 734 Protobewußtseine. Glauben Sie mir, auch Sie brauchen eine Menge Zeit, bis Sie diesen Haufen Kugeln aufgeschichtet haben.

Und hier passiert ein kleines Wunder: Das Protobewußtsein erhält den göttlichen Funken der schöpferischen Kraft, wird somit zu einer Seele. Wobei es egal ist, ob dieser Funke von außerhalb kommt oder sich als Funktion der Anhäufung von selbst bildet. Im ersten Fall sind die Seelen bislang frei durchs Universum geirrt und haben gehofft, irgendwo einen brauchbaren Körper zu finden; sie waren also vom Anfang der Schöpfung an vorhanden. Im zweiten Fall hat sich der göttliche Funke als Funktion der Materie gebildet, ist demnach evolutionär entstanden.

Darüber mögen sich Philosophen streiten, wichtig ist, daß Gott das Universum so eingerichtet hat, daß diese Seelen entstehen – und daß diese Seelen sich noch viel komplexer entwickeln können.

Evolution

Der göttliche Funke hat etwas bewirkt, was zuvor nicht möglich war: das neu entstandene Bewußtsein überdauert als Seele den körperlichen Tod. Die Protobewußtseine sind immer wieder zerfallen und haben sich neu gebildet, die Seelen hingegen wechselten auf eine Jenseits-Ebene und wurden wieder ins Diesseits abgerufen, um neue Körper zu bevölkern.

An der unteren Grenze bilden sich weitere Seelen aus. Der erste Organismus mit Seele vermehrt sich, folglich gibt es immer mehr Körper, die ein Bewußtsein an sich binden. An der oberen Grenze wachsen die Seelen langsam an. Oh, wir sind bei Tieren, bestenfalls bei Regenwürmern, noch lange nicht bei Menschen. Bis dahin müssen sich die Seelen noch eine Menge Erfahrung anfressen, dick, fett und schwer werden. Außerdem gibt es noch ein paar weitere Grenzen, die überwunden werden müssen, bis ein Mensch entsteht.

Sie wissen bestimmt, daß Sie in Ihren Zellen Gene haben und diese Gene aus DNS bestehen. Was Sie vielleicht nicht wissen ist, daß der größte Teil Ihres Erbgutes aus „Müll“ besteht, aus DNS, die keine Funktion erfüllt und eben nicht jenen Genen angehört. Diese DNS hat sich vor unendlichen Zeiten gebildet, in Sauriern, Amphibien, Fischen, Weichtieren...

Für zehn Millionen Jahren war die Erde von recht merkwürdigen Organismen bewohnt, der Ediacara-Fauna, die nach heutigem Forschungsstand komplett ausgestorben ist. Die Evolution begann neu, auf einem Pfad, der schließlich zu uns geführt hat.

Evolution funktioniert wunderbar in überschaubaren Zeiträumen. Die berühmten Darwin-Finken mit ihren vom Nahrungsangebot abhängigen Schnabelformen sind ein gutes Beispiel. Jedoch konnte sich jeder Vogel immer ernähren, auch wenn sein Schnabel noch viele Verbesserungen erfordert hat. Bei den ersten Lungenfischen geht es jedoch nicht mit Versuch und Irrtum. Das Tierchen benötigt eine Schwimmblase, die als Lunge funktionieren muß, zumindest für eine gewisse Zeit Sauerstoff aufnehmen und den Organismus versorgen kann. 5% Funktion sind 100% Tod, da geht nichts mit Versuch und Irrtum. Nichts überlebt, um sich auf 6% zu verbessern.

Hier kommt die Müll-DNS ins Spiel. Dort ist die Lunge bereits angelegt, eine funktionsfähige Schwimmblase, die den Fisch auf dem Trockenen eine gewisse Zeit überleben läßt. Jetzt brauchen wir nur noch „etwas“, das diesen Müll zu Genen erklärt, zu nutzbaren Genen. Etwas, das es sich leisten kann zu experimentieren. Etwas, das lernt und nicht an seinen Fehlern stirbt.

Ja, das ist das Bewußtsein, die Seele, der schöpferische Funke.

Die Ediacara-Fauna ist nicht „ausgestorben“, sie wurde abgeschaltet. Die Seelen der damaligen Organismen haben experimentiert und schließlich die richtigen Gene aktiviert, für unsere Evolution. Nicht

Darwins Zufall und Auslese haben die Dinosaurier geschaffen, sondern die Seelen dieser Urviecher. Der göttliche Funke in diesen Seelen hat das „Intelligent Design" durchgeführt.

Gott hat das Universum so perfekt geschaffen, daß er nicht eingreifen muß.

Sie dürfen sich die Seele durchaus als Maschinisten vorstellen, der in einer Schaltwarte ohne Bedienungsanleitung sitzt und nach Lust und Laune an den Knöpfchen und Reglern herumspielt, bis er ein brauchbares Steuerkonzept für diese Anlage gefunden hat. Die Seele schaltet nicht planvoll die Schwimmblase auf Lungenfunktion um, sondern „es geschieht" einfach. Und wenn sie Erfolg hat, gibt sie den Kniff an gleichartige Seelen weiter, worauf eine neue Art entsteht. Ganz schnell, ohne Übergangsform, ohne „missing links", binnen eines Jahrhunderts.

Deshalb findet die Paläontologie immer nur Versteinerungen von fertigen, funktionsfähigen Tieren, keine Übergangsformen, keine Beweise für eine allmähliche Evolution durch Versuch, Irrtum und Optimierung.

Der Körper ist die Hardware, die Seele das Betriebssystem, auf dem schließlich das, was wir landläufig als Bewußtsein bezeichnen, als Anwendungsprogramm aufsetzt. Die Seele findet einen Körper vor und schaltet neue DNS-Sektionen frei. In vielen Fällen führt das zu nichts, die Veränderung hat keine Auswirkung oder ist sogar schädlich. In anderen Fällen ist das eine nützliche Weiterentwicklung und wird beibehalten.

Eine etwas dickere Haut bringt einem angehenden Panzerfisch keinerlei Vorteil, deshalb wird er keine Nachkommen mit einer noch dickeren Haut hinterlassen, um sich so nach und nach eine Art Außenskelett zuzulegen, das dann wirklich schützt und Vorteile bietet. Die Anlage zur verknöcherten Außenhaut mußte bereits latent vorhanden sein. Oh, selbstverständlich kann die natürliche radioaktive Strahlung bewirkt haben, daß ein Abschnitt auf der DNS freigeschaltet wurde, indem ein „Nicht Lesen"-Befehl gelöscht wurde. Dann gäbe es einen einzigen Panzerfisch und der muß sich mit Noch-nicht-Panzerfischen erfolgreich fortpflanzen, um eine eigene Art zu begründen. Schaltet jedoch die Seele diese DNS frei, dann kann der Panzerfisch ohne leibliche Nachkommen verschwinden, weil die Seele den Trick außerkörperlich weitergeben kann. Dann entsteht die neue Art, sobald sich mehrere Seelen inkarnieren, weil jede Seele ihren Körper sofort nach Einzug entsprechend renoviert.

Der Schritt zum Menschen

Die Zehn-Zentimeter-Kugel ist ein einzelnes Atom. Wie groß Photonen, Elektronen, Neutronen, Protonen und Quarks in diesem Modell sind, dürfen Sie selbst entscheiden. Physiker haben riesige Herden kleinster Teilchen entdeckt, aber wir wollen ja nach oben. Sorgsam geschichtet, entstehen Moleküle, bei einem Meter Höhe erreichen wir das Proto-Bewußtsein. Bei zehn Metern haben wir das erste Bewußtsein, selbst wenn es nur ein Regenwurm oder eine Stubenfliege ist.

Wo Hunde angesiedelt sind, richtet sich nach der Laune des Besitzers. Hunde mit „der Intelligenz einer halben Möhre“ sind wohl bei 15 Metern angesiedelt, während ganz stolze Hundefrauchen den Schappi-Konsumenten mindestens bei 95 Metern einordnen. Uns interessiert die Grenze von 100 Metern, die Schwelle zum Menschen. Das sind 1.155 Lagen unserer Kugeln, ein Tetraeder von 257.467.210 Kugeln. Das ist 707.328mal die Blaualge oder 955mal der Regenwurm. Nebenbei: die Entwicklung hat sich beschleunigt. Vom Urknall bis zum ersten Proto-Bewußtsein auf der Erde hat es zehn Milliarden Jahre gedauert, vom Proto-Bewußtsein zum beseelten Bewußtsein runde drei Milliarden Jahre, von diesem Bewußtsein zum Menschen 600 Millionen Jahre. Ja, das sind offizielle Zahlen und man kann bestimmt darüber diskutieren, ob die stimmen. Aber dafür gibt es Professoren, die sich über Post von interessierten Laien bestimmt noch viel mehr freuen als ich.

Wenn Sie hoffen, daß Ihr geliebter Dackel Strolchi oder Nymphensittich Hansi im Jenseits auf Sie warten, muß ich Sie leider enttäuschen. Die Tierchen haben sich auf der Erde lange genug Ihre Launen gefallen lassen, im Jenseits sind sie von ihren Menschen befreit. Wenn Sie bei Ihrer ersten Box-Lektion gleich zu Herrn Dr. Klitschko in den Ring steigen, lernen Sie zwar, daß es besser ist, ihren Kopf nicht dahin zu halten, wo gerade eine Faust hinfliegt, aber nicht Boxen. Deshalb ist es viel besser für Strolchi, im Jenseits auf Barry, Rex und Blondi zu treffen, als weiterhin den gehorsamen Hund seines Menschen zu spielen.

Sprechen wir lieber über Sie. Vielleicht waren Sie im letzten Leben Hitlers Schäferhund oder der Elefant, der aus der Schwebebahn in die Wupper gesprungen ist. Und Ihr Bruder ist schon seit 100.000

Jahren Mensch. Na und? Der war vor 600 Millionen Jahren ebenfalls ein Plattwurm, wie Sie. Sie haben halt 600,1 Millionen Jahre gebraucht. Bei einem 100-Meter-Lauf wäre das ein Vorsprung von 17cm, ein „Photofinish“.

Jetzt sind Sie endlich ein Mensch. Was Sie da so selbstverständlich „ich“ nennen, hat mehr Bevölkerung, als 300 unserer Erden Menschen beherbergen. Jede Körperzelle besitzt ein Proto-Bewußtsein, so wie jede Mund- oder Darmbakterie. Sie sind eine wandelnde Masse aus zwei Billionen Einzellern, die sich irgendwie zusammengerauft haben. Manche Quellen sagen, daß einzelne Organe aufgrund ihrer Komplexität das Bewußtsein primitiver Tiere besitzen. Persönlich halte ich das für übertrieben, aber vermutlich beherbergen Sie eine Art Maschinisten, ein Tierbewußtsein, das Ihren Körper steuert. Sie haben in der Magenwand ein „zweites Gehirn“, eine relativ große Zahl von Nervenzellen, die Ihre Verdauung und eine Anzahl vegetativer Funktionen Ihres Körpers steuern. Ihr Gehirn im Kopf hat ungefähr die Größe einer gelben Honigmelone, das Gehirn im Bauch die Größe einer Erdnuß. Mehr hat eine Maus auch nicht im Kopf! Das „Bauchgehirn“ existiert aber nicht am Stück, es ist verteilt, wie ein Klümpchen Butter auf einer Scheibe Brot verstrichen. Ein Bewußtsein, das Mensch werden möchte, kann schon mal als „Maschinist“ üben.

Tiere haben die moralische Wertigkeit 0 (von Primaten in der Nähe der menschlichen Schwelle einmal abgesehen). Sie hingegen können durch Ihre Handlungen Wertigkeiten von -100 bis +100 erlangen. Da ist es doch beruhigend, daß sich ein „Maschinist“ um Ihren Körper kümmert? Ihr Leben mit all den Entscheidungen ist schwer genug. Ehe Sie jetzt schimpfen: der Typ im Maschinenraum hat keinerlei Einfluß auf den Kurs des Schiffes. Das entscheidet der Typ auf der Kommandobrücke, also Sie. Nicht der Maschinist bringt Ihre Oberarme auf durchtrainierte 45 cm, sondern Sie. Der Maschinist schickt bloß genug Eiweiß aus der Nahrung in die Oberarme. Der Maschinist sorgt auch nicht dafür, daß Sie drei Zentner wiegen, der nimmt nur den ganzen Nahrungsüberschuß, den Sie in sich hineinstopfen, und lagert das in die Fettzellen ein.

Sie sind dieses Bewußtsein und Sie haben einen Körper, mit einem Maschinisten und einer Unmenge protobewußter Zellen. Na gut, ganz korrekt ist Ihr Ich-Bewußtsein ein „Auswuchs“ Ihrer Seele, der ihren Erdenkörper steuert und die Entscheidungen trifft. Der Körper bekommt eine Seele geschickt und diese legt sich eine Persönlichkeit zu, im Lauf der Zeit. Diese Persönlichkeit sagt dann „Ich!“ zu Ihnen.

Jedenfalls, Sie sind ein Mensch und damit die Spitze der bekannten Evolutionspyramide. Sie tragen in sich den göttlichen Funken und besitzen sogar Schöpfungsmacht, auch wenn Sie sich dessen nicht bewußt sind. Es war eine sehr, sehr lange Reise bis hierher. Und doch, die Arbeit beginnt erst. Das Kugelnstapeln ist noch lange nicht zu Ende. Mit 100 Metern sind Sie gerade auf Machtstufe 0.

Über die menschliche Ebene hinaus

In dem von mir benutzten Bild erfolgt der nächste Schritt bei 1.000 Metern. Da brauchen Sie 11.547 Lagen unserer bewährten Kugeln – und 255.666.431.174 Kugeln. Da müssen Sie stapeln, stapeln, stapeln... Da haben Sie eine Menge zu tun. Was dann kommt, kann ich Ihnen nicht sagen. Das heißt, ein klein wenig andeuten möchte ich es doch: Sie werden sich Ihrer früheren Leben bewußt, haben Schöpfungsmacht auch im Diesseits und können frei zwischen Diesseits und Jenseits wechseln. Sie brauchen keinen Körper mehr und auch keinen Maschinisten. In lächerlichen 50 Millionen Jahren haben Sie es geschafft!

Abschließend möchte ich etwas erwähnen, wofür ich keine Belege habe. Ich habe bisher immer von wohlgeordneten Tetraedern gesprochen, von sorgfältig aufgeschichteten Kugeln, um in höhere Ebenen des Bewußtseins vorzudringen. Es gibt dazu eine Alternative, den ungeordneten Haufen. In einer Sanddüne ist nichts geordnet, da wird einfach Sand hingeschüttet und es gibt einen Hügel. Die „Düne“ erfordert 100mal mehr Kugeln, oder 1000mal mehr, aber das ist egal. Wenn wir genügend davon haben, erreichen wir schließlich die 10, 100 oder 1000 Meter für Bewußtsein, Mensch und Gott-Mensch.

Solche „Schütt-Bewußtseine“ brauchen weitaus größere Körper als die „geschichteten Bewußtseine“, die ich vorher geschildert habe. Es gibt kein Argument, das gegen die Existenz dieser Schütt-Bewußtseine spricht. So riesige Körper leben in anderen Zeithorizonten, da sind tausend Jahre nur ein Tag oder nur eine Sekunde nach unseren Maßstäben. Wir würden die Lebensäußerungen eines solchen Bewußtseins gar nicht erkennen.

Ein solches Schütt-Bewußtsein wäre zum Beispiel die Erde. Womöglich sind Wind-, Wasser- und Magmaströmungen nur Denk- oder Stoffwechselvorgänge der Erde. Andere Planeten besäßen ebenfalls Bewußtseine und natürlich auch die Sonne. Das ganze Universum wäre belebt, ohne daß wir es merken. Lebensäußerungen, die Jahrzehntausende benötigen, dauern viel zu lange, um sie in unserem kurzen Menschenleben überhaupt zu bemerken. Sie können stundenlang auf eine Wiese starren, ohne das Gras wachsen zu sehen. Kommen Sie jedoch in einem Monat wieder vorbei, glauben Sie es bestimmt.

Es kann sein, daß das ganze Universum belebt ist, jeder Planet, jede Sonne, es muß aber nicht. Wir sind noch viel zu klein, um das zu erkennen.

Das Potential des Menschen

Die menschliche Seele entwickelt sich in mindestens drei Dimensionen parallel. Die eine ist die Dimension des Lichts, mit den Extremen Gut und Böse. Hier kann sich der Mensch ziemlich frei entscheiden, in welcher Richtung er sich entwickeln möchte. Die zweite ist die Dimension der Einsicht, des Verständnisses, der Weisheit. Hier findet eine ständige Weiterentwicklung statt. Die dritte Dimension ist die Schöpfungsmacht, die vor allem im Jenseits offenbar wird.

Einsicht und Schöpfungsmacht entwickeln sich recht gleichartig, denn Schöpfungsmacht erlaubt Einsicht und Einsicht erlaubt Schöpfungsmacht. Deshalb fasse ich beide Dimensionen zu einer zusammen, die ich als „Machtstufe“ kategorisiere.

Die Machtstufen

Stufe 0

Eine Seele tritt mit dieser Machtstufe in die menschliche Entwicklung ein. Für die Seele ist alles neu, sie besitzt im Jenseits keinerlei Schöpfungsmacht. Die Seele gelangt mit der Gestalt ins Jenseits, mit der sie die Erde verlassen hat. Gustav Meier wird auch im Jenseits Gustav Meier sein, zwar gesund und rüstig, aber durchaus wie ein Achtzigjähriger aussehend. Und Kevin Müller, der als Siebenjähriger überfahren wurde, irrt als Siebenjähriger durch das Jenseits, wenn sich niemand seiner annimmt.

Für die Seelen ist das Jenseits ein seltsamer, völlig fremder Ort. Zu ihrem Glück gelangt die Mehrzahl dieser Seelen nach Eleulorien, wo ihr das Leben halbwegs vertraut ist, sie sich also verhalten kann wie auf der Erde. Seelen, die das Glück haben, sogleich auf die Inseln der Seligen zu gelangen, erhalten mehr Fürsorge und Hilfe und können leichter die nächste Stufe erreichen.

Übel sieht es für jene Seelen aus, welche die dunkle Seite gewählt haben. Diese Seelen erleben unvorbereitet eine wirkliche Hölle, aus der sie nur mit der Hilfe der Helfer aus den Lichtebenen erlöst werden können. Die Erde ist kein Ausweg, weil sie dort ins gleiche Umfeld gelangen. Diesen Seelen fehlt der Vergleich mit den helleren Ebenen, das durch eigene Anschauung erworbene Wissen, daß es auch anders, viel einfacher und besser geht.

Zum Glück sind junge Seelen so lebenshungrig, daß sie nur in extremen Ausnahmen Selbstmord begehen und damit praktisch nie im Schwarzen Reich landen. Im Schwarzen Reich nützen Machtstufen ohnehin nichts, es steht außerhalb der Schöpfungsmacht, hier kann sich niemand einrichten.

Seelen mit Machtstufe 0 drängt es ins nächste Leben, sie verweilen nicht lange im Jenseits. Höchstens eine globale Katastrophe, welche die Menschheit dezimiert und damit die Möglichkeiten zur Inkarnation stark beschränkt, zwingt solche Seelen, sich länger im Jenseits aufzuhalten. Der schnelle Wechsel der Daseinsebenen verhilft den Seelen innerhalb weniger hundert Jahren zur nächsthöheren Machtstufe.

Dank der Bevölkerungsexplosion der letzten zweihundert Jahre stellt diese Gruppe rund 45% der Seelen im Jenseits. Isaac Treuman gehört in diese Gruppe, aber auch Hans Meier.

Stufe 1

Die Seele besitzt nach etwa zehn Inkarnationen genügend Macht, um ihre Gestalt im Jenseits aus verschiedenen Inkarnationen zu wählen. Warum als Elfriede Schmidt im Jenseits leben, wenn man statt dessen als Auguste Gräfin von Waldeck-Zeubelsdorf existieren könnte? Und warum als Neunzigjährige, wenn man 23 sein könnte?

Doch mit der Wahlfreiheit wachsen auch die Gefahren. Frau Schmidt würde bescheiden leben, irgendwo in der Entsprechung von Düsseldorf im Land Eleulorien als Sekretärin arbeiten. Die dünkelhafte Gräfin hingegen gelangt tatsächlich in ein Schloß, irgendwo in der Wüste von Eburack.

Die Stufe 1 hat nur eine begrenzte Schöpfungsmacht. Ein Bauer wird bemerken, daß seine Felder im Jenseits fruchtbarer sind, ein Handwerker, daß ihm die Arbeit leichter von der Hand geht. Die ersten Menschen mußten sich die Einsicht in die Gesetze der jenseitigen Welt mühsam erarbeiten, heute genügt es, einen Lehrer zu finden. Lehrer und Helfer finden sich jedoch leichter auf den Lichtebenen, in den dunklen Reichen sind Unwissende erst einmal die Opfer der Stärkeren.

Langsam wachsen die Erfahrung und die Schöpfungsmacht. Langsam wird den Seelen bewußt, daß sie das Jenseits gestalten können. Wenn Geschirr sich verändert, ein Stuhl zur Bank wird, nach den Wünschen der Seele, löst das zuerst Erstaunen aus. Unter der Anleitung eines Lehrers wird der Schüler verantwortungsvoll experimentieren, ohne Lehrer folgt eine Phase des „Größenwahns". Nicht wahr, Sie wollten doch schon immer mal von goldenen Tellern essen? Und die Mona Lisa an die Wand hängen? Im Lauf der Machtstufe 1 erlernt die Seele, sich diese Dinge zu erschaffen.

Allerdings gibt es Beharrungskräfte. Aus einem Ein-Zimmer-Apartment wird trotz aller Schöpfungskraft kein Kaiserpalast, wenn alle anderen Bewohner des Hauses dort ein Ein-Zimmer-Apartment erwarten. Eine höhere Machtstufe vermag sich über die Wünsche Anderer hinwegzusetzen, doch das geschieht nur in den dunklen Ebenen, als Folge des persönlichen Machtstrebens.

Um den Umgang mit dieser Fähigkeit zu erlernen, wird die Seele schließlich einen Ort der Einsamkeit aufsuchen, an der ihre Schöpfungen sich nicht mit den Schöpfungen Anderer stören. Zu diesem Zweck gibt es die Ausbildungsebenen.

Die Seele wird jetzt länger im Jenseits verweilen, zum einen, um die eigenen Fähigkeiten auszubilden, zum anderen, weil sie ihre Inkarnationen sorgfältiger auswählt, nach dem Lernziel und den Umständen, die jene Seele vorzufinden wünscht.

Mit 35% Anteil ist das die zweitstärkste Gruppe der Seelen im Jenseits. Semor Ethirion stand am Anfang der Machtstufe 1, deshalb akzeptierte er die persönlichen Veränderungen bei Belon Saret und Monar Argos. Klara Manning ist eine fortgeschrittene Seele der Machtstufe 1.

Stufe 2

Diese Macht wird nach 40 bis 50 Inkarnationen erreicht, nach etwa 10.000 Jahren der menschlichen Existenz. Im Jenseits werden diese Seelen ehrfurchtsvoll „die Alten" genannt. Diese Seelen besitzen Macht im Jenseits, sie sind nicht an die Gestalt einer Inkarnation gebunden. Wer sonst als Volker Beck mit seinen Freunden im Stefanus-Kloster des Himmlischen Eonatas lebt, kann bei Bedarf losziehen, um als Pia Juliana vor ihre Tochter zu treten, um sie aus einer Dunkelzone zu erretten – um danach als Amun-Afra in die Sonnenstadt aufzusteigen.

Diese Machtstufe erlaubt es der Seele, Missionen in die untersten Dunkelzonen zu unternehmen. In den oberen Dunkelzonen bleiben sie im Hintergrund, beschützen weniger erfahrene Seelen bei ihrer

Mission. Sie bleiben immer in „Rufweite", wobei hier nicht ein akustischer, sondern ein geistiger Ruf gemeint ist.

Es sind die Alten, welche neue Städte in Eleulorien anlegen, welche die Tempel im Himmlischen Eonata leiten und die Akademien in der Sonnenstadt. Aber sie sind auch die grausamen Herren der Dunkelebenen, die Fürsten in der Finsternis, die Diktatoren und Unterdrücker. Die Alten leiten die kleinen Tempel des Vaters der Sonne auf den Dunkelebenen, erhalten sie, schirmen und beschützen sie.

Diese Seelen arbeiten nicht mehr mit den Händen, sondern mit ihrem Geist. Sie erschaffen ihre Nahrung, wenn sie zu essen wünschen, doch sie sind auf Nahrung nicht angewiesen. Sie können innerhalb einer Ebene mittels Gedanken reisen, führen also ein angenehmes Leben im Jenseits, wenn sie es wünschen.

Den grauen Schleier brauchen diese Seelen auf niedrigen Ebenen. Innerhalb ihrer angestammten Ebene können sie Bereiche aufsuchen, die um bis zu fünf Punkte über oder unter ihrer eigenen Wertigkeit liegen, allerdings fühlen sie sich dort nicht richtig wohl. Womöglich kennen Sie das Gefühl, an einem hellen Sommertag ohne Sonnenbrille unterwegs zu sein oder einen warmen Pullover zu tragen – so geht es jenen Seelen im Bereich höherer Wertigkeit. In Bereichen niedrigerer Wertigkeit fühlen Sie sich wie derjenige, der im schwarzen Anzug zu einer Strandparty geht: zwar willkommen, aber nicht wirklich zugehörig.

Die Grenzen zwischen den Ebenen können selbst Seelen dieser Machtstufe noch nicht selbständig überwinden. Die Missionszüge des Himmlischen Eonata oder die Expeditionen der Sonnenstadt benötigen mindestens einen Führer der Machtstufe 3.

Die Schamanen der primitiven Völker und die religiösen Führer aller Bekenntnisse sind fast immer Seelen der Machtstufe 2 oder höher. (Ausnahmen kommen vor, wenn z.B. ein weltlicher Monarch einen ihm willfährigen Papst ins Amt gehievt hat.) Okkulte Fähigkeiten, von Magie bis Hellsehen, beherrschen auf der Erde nur die Inkarnationen solcher Seelen. Jeder kann lernen, ein Horoskop zu errechnen und die einzelnen Komponenten aufzählen, die er darin findet, aber nur zur gereiften Seele wird das Horoskop „sprechen", sich als intuitives Gesamtbild erschließen, statt als Sammelsurium sich widersprechender Einzelheiten.

Die Alten stellen etwa 15% der Seelen im Jenseits. Der Tempelritter, der Mathias Gruber begleitet hat, gehört zu dieser Gruppe.

Stufe 3

Nach etwa 100 Inkarnationen und etwa 20.000 Jahren erreicht die Seele die Machtstufe 3 und gehört damit zu den „Uralten". Diese Seelen können nicht nur jede Gestalt ihrer eigenen Inkarnationen annehmen, sie können sogar als völlig andere Menschen auftreten. Allerdings erfährt die andere Seele sofort, wenn ihre Gestalt angenommen wird, und selbst eine Seele der Machtstufe 0 kann über alle Ebenen hinweg die andere Seele aus ihrer Gestalt treiben. Auf niederen Ebenen zwingen die Machthaber jedoch ihre Untergebenen, das zuzulassen, um so in fremder Gestalt Untaten zu verüben, die anschließend auf ihren Untergebenen zurückfallen.

Seelen dieser Machtstufe haben die Ebene von Eleulorien immer wieder erweitert, sie mit den anderen neutralen Zonen zu einem einzigen, zusammenhängenden Gebiet vereinigt. Machtstufe 1 kann ihre Einrichtung verschönern, Machtstufe 2 ein Haus und einen Park gestalten, Machtstufe 3 hingegen eine Stadt gründen und einen Landstrich verändern.

Natürlich ist diese Macht schon in den Dämmerzonen mit dem Gefühl der Verantwortung verbunden und dadurch eingeschränkt. Womöglich würde ein Höllenfürst aus dem Tiefdunkel ein ganzes Bauerndorf in Eleulorien im Handumdrehen in eine Wüste verwandeln, aber diese Seele gelangt nicht dorthin. Eine machtvolle Seele von Eleulorien hingegen läßt diese Bauern in Ruhe und schafft sich die begehrte alpine Bergeinsamkeit mit Gletscherpanorama an einem Ort, wo diese niemanden stört.

Die Uralten können die Grenzen zwischen den Ebenen überschreiten und für andere Seelen diesen Durchgang nach unten öffnen. Allerdings führt dieser Weg nur nach unten und wieder auf die eigene Ebene zurück, nie weiter nach oben. Einen weit geöffneten Durchgang nach oben können nur Seelen benutzen, die nach dort oben gehören.

Die Rückkehr auf die eigene Ebene kann jede Seele durch einen einfachen Willensakt bewältigen, egal wie unerfahren sie sein mag. Es ist deshalb nicht möglich, eine Seele gegen ihren Willen auf einer der unteren Ebenen einzukerkern. Jeder Missionsreisende kann sich folglich jederzeit retten.

Seelen dieser Machtstufe hätten zwar auf der Erde ein „Messias-Potential" (im Sinne eines „von Gott gesandten Erretters", nicht als neuer Jesus Christus), doch zumeist treten sie bescheiden und unauffällig auf. Nach so vielen Inkarnationen sind die Seelen abgeklärt, sie haben die Ambitionen nach herausragenden Stellungen überwunden. Wer bereits Prokonsul der römischen Provinz Hispanien gewesen war, den verlockt es nicht, Kreisrat von Nordoosterstedt zu werden.

In drohenden Krisenzeiten inkarnieren solche Seelen jedoch verstärkt, um anderen Menschen helfen zu können, diese Krise zu bewältigen. Das sind dann die Mütter, die, während ihr Mann in Kriegsgefangenschaft sitzt, nicht nur fünf Kinder durchbringen und anständig erziehen, sondern auch noch für die kranken Schwiegereltern sorgen und einen großen Bauernhof bewirtschaften. Deren ungeheure Leistungen finden keine Erwähnung in den Geschichtsbüchern, während ehrpusselige junge Seelen sich als „Staatsmänner" darin verewigen.

Wenn in solchen Situationen bislang unbedeutende Menschen über sich selbst hinauswachsen und unbeirrbar von allen Anfechtungen auch noch dem Leitstern von Güte und Barmherzigkeit folgen, dann ist das ziemlich sicher eine inkarnierte Seele der dritten Machtstufe.

Doch auch dunkle Seelen können diese Macht erlangen. Die großen Verbrecherkönige, ob in der kriminellen „Unterwelt" oder in den Regierungen, sind solche Seelen, die ihre dunkle Macht auf der Erde ausleben wollen. Wo die Geschichte von Blut trieft, wo unversöhnliche Rache waltet, wo unmäßige Forderungen unerbittlich eingetrieben werden, da sind sie am Werk, ob persönlich oder durch ihre ausgeschickten Handlanger, sie ziehen die Fäden.

Etwa 5% der Seelen gehören dieser Machtstufe an. Belon Saret und Monar Argos gehörten bereits zu den erfahrenen Seelen dieser Machtstufe.

Stufe 4

Nach mindestens 150 Inkarnationen und 30.000 Jahren gelangt eine Seele auf die vierte Machtstufe. Sie werden im Jenseits als „die Ersten" bezeichnet, Seelen aus einer Zeit, in der die Menschheit eine kleine, bedrohte Spezies gewesen ist. Seelen dieser Stufe besitzen die Fähigkeit, das Aussehen anderer Seelen zu verändern, ihnen also die Gestalt einer anderen Inkarnation aufzuzwingen.

Eine solche Seele kann die blutjunge und bildhübsche Gräfin von Waldeck-Zeubelsdorf in die Gestalt der alten, kränkelnden Elfriede Schmidt zwingen, um ihr vorzuführen, welche Kette sie in der Wüste von Eburack festgeschmiedet hat und ihr den Aufstieg ins friedlichere Eleulorien versagt.

Diese Seelen können eine neue Ebene schaffen, jedoch nur innerhalb einer vorgegebenen Wertigkeit. Wendor Etos und Alpis Telpor, die für die Gefallenen der großen Schlacht die Ebene von Eleulorien errichtet haben, waren Seelen der Machtstufe 4 mit diesen Fähigkeiten.

Die vierte Machtstufe kann nach allem, was bekannt ist, nur in den höheren Lichtebenen erlangt werden. Diese Seelen sind die Ordnungshüter im Jenseits, die Ebenen zerteilen, wenn sie den Anforderungen der Bewohner nicht mehr genügen. Beim Aufstieg des Grünen Landes haben solche Seelen andere Ebenen abgetrennt. Alles, was sich oberhalb des Sommerlandes befindet, war einst Teil des Grünen Landes. Ebenso haben diese Seelen die Dunkelebenen abgeteilt, damit das absinkende Tiefdunkel nicht jene mitreißt, die nicht wirklich in die Hölle gehören.

Die Ersten halten sich zumeist bedeckt, was ihre Fähigkeiten angeht. Immerhin ist bekannt, daß sie sich für eine begrenzte Zeit ohne Schleier und damit unerkannt auf niedrigeren Ebenen aufhalten können. Die meisten von ihnen leben jenseits des Sommerlandes, außerdem sollen alle Bewohner des Grünen Landes der Machtstufe 4 angehören.

Ihre Zahl ist insgesamt so gering, daß die meisten Seelen noch nie eine der Machtstufe 4 getroffen haben. Diese Seelen inkarnieren nur selten und verhalten sich zumeist wie Lichtseelen der Machtstufe 3. Allerdings geht unter Eingeweihten das Gerücht um, daß die Ersten derzeit eine Reinigung der Erde vorbereiten, um aus der Strafkolonie wieder einen lebenswerten Ort zu machen.

Ihr Anteil unter den Seelen wird auf höchstens ein Promille geschätzt.

Stufe 5

Die Universitäten der Sonnenstadt und der Stab des Admirals im Kaiserpalast des Himmlischen Eonatas gehen davon aus, daß den Seelen eine Machtstufe 5 offen steht. Danach wäre das Grüne Land ebenfalls nur eine Ausbildungsebene, so wie das Elyisum. Doch bislang wurde nirgendwo von einem Auftreten einer Seele der Stufe 5 berichtet.

Die Gelehrten der Sonnenstadt haben sich auf folgende Eigenschaften geeinigt, die eine Seele dieser Stufe besitzen soll:

- Unerkannter dauerhafter Aufenthalt auf allen Ebenen des Jenseits möglich
- Auftreten in jeder beliebigen Gestalt, ohne daß deren Besitzer sie austreiben kann
- Umfassende Schöpfungsmacht, womöglich auch auf der Erde
- Fähigkeit, eine Seele zu reinigen und/oder sie auf eine höhere Machtstufe zu heben
- Absolut freie Bewegung im gesamten Bereich des Jenseits
- Wohnsitz jenseits des Grünen Landes

„Stufe 6"

Die Forscher bezeichnen das als den Endpunkt der menschlichen Entwicklung, eine Seele mit gottgleichen Fähigkeiten, die nach Belieben zwischen Diesseits und Jenseits wechseln kann, überall die umfassende Schöpferkraft besitzt und nicht mehr auf einen Körper angewiesen ist.

Diese Seele soll nur „eine kurze Zeit" auf der Erdenebene verweilen können (was nach menschlichen Maßstäben durchaus Jahrtausende sein können) und sich dann entweder mit dem Schöpfer in einer Art Nirwana vereinigen oder in den nächsten Ausbildungsabschnitt in einer der Erdensphäre / dem Universum übergeordneten Sphäre beginnen.

Die Machtstufe 6 ist nur eine Arbeitshypothese. Bis jetzt ist noch nicht einmal die Existenz der Machtstufe 5 nachgewiesen.

Die Dimension des Lichts

Die Polarität läßt sich ganz einfach beschreiben, aber trotzdem schwer begreifen. Es ist der Weg von Ich zum Du, von der Egozentrik zur Verantwortung für das Ganze – wobei dieses Ganze die Schöpfung, ja das gesamte Universum umfaßt.

Wenn „Ich" und „Du" Hunger haben, wirklich richtigen Hunger, und es ist nur eine einzige Wurstsemmel (ein Wurstbrötchen) vorhanden, wer bekommt die? Ich! ruft das Ego beider Kontrahenten. Nur bin „Ich“ ein drei Zentner schwerer Tourist aus Europa, der in drei Stunden über das Hotelbuffet herfallen wird, während „Du“ ein fast verhungertes afrikanisches Kind ist, das aller Wahrscheinlichkeit die nächsten Tage nichts anderes bekommen wird.

Richtig, das ist ein konstruiertes Beispiel. Während ein Tier (außerhalb der Brutpflege) nur „Ich Hunger – ich (fr)essen“ denkt, kann der Mensch die Konsequenzen seines Handelns erkennen. Deshalb ist hier Schuld und Sühne möglich. Wobei Schuld wiederum die Kenntnis voraussetzt. Wenn „Ich“ im Touristenbus nicht weiß, daß das Kind, an dem ich vorbeichauffiert werde, kurz vor dem Verhungern ist, kann ich beruhigt meinen Imbiß verzehren.

In die dunklen Ebenen führen Handlungen, die auch nur einen Mitmenschen ausbeuten, ihm schaden, ihm etwas wegnehmen. Wer seinem Nächsten den gerechten Lohn verweigert, wer ihn durch Zinsen ausplündert, wer bewußt nicht berechtigte Forderungen stellt, arbeitet sich in die niederen Ebenen vor, auch wenn er nicht mordet oder verstümmelt.

Zentral ist immer das Gesetz: **„Was Du nicht willst, daß man Dir tu, das füg auch keinem Andern zu.“** Jeder Verstoß gegen dieses Gesetz bringt den „Sünder“ weiter auf die dunkle Seite, in die niederen Ebenen des Jenseits. Mögen Rache und Vergeltung noch so gerechtfertigt sein, sie verstoßen gegen das Gesetz und führen nach unten. Es ist Notwehr, wenn ich einen Mann erschieße, der meine Mutter vergewaltigen will, jedoch Rache, wenn ich ausziehe, um den Täter nach erfolgter Tat zu jagen und zu töten.

Das Gesetz bringt uns in die Neutralität, aber nicht ins Licht. Der Weg dorthin führt über das Vergeben und die Barmherzigkeit. **„Behandele den Anderen, so wie Du möchtest, daß Du behandelt wirst“**, ist die erste Erweiterung dieses Gesetzes.

Verzeihen ist der erste Schritt. **„Liebet eure Feinde“** ist der zweite. Nicht der Haß führt ins Licht, sondern nur die Liebe. Nicht Gerechtigkeit, sondern Vergebung ist der Schlüssel.

Eine Lichtseele ist im Jenseits nicht allein dadurch mächtiger als eine Dunkelseele. Allerdings empfängt eine Lichtseele Hilfe durch Gleichgesinnte, während die Dunkelseele sich der Rivalen erwehren muß. Auch Dunkelseelen arbeiten zusammen, doch eher in Form eines paranoiden Wolfsrudels, das von der Beute abläßt und über die eigenen Artgenossen herfällt, wenn diese eine Schwäche zeigen. (Richtige Wölfe tun das selbstverständlich nicht.)

PS. Verzeihen bedeutet jedoch nicht Wehrlosigkeit. Wer mir heute zehn Euro abpreßt, dem kann ich das verzeihen, aber wer mir jeden Tag zehn Euro abpreßt, der muß damit rechnen, daß ich schließlich einen Knüppel mitbringe. Das Verzeihen allein genügt nicht, ich muß dafür sorgen, daß der Erpresser aufhört zu sündigen.

Die Erde

Das große Durcheinander

Die Erde ist der Bezugsplanet aller Seelen aus dem Jenseits. Wer als Mensch und was als höherentwickelter Organismus auf der Erde lebt, gelangt ins Jenseits der solaren Ebene. Es ist schlicht und einfach die räumliche Nähe, die dafür sorgt, daß die Erde und das Jenseits miteinander korrespondieren.

Das Jenseits ist nicht auf unser Sonnensystem beschränkt, es gibt Wege hinaus, zu den Sternen. Oder besser, es muß sie geben, denn hier schweigen sich die Totenbücher aus. Die Esoteriker, die gerne von diesseitigen, aber feinstofflichen Planeten im Sonnensystem reden, sprechen auch gerne von reger Reisetätigkeit, ja von Inkarnations-Touristen, die eine Geburt auf unserem Planeten wie eine Luxus-Kreuzfahrt gebucht haben. Und sollten Sie unsere Ecke des Universums satt haben, siedeln Sie eben um. Das galaktische Reisebüro finden Sie in... Oh... zu dumm, das habe ich vergessen. Vielleicht kann Ihnen der Bischof von Bielefeld weiterhelfen, also der von Bielefeld in Eleulorien.

Wenn das Reisebüro allerdings auf Wertigkeit +101 liegt, Sie also nur über das Grüne Land dahin kommen, haben Sie viel Zeit, über das Reiseziel nachzudenken.

Ja, die Wertigkeiten... Tierische, instinktgesteuerte Seelen sind fast vollständig neutral eingestuft. Wenn männliche Löwen ein Rudel übernehmen, bringen sie fast immer den vom Vorgänger gezeugten Nachwuchs um. Was für Menschen ein Verbrechen gegen die geistigen Gesetze wäre, gehört für diese Tiere zum normalen Verhaltensrepertoire und fließt deshalb nicht in eine Wertigkeit ein.

Menschliche Seelen hingegen haben eine Wertigkeit. Die Mehrzahl gehört zwar in den neutralen Bereich, doch es ist alles zwischen engelsgleich und teuflisch möglich. Während die „Engel" im Jenseits genauso unter sich sind wie die „Teufel", treffen die Extreme und alle Zwischenstufen auf der Erde direkt aufeinander. In der jenseitigen Umgebung weiß jeder, zu welcher Gruppe er gehört. Auf der Erde hingegen hält sich fast jeder für „gut" und „edel", selbst wenn seine Mitmenschen ihn als Verbrecher einstufen.

In einer prosperierenden Gesellschaft, wie sie im Deutschland zur Wirtschaftswunderzeit bestanden hat, war es relativ einfach, moralische Werte zu leben. Es ging allen Menschen fortwährend besser und wer heute zu kurz gekommen ist, hatte morgen eine neue Chance. Natürlich gab es auch damals Gewalttaten und andere Verbrechen, aber niemand brauchte „seine Seele zu verkaufen“, um im Leben und in der Gesellschaft voranzukommen.

Solche Wachstumsphasen entwickeln sich exponentiell, deshalb enden sie nach einiger Zeit. Die Ölkrisen 1973 und 1980 zeigten die Grenzen des Wachstums auf. In einer durchmischten Bevölkerung, in der alle Wertigkeiten vorhanden sind, führt das zu einer Prosperität Einzelner auf Kosten der Anderen. Die Ellbogenartisten kommen voran, womöglich sogar besser als zuvor, der Großteil der Menschen bleibt auf seinem Niveau und einige stürzen ab.

Schließlich setzen die besten Ellbogenartisten noch Rasierklingen ein, um sich von ihresgleichen abzuheben und noch weiter voranzukommen. In einer Konkurrenzsituation haben die ruchlosesten Charaktere einen Anfangsvorteil. Wer zuerst und überraschend zuschlägt, landet praktisch immer einen Treffer. Dies gelingt aber nur, solange sich die Anderen nicht darauf einstellen.

Sie erkennen die Spielregeln des Gefangenen-Dilemmas?

Anders ausgedrückt: Ein Teufel in einer Gruppe von Engel erzielt große Anfangserfolge, aber er katapultiert sich dabei aus der Gruppe. Eine Gruppe Teufel erleidet den größten Schaden, da alle ständig gegeneinander arbeiten, während eine Gruppe Engel insgesamt die besten Ergebnisse erzielt.

Die Erde bietet durch die große Zahl der Menschen eine weitere, besonders üble Variante: Haben ein paar „Teufel“ eine gewisse Macht erlangt, können sie sich eine Hilfstruppe aus „Dämonen“ zulegen, die den umgebenden „Neutralen“ und „Engeln“ vorspielen, zu ihnen zu gehören und selbst Opfer zu sein.

In der einfachsten Variante hat der „Boß“ eine Schlägertruppe um sich versammelt, welche für ihn die Mehrzahl des Stammes unterdrückt. Die Figuren im Spiel können auch „König“, „Ritter“ und „Leibeigene“ heißen. In der modernen Variante steht einer Gruppe, die selbst im Hintergrund bleibt, eine größere Anzahl unterschiedlicher Hilfstruppen zur Verfügung. Die volle Kontrolle ist erreicht, wenn alle relevanten Parteien durchgehend infiltriert sind, ein Medienkartell ausschließlich die Propaganda der wahren Machthaber verbreitet und eine willfährige Truppe aus Justiz und Polizei die Gesetze der Mächtigen durchsetzt.

Für diese Gruppe habe ich auf meiner Internetseite den Begriff „Gruppe Luzifer“ verwendet. Diese Gruppe besteht aus Gleichartigen, weil nur Seelen der gleichen Wertigkeit in dieser Gruppe inkarnieren. Die Gruppe Luzifer gleicht dem mythologischen Teufel, weil sie jene, die sich für sie prostituieren, mit Macht und Geld verführen kann. Wer sich auf das System einläßt, wird durch dieses System korrumpiert und auf die Wertigkeit des Systems herabgezogen. Er verkauft wortwörtlich sein Seelenheil gegen Macht und Geld, steigt in seiner Wertigkeit immer mehr ab – und kann so in einem künftigen Leben auf der Erde in die Ränge der Auserwählten inkarnieren. Wobei es zu den großen Ironien des Universums gehört, daß ausgerechnet die Materialisten den Umweg über das Jenseits und eine Inkarnation benötigen, um an die begehrte Spitze der irdischen Macht zu gelangen.

Die Verheißung an die gefallenen Seelen wird leider nicht erfüllt, weil es zu wenige Anführer gibt. Die Gruppe Luzifer ist zu klein für Abertausende von Anwärtern. Die Oberteufel können den Vertrag folglich gar nicht erfüllen, selbst wenn sie es wollten.

Zur vollständigen Ausbeutung der Neutralen und der Engel benötigen die Teufel aus dem untersten Kreis der Hölle verläßliche Dämonen, die aus dem fünften oder sechsten Kreis stammen. Im Jenseits sind die Teufel gegenüber dem Guten machtlos und unter sich, auf der Erde ist es ihnen möglich, die Spitze der Gesellschaft zu übernehmen und den Rest der Menschheit in Sklaverei oder wenigstens Zinsknechtschaft zu halten.

Natürlich handeln die Teufel auf der Erde nicht „teuflisch“, sondern „zum Besten der Menschheit“. Diese Selbsttäuschung über die eigenen Handlungen gehört ebenfalls zur irdischen Existenz. „An ihren Früchten werdet Ihr sie erkennen“ – daran sollten Sie messen. Wird das Leben der Menschen besser und besser, führen die Engel, verschlechtert es sich jedoch für die Mehrzahl der Menschen fortwährend, sind es die Teufel. Daran ändert nichts, daß es einigen Auserwählten, die durch die Propaganda vorgezeigt werden, immer besser geht. Der Maßstab sind die 100.000 Arbeiter eines Konzerns, nicht die zehn Mitglieder des Vorstands.

Der Katastrophen-Zyklus

Eine egozentrierte Führung, mit Hilfskräften, die dieser Führung wortwörtlich, aber nicht bewußt die eigene Seele verkauft haben, führt die Menschheit in die nächste Katastrophe. Jegliches exponentielles Wachstum zerstört schließlich die Lebensgrundlagen der Population.

Der Mensch möchte Erfolge sehen, und diese Erfolge bedeuten Wachstum. Erfolg wirkt wie jede andere Droge: die erforderliche Dosis muß immer weiter erhöht werden. Reichten letztes Jahr zwei Prozent Gehaltszulage noch zur Motivation, sollten es dieses Jahr mindestens drei Prozent sein. Damit steigt der Ressourcenverbrauch exponentiell an. In einer frühen Stufe reichen die Ressourcen für alle, doch diese Phase trifft zu schnell auf die Grenzen des Wachstums. Folglich wird das Wachstum auf immer weniger Leute begrenzt, die jedoch ein weitaus stärkeres Wachstum erleben, als die große Mehrheit der Menschen zuvor.

Dieses Verfahren stößt jedoch auf zwei Probleme: Zum einen werden nach und nach sogar die Hilfskräfte ausgegrenzt, weil ein weiteres Wachstum für sie die Ressourcen zu schnell verbraucht. Damit schwindet zugleich die Kontrolle über die Mehrheit. Zum anderen stößt das exponentielle Wachstum sogar dann an eine Grenze, wenn es nur noch eine einzige Person betrifft.

Das Ergebnis ist eine Katastrophe, eine Revolution, ein Zusammenbruch. Bislang betrafen diese Katastrophen nur kleinere Teile der Menschheit, in Form von zusammenbrechenden Imperien. In der heutigen globalisierten Welt wird die Katastrophe weltweit stattfinden.

Die Katastrophe trifft vor allem jene Menschen mit niedriger Wertigkeit. Orwells „Schweine“ (aus „Animal Farm“), die gleicher sind als die anderen Tiere, stehen plötzlich gegen ihre eigenen rebellierenden Hilfstruppen. Da werden ungeliebte Führer gerne von hinten erschossen und Politiker an Laternenpfähle gehängt. Wer bislang auf Kosten der Anderen gelebt hat, wird von deren Solidarität ausgeschlossen und verliert damit die wichtigste Unterstützung, die er zum Überleben der akuten Krise benötigt.

Nach einer Katastrophe erfordert der Wiederaufbau eine enge Zusammenarbeit. Damit lockt die Erde verstärkt gute Seelen zur Inkarnation, da für böse Seelen das Umfeld nicht mehr vorhanden ist, in das sie sonst hineingeboren werden. Damit versammelt sich in dieser Phase eine bessere Menschheit für ein goldenes Zeitalter. Durch die zuvor erfolgte Ausdünnung der Population gibt es wieder genug Ressourcen für alle.

Je später die Menschheit ihrem Expansionsdrang folgt, desto länger dauert das goldene Zeitalter. Eine gereifte Menschheit aus „Engeln“ wird das Wachstum freiwillig begrenzen, eine längere Phase der Stabilität herbeiführen. In dieser Zeit „liegt der Teufel in Ketten“, weil es für negative Seelen keine Inkarnationsmöglichkeiten gibt. Dafür können positive Seelen sich verstärkt fortentwickeln.

Die goldenen Zeitalter dauern leider nicht ewig. Die Inkarnationsmöglichkeiten für negative Seelen nehmen wieder zu, sobald einige Menschen vom rechten Weg abweichen. Irgendwann kommen die ersten Ellbogenartisten zum Vorschein, die inmitten einer arglosen Gesellschaft leichtes Spiel haben.

Der Zerfall der Gesellschaft wird natürlich nicht nur von Menschen herbeigeführt. Der Ausbruch eines Supervulkans oder der Einschlag eines Himmelskörpers verknappen die Ressourcen durch ein äußeres Ereignis. Die Population lebt schlagartig über ihre Verhältnisse und bricht zusammen, mit den zuvor geschilderten Folgen, denn auch hierbei sterben in der Krise verstärkt die Ruchlosen, während „die Sanftmütigen die Erde erben“, durch ihre Zusammenarbeit und gegenseitige Hilfe.

Erziehungsanstalt

Das Durcheinander auf der Erde, die gleichzeitige Gegenwart einer großen Bandbreite von Wertigkeiten, erlaubt den Menschen einen direkten Vergleich und damit die Entscheidung, welche Werte für ihn gelten sollen. Jeder Mensch hat permanent die Wahl zwischen Gut und Böse. Er hat zudem jederzeit die Möglichkeit, auf seinem Weg umzukehren.

Die Erde bietet die Möglichkeit, sich weitaus schneller zu entwikkeln als im Jenseits. Ein Fortschritt, der im Jenseits Jahrhunderte dauert, ist auf der Erde in Tagen möglich. Das Leben auf der Erde konfrontiert jeden Menschen ständig mit Entscheidungen, die das Leben in die eine oder andere Richtung lenken. Außerdem treten in jedem Leben hin und wieder einschneidende Ereignisse ein, die einen Menschen zum Nachdenken veranlassen.

Sie leben auf der Erde, weil Sie selbst hier leben wollten. Sie sind hier, weil Sie sich entwickeln wollen, also dazulernen. Da wir Menschen so gerne in Zahlen denken: Im Jenseits befinden Sie sich in einer Art Kindergarten, bei dem die Lektionen ganz langsam vermittelt werden, also Lerntempo eins. Falls Sie eine Dimension haben wollen: Eine Wertigkeit pro Generation, also ±1 in 25 Jahren.

Oh, Sie können auf der Erde Spaß haben, also gar nichts lernen, das ist Ihre Entscheidung. Die meisten Seelen besuchen auf der Erde die Grundschule, also Lerntempo zwei. Das wären ±5 in einem durchschnittlichen Leben von 75 Jahre, wenn Sie also konsequent sind, genügen zwei Leben, um von Eleulorien auf die Inseln der Seligen zu wechseln.

Sie können sich aber auch fürs Gymnasium entscheiden, mit Lerntempo fünf – oder gar für die Universität mit Lerntempo zehn. In der Grundschule sind es (mit Hausaufgaben) 30 Stunden lockerer Unterricht pro Woche. Im Gymnasium 45 Stunden Arbeit und Konzentration, die Universität fordert 100 Stunden Mühe, Forschung und Experimentieren – Ihnen bleibt kaum Zeit zum Schlafen.

Manche Leben laufen ab, wie man es der Berufslaufbahn eines Beamten unterstellt: in jungen Jahren anfangen, langsam und stetig aufsteigen, schließlich die Pensionierung ohne jegliche berufliche Risiken – eben einfach und Grundschule. Andere haben einen abwechslungsreichen Lebenslauf: drei Jahre hier, fünf Jahre dort, aber nie wirklich oben und nie wirklich in der Gosse. Das ist ein „gymnasiales" Leben. Und es gibt Leute, die kämpfen müssen. Mal scheint es unaufhörlich aufwärts zu gehen, dann steht man plötzlich in den Trümmern der eigenen Existenz. Ja, auf der Universität wird es schwer, gut abzuschließen.

Aber Sie wollten das so! Nicht nur Sie – auch ich! Ich habe mir das Leben ausgesucht, mich förmlich darum geprügelt, um diese große, einmalige Chance. Wer mit den wirklich großen Jungs spielen will, spielt auf eigenes Risiko. Ein Schiff, das immer im Hafen bleibt, riskiert keinen Sturm, doch es wird schließlich auf der Reede verrotten und zerfallen. Wer andere Städte sehen möchte, muß sich zumindest in den Küstenverkehr wagen. Doch die wirkliche Bewährung wartet auf hoher See. Dort kann das Schiff untergehen, aber nur dort erreicht es fremde Länder und unbekannte Kontinente.

Im Jenseits zählt nicht Ihr irdischer Besitz. Es zählt auch nicht, daß Sie 386.471 Buchungsvorgänge zwischen Antritt Ihrer Lehre und dem Ruhestand vorgenommen haben, mit der geringsten Fehlerquote Ihrer ganzen Abteilung. Es zählt, was Sie gelernt haben. Nicht Ihr Schulzeugnis zählt, nicht Doktor- oder Professorentitel. Ihre wirkliche Schule heißt nicht Salem oder Eaton, nicht LMU oder Harvard, Ihre wahre Schule ist das Leben selbst.

Wie hast Du gelebt, mein Freund? Wie hast Du gehandelt? Wie hast Du Deinen Nächsten behandelt? Das werden Sie beim Seelengericht gefragt.

Warum läßt Gott uns gewähren?

Oder läßt er das nicht? Schmeißt er gelegentlich mit Steinen, um das sündige Atlantis von der Erde zu tilgen? Greift er zur Gießkanne für eine kleine Sintflut? Oder hat er sich ein spezielles Volk ausgewählt, um es in allen Lagen und trotz aller Verfehlungen unentwegt zu begünstigen?

Die Antwort ist: Nein. Gott hat so perfekt gearbeitet, daß er nicht eingreifen muß. Ein selbstregelndes System benötigt keine Eingriffe von außen.

Das, was Sie Ihr Bewußtsein nennen, ist nur die Spitze des Eisbergs. Der unbewußte Teil Ihrer Person ist wesentlich größer. Um ein Bild zu benutzen: Das Leben auf der Erde findet in einer flachen Pfütze statt, in welche Sie mit einem Halbschuh hineintreten. Der „Schuh" symbolisiert Ihren Körper, Ihre irdische Hülle. Der Strumpf ist die Persönlichkeit, jener Gustav Bauer, der Sie zu sein glauben. Im Strumpf steckt ein Fuß, das untere Ende Ihres tatsächlichen Körpers, Ihrer Seele. Der Schuh wird irgendwann einmal alt und abgenutzt sein, der Strumpf löchrig, dann wird beides ausgezogen und durch Neues ersetzt. Der Fuß und der Körper hingegen bleiben und verändern sich. Sie wollen schließlich nicht Ihren Schuh trainieren, sondern Ihren Körper, das, was bleibt, egal, wie viele Schuhe und Strümpfe Sie verschleißen.

Im Jenseits besitzt Ihre Seele die volle Schöpfungsmacht. Alles, was Sie dort umgibt, können Sie beeinflussen. Das ist auf der Erde ebenfalls möglich, bloß nicht so unmittelbar wie im Jenseits. Auf der Erde ist ja nur Ihr Fuß, der keine Augen besitzt und dessen Fühlen durch den Schuh abgestumpft ist. Obendrein glauben Sie der Strumpf wäre die Gesamtheit, ohne zu ahnen, daß Fuß und Schuh ein Eigenleben haben.

Es ist aber der Kopf, der bestimmt, wohin sich der Fuß bewegt, der für den Strumpf scheinbar unerreichbar ferne Kopf. Der Kopf empfängt alle diese Signale – und er reagiert darauf. Der Kopf bewegt den Fuß, bringt Sie in jene Situationen, die Sie sich „gewünscht" haben. Ihr Unterbewußtsein „erschafft" Ihre Lebensumstände. Sie wollten Ihren Fuß in die Grundschule setzen, ins Gymnasium oder in die Universität. Jetzt sind Sie dort – und müssen handeln, die Lektionen lernen und entscheiden.

Weihnachten 2004 sind über 300.000 Menschen bei einer Tsunami umgekommen. War das ein Unglück, eine Katastrophe? Sicher – zugleich waren es jedoch nur 300.000 „abgelegte Schuhe", denn eine Seele kann nicht sterben. Zahlreiche Touristen sind dorthin geflogen, um dort zu „sterben". Zahlreiche Einwohner sind „zufällig" in sichere Gegenden gefahren, um zu „überleben".

Warum wohl? Die Toten haben ihre Aufgabe auf der Erde erfüllt, deswegen wurden sie abberufen. Der „Kopf" sieht, wenn der liebe Gott mit Steinen schmeißt – und setzt den Fuß gezielt dorthin, wo der Stein trifft – oder eben nicht.

Jetzt müssen Sie noch einmal einen schwer verdaulichen Gedanken nachvollziehen: Ihr handelnder Wille steckt nicht im Kopf, sondern im Fuß. Ihr „Kopf" bestimmt, wo er den Fuß hinsetzt, aber der Fuß „entscheidet", ob er rasch und richtig genug reagiert, um einen festen Stand zu finden oder ausgleitet und den arroganten Kopf auf die Nase fallen läßt.

Gut, der Vergleich hinkt ein wenig, es sollte deutlicher werden, wenn wir Ihre Seele „Animus" nennen.

Animus wünscht eine Inkarnation, die gemäß der Wertigkeit und den Wünschen von Animus ausgewählt wird. Es entsteht Gustav Meier, eben Sie. Stellen Sie sich einfach einmal vor, Animus sei Ihr reicher Vater, der in Amerika lebt, zur Zeit der Segelschiffe. Wenn Sie etwas von ihm brauchen, müssen Sie schreiben und auf Antwort warten. Das dauert leicht ein Vierteljahr, bis die Antwort eintrifft.

Deshalb hat Gustav das Kommando. Animus braucht viel Zeit, bis er eine Situation erschaffen kann, die Gustav haben möchte. Aber schließlich paßt alles und Gustav steht dort, wo er hinwollte.

Tja, Gustav, jetzt müssen Sie entscheiden. Sie haben ein paar Minuten, kein Vierteljahr, um auf Animus zu warten. SIE entscheiden. JETZT! Animus kann nur reagieren. Ehe Ihr „Vater in Übersee" davon erfährt, sind Sie längst verheiratet, haben das Haus gekauft oder sich zur Armee gemeldet.

Nicht Gott steuert, sondern SIE. Animus besitzt eine Million Dollar, die er für Sie aufbewahrt. Das soll die Wertigkeit symbolisieren, mit der Sie ins Leben getreten sind. Setzen Sie sich an den Spieltisch und vergeuden 300.000 Dollar, wird Animus diese von Ihrem Vermögen nehmen und Ihre Schulden begleichen. Arbeiten Sie fleißig und verdienen 100.000 Dollar dazu, wird Animus diese entgegen nehmen und für Sie aufbewahren.

Was passiert, wenn eine „Reinigung“ durchgeführt wird? Animus will doch böse sein, wieso soll er Sie sterben lassen? Wieso verhindert er die Reinigung nicht? Er – und seine vielen Kollegen, die sich auf der bösen Erde so komfortabel eingerichtet haben? Ist es dann nicht doch der liebe Gott, der eingreift?

Nicht einmal dann hat er das nötig. Animus erkennt die Grenzen vor Ihnen, vor Gustav. Er weiß, daß es so nicht mehr weitergehen wird. Animus ist Milliarden Jahre alt und unsterblich. Gustavs wenige Jährchen haben eingebracht, was sie einbringen sollten, also wird Gustav nicht mehr gebraucht. Wenn die Erde 10.000 Jahre keine Entwicklungsmöglichkeiten für Animus bietet, nimmt er das hin. Ihm steht die Ewigkeit zur Verfügung.

Die Macht des Gebets

Wenn Gott nicht eingreift, warum dann zu ihm beten?

Im Gebet richten Sie Ihre Gedanken aus. Sie akzeptieren damit die höhere Macht, Sie akzeptieren die Existenz eines Schöpfers, der möchte, daß Sie zu ihm kommen. Sie schöpfen Kraft aus dem Gebet – und Sie schicken damit Animus einen Brief. Animus ist Ihr Schutzengel, Ihr Über-Ich, Ihr höheres Selbst – es gibt viele Namen dafür.

Animus wird Sie schließlich in eine andere Umgebung bringen, wenn Sie Ihre selbstgewählte Lektion gelernt haben. Um noch einmal ein Bild zu benutzen: Sie bekommen einen Scheck von der Bank Gottes, unterschrieben **ppa Animus**.

Damit hat Gott eingegriffen, er hat Sie erhört und Ihnen geholfen. Dazu mußte er keinen Finger rühren, denn er hat sein Universum perfekt gestaltet.

Kompliziert? Ja, aber nur, wenn Sie die Gustav-Perspektive verlassen. Wenn Gustav nicht an Gott glauben will oder keine Lust hat, zu ihm zu beten, ist das Gustavs Entscheidung. Gott kann damit leben. Und wenn Gustav betet und erhört wird, ist es doch egal, ob der Chef selbst unterschreibt oder nur der Prokurist, solange der Scheck anstandslos ausbezahlt wird.

Sie entscheiden, Gott akzeptiert.

Macht auf Erden

Eher kommt ein Kamel durch ein Nadelöhr, als ein Reicher in den Himmel...

Das steht so in der Bibel und ist also schon allein deswegen wahr. Nur, leider, ist die Bibel kein quantenmechanisches Lehrbuch. In der Quantenphysik gibt es den Tunneleffekt, wodurch Teilchen auch dorthin gelangen, wo sie eigentlich gar nicht sein dürften. Wobei der Reiche natürlich nur ein Sinnbild ist, denn Reichtum und Macht bedingen einander fast immer.

Als einfacher Bahnhofsvorsteher wäre Josef Stalin vermutlich kein so übler Bursche geworden, wie als Generalissimus der Sowjetunion. Zumindest wären ihm keine Morde und Verurteilungen zu Zwangsarbeit möglich gewesen, auch wenn ihn alle seine Mitarbeiter als Tyrannen empfunden hätten.

Beginnen wir auf der untersten Stufe der Macht, im Sandkasten. Wer da die anderen Kinder verprügelt, hat eine gewisse Macht. Er hat die Macht, diesen Kindern die Spielsachen wegzunehmen und sie zu zwingen, einen lebenden Regenwurm zu verschlucken. Er muß es nicht tun, aber er hat diese Macht. Das Gegenstück ist der Schwächste im Sandkasten, der niemanden verhauen kann. Aber ist der Bursche wirklich friedliebend? Fragen Sie doch mal seinen Wellensittich – oder seine kleine Schwester.

Macht erlaubt es, seine Launen auszuleben, fehlende Macht verhindert es. Solange ich die Faust in meiner Hosentasche balle, habe ich niemanden geschlagen. Aber das heißt noch lange nicht, daß ich es nicht tun würde, wenn ich es ungestraft tun könnte.

Genau das ist das Problem der Macht. Das ist auch der Grund, warum Macht korrumpiert. Es ist ja nur eine Eintrittskarte zu den Wagner-Festspielen, die ich meinem Freund dank meiner Beziehungen verschaffe. Das macht doch jeder, auf die eine oder andere Art.

Das mag ja alles sein – aber ein Kunstliebhaber wartet zehn Jahre darauf, bis er endlich, nach vielen Anfragen und Bestellungen, das begehrte Stück in Händen hat.

Die Korruption durch die Macht beginnt im Kleinen, ganz unscheinbar. Der Freund vom Spieß wird nicht zum UvD am Wochenende eingeteilt, hat keine Bereitschaft über Pfingsten. Der Freund vom Oberbürgermeister erfährt rechtzeitig von neuen Bauvorhaben der Stadt. Der Freund vom Kulturstaatsminister bekommt auch für ein schwaches Buch einen Literaturpreis. Machtmißbrauch ist nicht an den Namen Stalin gebunden, er hat zudem nur selten etwas mit Straflagern oder Todesurteilen zu tun.

Machtmißbrauch ist auch, wenn aus einer gerechtfertigten Entschädigung der Wunsch nach unbegrenzter Wiedergutmachung erwächst, neben der Ausplünderung der Täter zusätzlich die der Kinder und Enkel der Täter. Geraubtes Gut zurückzuerhalten ist eines, aber dafür Zinsen und Zinseszinsen zu fordern, ist Wucher.

Macht wird sogar auf der untersten, scheinbar machtlosen Ebene ausgeübt. Mobbing im Büro gegenüber Gleichgestellten ist ebenfalls ein Machtmißbrauch.

Die Folgen

Das unpersönliche „Wie Du mir, so ich Dir“ beschreibt die Folgen am besten. Machtmißbrauch verschafft EIN angenehmes Leben, doch die Folgen werden auf den Täter fallen. Er kommt eben nicht „in den Himmel“, sondern in eine Umgebung, in der er das erlebt, was er verübt hat. Das passiert nicht als Strafe, sondern als Entsprechung. Er trifft nicht auf kleine, rote, fledermausbefügelte Teufelchen, die unablässig mit Dreizacks auf ihn einstechen, sondern auf eine Umgebung, in der jeder versucht, Macht über den Anderen zu erlangen und diese Macht brutal auszuüben.

Dort kann jeder einmal gewinnen, zeitweise derjenige sein, der alle anderen kujoniert. Doch es ist nicht auf Dauer. Heute Stalin, morgen Trotzki. Auf der Erde kann „der große Fisch“ entscheiden, ob er als Weißer Hai die anderen auffrißt oder als Walhai von Plankton leben möchte. Danach kommt er ins Haifischbecken, wo jeder nur auf die Schwäche des Anderen wartet, um über ihn herzufallen, oder er lebt als friedlicher Karpfen unter friedlichen Karpfen.

Das nächste Leben reduziert den vormaligen Hai zum kleinen Piranha, der im Schwarm mit anderen Piranhas jagt, in einem von Alligatoren verseuchten Gewässer. Die Vorteile der Macht hat er einmal erlangt, weil er in der falschen Umgebung gewesen war. Jetzt ist er in der richtigen, die seinem Wesen angemessen ist.

Gute Macht

Jeder kann seine Macht im Guten wie im Bösen einsetzen. Wer den Versuchungen der Macht nicht erliegt, kann für seinen Machtbereich viel erreichen. Es ist jedoch schwer, den Verlockungen zu widerstehen. Das Schicksal ist zum Glück keine gnadenlose Vollstreckungsmaschine, das bei der kleinsten Verfehlung die ewige Verdammnis auf den Sünder herabbeschwört.

Die besagte Eintrittskarte außer der Reihe zu vermitteln ist ein Fehler, doch kein wirklich gravierender. Wenn ich meine eigene Karte einem interessierten Freund überlasse, ist es zudem läßlicher, als wenn ich sie einem Dritten wegnehme. Kaum jemand wird es schaffen, immer 100% gerecht und gut zu sein. Wer aus seinen Fehlern lernt und sie nicht wiederholt, wird vielleicht 70% erreichen. Wir sind keine Engel, sondern fehlbare Menschen.

„Wer stetig strebend sich bemüht, den können wir erlösen!“

Die Perfektion muß nicht erreicht, aber konsequent angestrebt werden. Denken Sie einfach darüber nach, mit wem Sie die nächsten 500 Jahre verbringen wollen. Mit Josef Stalin oder Albert Schweitzer? Treffen Sie eine Entscheidung und handeln Sie danach. Sie erfüllen damit nicht Gottes Willen, sondern tun sich selbst einen Gefallen. Womöglich den größten, den Sie sich je erweisen können.

Wie Du bist, so wird Dir geschehen!

Das ist die Regel des Karmas, die auch für die Macht gilt. Was interessiert Sie Ihr Geschwätz von gestern, wenn Sie das Richtige erkannt haben, und ab sofort konsequent verfolgen? „Gehe hin und sündige nicht mehr“, steht in der Bibel. Versündigen Sie sich nicht mehr an sich selbst, dann erreichen Sie Ihr Ziel.

Ab morgen rauche ich nicht mehr gilt nicht. Morgen ist niemals, denn es gibt jeden Tag ein neues Morgen. Ab JETZT rauche ich nicht mehr, ab SOFORT werde ich mich bessern, ich werde meine Macht NIE MEHR mißbrauchen – so sehen die richtigen Vorsätze aus.

Halten Sie das durch? Es wäre in Ihrem Interesse. Niemand kommt mit dem Knüppel vorbei und wird Sie motivieren. Das müssen Sie selbst tun. Und Sie müssen es wollen. Denn leichter kommt ein Kamel durch ein Nadelöhr als ein Mächtiger in den Himmel – doch es gibt die Quantentunnel. Es ist möglich.

Sie entscheiden! Sie haben die Macht dazu!

Eiserne und goldene Zeitalter

In den indischen Weisheitslehren gibt es das goldene, silberne, bronzene und eiserne Zeitalter. Die tragen alle geheimnisvolle Sanskrit-Namen und dauern 4x, 3x, 2x und 1x432.000 Jahre. Und ja, wir stecken im bösen Kali-Yuga, dem eisernen oder auch schwarzen Zeitalter, das zum Glück das kürzeste ist, aber leider gerade erst begonnen hat. Darüber gibt es faszinierende Literatur und wenn Sie mehr über indische Philosophie wissen wollen, sollten Sie sich das eine oder andere Buch darüber kaufen.

In der westlichen Esoterik spricht man von astrologischen Zeitaltern. Da gibt es den „Frühlingspunkt", an dem die Sonne zum astronomischen Frühlingsanfang steht, also bei der Frühjahrs-Tag-und-Nacht-Gleiche. Zwischen Astronomie (Wissenschaft) und Astrologie (Esoterik, gern auch „Aberglaube") gibt es dank der schnöden Physik eine gewisse Differenz. Die Astrologie hat ihren Tierkreis fest in den Himmel gehämmert, jedes Zeichen nimmt dort exakt 30° des Kreises ein. Die Astronomie schaut sich den Himmel direkt an und stellt fest, daß in diesen Tierkreis eventuell doch 13 Zeichen hineingehören (das zusätzliche heißt „Ophiochus" oder „Schlangenträger"), außerdem sind die Zeichen unterschiedlich groß. Und weil die Erdachse ein wenig eiert („Präzession") liegt der astrologische Frühlingspunkt von 0° Widder jetzt irgendwo am Ende des Zeichens Fische.

Keine Sorge, wir sind gleich wieder im Jenseits. Die paar Jahre (etwa 2.160), in denen der Frühlingspunkt durch das Zeichen Fische voranschreitet, bezeichnen die Esoteriker als „Fische-Zeitalter". In diesem sind die Menschen hauptsächlich damit beschäftigt, sich wegen Glaubensfragen die Köpfe einzuschlagen, deshalb ist es – ja, ein dunkles Zeitalter. Je nach Quelle ist dieses Fische-Zeitalter irgendwann zwischen 1950 und 2150 zu Ende und dann kommt das viel bessere „Wassermann-Zeitalter", im Kolonial-Deutsch auch „Age of Aquarius" genannt.

Der Wassermann verheißt geistigen Aufbruch, Toleranz, Freiheit – ist also viel besser als die alt gewordenen Fische und deshalb – eben, ein goldenes Zeitalter. Weil der Maya-Kalender (die untergegangene Kultur aus Südamerika, also Indianer statt Inder) am 21.12.2012 endet, also für die Mayas ein neuer Zyklus und damit ein neues Zeitalter anbricht, ist das ein guter Tag, um das Wassermann-Zeitalter anzufangen.

Was uns bevorsteht

Schauen wir uns die Geschehnisse auf der Erde an und extrapolieren wir ein wenig, kommen wir zu gewissen Prognosen. Extrapolationen haben einen eingebauten Fehler, weil sie keine Störereignisse enthalten können. So hat jemand so um 1850 extrapoliert, daß bei gleichbleibendem Einsatz von Pferdedroschken die Straßen im 20. Jahrhundert metertief im Pferdemist versinken müßten. Statt dessen versinken sie heute metertief in den Blechlawinen des Automobilverkehrs.

Ich habe längere Zeit gebraucht, um eine befriedigende und widerspruchsfreie Antwort auf die Frage zu den Zeitaltern und deren Ablauf zu finden. Betrachten wir die Entwicklung seit dem Jahr 1900, so stellen wir fest, daß die Situation auf dieser Welt immer schlimmer geworden ist. Krieg reiht sich an Krieg, die beiden größten nennen wir Weltkriege. Massenmord reiht sich an Massenmord. Selbst die modernen Errungenschaften, wie Technik und Globalisierung, führen zur Umweltzerstörung und Massenelend. Nichts ist mehr sicher, alle fallen übereinander her, schieben, betrügen, beuten aus und korrumpieren.

Aber das Menetekel steht schon an der Wand. Nach den meisten Schauungen von Sehern steht uns das „große Abräumen“ bevor, bei dem je nach Quelle ein Drittel, zwei Drittel oder gar 90 Prozent der Menschheit sterben werden. Uns erwartet ein Atomkrieg, der Einschlag eines Asteroiden, der Ausbruch eines Supervulkans, eine Polverschiebung – oder alles zusammen. Sie können sich vorbereiten, Ihre Überlebenschancen verbessern, aber es gibt keine Garantie, daß Sie die nächsten zehn Jahre überleben. Für niemanden.

Was Seher und Propheten vorhersagen, muß niemand glauben. Bisher hat kein Seher, Astro- oder Nummerologe auch nur die Lottozahlen richtig getippt. Aber niemand braucht seherische Gaben, um festzustellen, daß wir auf einen größeren Umbruch zusteuern, uns also eine Zeitenwende bevorsteht.

Die Zukunft der Strafkolonie

Salopp gesagt, leben wir in einer Zeit, in der es immer nur auf die Schnauze gibt. Die Politik hat in den letzten 30 Jahren kein einziges Problem wirklich gelöst, sondern immer nur noch schlechtere Lösungen gebastelt. 1990 hatten wir die Chance auf eine bessere Welt, als der eiserne Vorhang gefallen war. Der alte Gegensatz, der kalte

Krieg, der jederzeit weltvernichtend ausbrechen konnte, war beendet. Statt dessen kamen immer neue Kriege und die Globalisierung, der totale Wirtschaftskrieg aller gegen alle.

Wer die Welt betrachtet, bekommt das Gefühl, daß hier der Entwurf Satans verwirklicht wird und nur die Skrupellosen unter den Harten bestehen und immer mehr Macht und Geld anhäufen. Doch nicht einmal Macht und Geld sichern das Überleben. Geld ist heute nur noch bedrucktes Papier, ein virtueller Wert, der vor dem Kollaps steht. Und Macht ist ebenso flüchtig. Die USA unter ihrem kriegslüsternen Präsidenten sind übermächtig, können jeden Gegner mühelos besiegen, doch der US-Marine vor Ort, der Exponent der siegreichen Weltmacht, ist schwach, verletzlich, ein Todeskandidat.

Sie arbeiten für eine florierende, profitable Weltfirma – aber wissen Sie wirklich, daß Ihr Kollege im Nachbarbüro nicht schon an einem Konzept arbeitet, das Ihren Arbeitsplatz kosten wird? Oder daß 10.000 km entfernt ein Konsortium von „Heuschrecken“ gerade plant, Ihre Firma zu übernehmen? Was tun Sie, wenn Sie durch solche Ereignisse, auf die Sie keinerlei Einfluß haben, plötzlich arbeitslos werden, mit der Hypothek auf Ihrem Eigenheim? Werden Sie wirklich noch gebraucht oder stehen Sie dann unnütz auf der Straße? Selbst 200.000 Euro Jahresgehalt schützen nicht vor Hartz IV.

Für Sie ist es egal, ob das Messer, das jetzt zwischen Ihren Rippen steckt, von der Hand eines unzufriedenen Migranten geführt wurde, von einem ewiggestrigen Rechtsradikalen, einem frustrierten Jugendlichen oder einem linksprogressiven Volldemokraten. Messer ist Messer, egal aus welch hochstehenden Motiven es Ihnen in den Leib gerammt wurde. Die Erde gleicht immer mehr einem Gefängnishof, in dem die Wachen wegschauen, wenn die Gefangenen ihre Konflikte mit Gewalt austragen. Jede Chance auf Frieden und Verbesserung der Zustände wird vereitelt, geradezu naturgesetzlich kommt es immer zum schlechtestmöglichen Ausgang.

Warum?

Im Vergleich zum Jahr 1900 hat sich die Weltbevölkerung mit 6,6 Milliarden Menschen mehr als verdreifacht. Es ist, als hätte das Jenseits den Seelen Betriebsurlaub gegeben, alles auf die Erde entlassen, das irgendwie zur Erde gelangen konnte. Oder als würde das Jenseits Seelen wegen kleinster Verfehlungen in die Strafkolonie Erde schikken.

Die Wahrheit liegt in der Mitte. Die Seelen prügeln sich förmlich, um auf die Erde zu gelangen, auf die Welt des entfesselten Satans. Sie kommen hierher, zum großen Abräumen. Sie wollen hierher, sie wollen die allerschlimmste Phase miterleben. Auch SIE! Sie haben sich entschieden, die Hölle auf dieser Erde zu durchleben. Sie wollten in dieses 21. Jahrhundert, in die Höllenperiode der Menschheit. Sie haben Karten gekauft, um die Apokalypse auf guten Plätzen mitzuerleben.

Sie sind hier, weil das Ihre größte Chance ist. Sie sind hier, um in Ihrem tiefsten Inneren erschüttert zu werden. Sie sind hier, um aus der eingeschliffenen Bahn geworfen zu werden, um Ihre Fehler zu erleben und daraus zu lernen. Sie sind ein Teil der Hölle, Sie sind hier, um sich als Teufel zu erleben – für die Chance, ein Engel zu werden.

Bewährung und Revision

Vor dem Seelengericht zählen nur Einsicht, ehrliche Reue und Umkehr. Entwickelte Seelen können durchaus aus eigener Kraft zur Einsicht gelangen, doch es ist leichter, aus der Situation heraus zu lernen, wenn man mit den eigenen Fehlern konfrontiert wird. ***Per aspera ad astra***, nannten das die Römer, durch den Sumpf der eigenen Schlechtigkeit zur Höhe des eigenen seelischen Fortschritts.

Die Hölle hat Freigang, deshalb ist diese Welt so geworden, wie sie heute ist. Ob Sie aus der „Hölle“ stammen, kann Ihnen niemand sagen. Aber Sie selbst können sich tagtäglich dafür entscheiden, nach den Regeln der Hölle zu spielen, oder umzukehren und aufzusteigen. Sie sind hier, um zu lernen. Sie haben sich die Höllenlektion auf dieser heutigen Erde selbst ausgesucht.

Betrachten Sie die Apokalypse als einen Gnadenakt! Sie braten nicht 10.000 Jahre in der Hölle, Sie sitzen nicht 80 Jahre in einem Leben voller Leid und Schrecken fest, sondern nach gerade einmal 30 Jahren irdischen Schreckens kommt die Atombombe und erlöst Sie aus der Strafkolonie. Womöglich bringen Sie drei Tage schmerzerfüllter Agonie weiter, als 30 normale Leben. Ihr Fall wird wieder aufgerollt, und Sie haben die besten Chancen auf Begnadigung – auf eine Begnadigung, die Sie sich selbst verdient haben.

Verzweifeln Sie nicht und halten Sie durch, selbst wenn ein bitteres Ende droht. Nur wer lebt, kann sich entwickeln und seine Probleme lösen!

Genau dafür sind Sie auf die Erde gekommen. Ja, Sie! Sie haben diese jetzige Hölle gewählt, um sich zu bewähren. Das ist Ihre große Chance! Bewähren Sie sich – es ist in Ihrem Interesse!

Das eiserne Zeitalter

Sie kennen inzwischen die Ebenen des Jenseits'. Die Bewohner der Lichtebenen haben sich zurückgezogen, sie wollen nicht im Endkampf dieses Zeitalters hinabgezogen werden, in Tiefen, denen sie längst entstiegen sind. Dagegen ist dieses Zeitalter die beste Chance der Seelen aus den Dunkelebenen, sich entscheidend zu bessern. Deshalb leben derzeit sehr viele Seelen aus den unteren Ebenen hier auf der Erde.

Es sind Seelen, die wissen, wie man dem Mitmenschen auf die sprichwörtliche Schnauze haut – und dies auch bereitwillig tun. Diese Seelen haben aus der Erde jene Strafkolonie gemacht, als die sie uns heute erscheint. Deshalb gibt es heute so viele Täter, denen es gut geht und die von ihresgleichen oben gehalten werden, und so viele Opfer, die auf keinen grünen Zweig kommen.

Der Aufstieg ist eine Chance, für Täter und für Opfer. In den Opfern wächst der Abscheu, nicht vor den Tätern selbst, sondern vor deren Taten. Und die Täter erleben die Strafe für ihre Taten direkt auf der Erde, im Verlauf der Reinigung. Eine bessere Gelegenheit zu Einsicht und Umkehr werden sie in den nächsten Jahrtausenden nicht vorfinden.

Damit ein eisernes Zeitalter apokalyptisch enden kann, muß zunächst einmal das Gute, Reine, Schöne zurückgedrängt und nach Möglichkeit in den Schmutz gezogen werden. Die Kräfte des Guten, wenn sie zu stark würden, verhindern den Zusammenbruch, rauben also den bösen Seelen die Möglichkeit zur Umkehr und zur Besserung. Dies ist jedoch nur der Hintergrund, der sich höchstens dem Einsichtigen erschließt, vordergründig kämpft das Böse um die Macht, mit allen Mitteln. Mit diesem Hintergrund wird jedoch verständlich, wieso Gott das Böse gewähren läßt, anstatt das Gute zu schützen und das Verfahren abzukürzen.

Es gab einmal ein Volk, bei dem der Fremde als Gast willkommen war. Wenn jemand in einer Gastwirtschaft saß und sich stundenlang am letzten Schluck Bier in seinem Glas festhielt, kam der Kellner und stellte ein frisches Glas auf den Tisch, spendiert von einem völlig unbekannten Menschen, der dem Empfänger freundlich zunickte und zuprostete.

Kein Bauer in diesem Land verschloß einem Wanderer seine Scheune, oft genug lud er ihn am nächsten Morgen noch zum Frühstück ein. Der Fremde wurde an den Tisch gebeten und sollte einfach nur ein wenig erzählen, zur gegenseitigen Unterhaltung. Die Menschen nahmen Rücksicht aufeinander, Diebstahl und andere Verbrechen waren die große Ausnahme.

In diesem Land blühten Wissenschaft und Kultur, Bücher und Zeitungen erfreuten sich großer Beliebtheit, das freie Wort wurde nicht nur geduldet, sondern ausdrücklich erwünscht.

Heute sieht es in diesem Land anders aus, da wird dem Fremden die Tür vor der Nase zugeschlagen. Jeder achtet nur auf seinen eigenen Vorteil, ist sich ausschließlich selbst der Nächste. Behindertenparkplätze vor dem Einkaufszentrum werden von Gesunden rigoros zugeparkt, liegen sie doch so bequem in der Nähe des Eingangs. Gelesen wird kaum noch, die Kultur importiert, die Zahl der Schulabbrecher steigt. Das freie Wort wird unterdrückt, dafür herrscht die Meinungszensur der Etablierten.

Was hat dieses Land so verändert? Es waren zwei Weltkriege, die diesem Land – Deutschland – aufgezwungen wurden. Zwei Weltkriege, um die große Bastion des Guten im Herzen Europas zu zerstören, um somit die Vorherrschaft des Bösen zu etablieren. Seit 130 Jahren wird alles, was Deutsch ist, durch die Propaganda des Bösen in den Schmutz getreten, die Kultur der Vorfahren pervertiert, die Eltern und Großeltern der Deutschen zu Verbrechern erklärt.

Jetzt, am Ende des Eisernen Zeitalters, scheint das Böse zu triumphieren. Weltweit herrscht der Materialismus, alles hat nur noch einen Preis, aber keinen wirklichen Wert. Das idealistische Weltbild, Toleranz gegenüber neuen Ideen und den Mitmenschen, scheint ausgelöscht. Statt dessen haben wir den Orwell-Staat, mit ständiger Überwachung und Kadavergehorsam gegenüber der offiziellen Sprachregelung. Der „Antisemit“ ist geächtet, der „Rechte“ vogelfrei, der „Nationalist“ steht am Pranger. „Deutsch“ zu sein ist ein Verbrechen...

Und warum? Weil es so sein muß! Es gehört zum Eisernen Zeitalter, zur Entfesselung der Seelen aus den Dunkelebenen hier auf der

Erde, hier, in der Strafkolonie und Besserungsanstalt. Nur hier, nur unter solchen Bedingungen, gewinnen sie die Einsicht zur Umkehr.

Das goldene Zeitalter

Im eisernen Zeitalter ist keiner auf seinen Nächsten angewiesen, er kann sich selbst durchboxen, auf Kosten seiner Mitmenschen. Wir leben im Reich des Überflusses, in dem jeder mehr hat, als er braucht, es ist soviel da, daß es vielen Leuten weggenommen werden kann, ohne die Beraubten in den Untergang zu treiben.

Das goldene Zeitalter ist dagegen ein Zeitalter des Mangels. Es gibt gerade genug für alle, aber nur, wenn alle zusammenarbeiten. Wer versucht, auf Kosten seiner Mitmenschen zu leben, wird sein Leben verlieren. Der Nächste, der Nachbar, ist wichtig, um zu überleben. Sie brauchen einander! Dringend!

Deshalb gibt es auf dieser neuen Welt keinen Platz mehr für Egoisten, keine Möglichkeit mehr zur Inkarnation. Die Seelen der dunkleren Ebenen sind im Jenseits eingesperrt, „Satan“ liegt in Ketten. Für Jahrtausende? Vielleicht... Das kommt auf uns an.

Stellen Sie sich eine Welt vor, deren ethische Wertigkeit auf +20 liegt – also auf der Höhe des Himmlischen Eonatas. Das wäre das Paradies auf Erden... Wer dann in den Kreisen der Hölle sitzt, findet hier keine Entsprechung mehr. Dafür wird die Erde für Seelen aus dem Friedensreich und dem Elysium interessant, weil sie die passende Umgebung vorfinden, um sich weiterzuentwickeln.

Gerade in Notzeiten halten die Menschen zueinander. Wer auf den Anderen angewiesen ist, wird alles tun, um ihn nicht zu verletzen oder zu vergraulen. Jeder nimmt Rücksicht auf den Mitmenschen, denkt für ihn mit. Jeder hilft, ohne zu fragen, was er davon hat.

Nur so ist ein Aufbau zu bewältigen, wenn alle mit anpacken, jeder nach seinen besten Kräften. Dann wird auch das Gefangenen-Dilemma aufgelöst, weil jeder dem Anderen vertrauen kann.

Womöglich ist es nach unserem materialistischen Verständnis immer noch eine Welt des Mangels und der Armut, doch niemand wird sich als arm empfinden, weil jeder genug hat und niemand seinem Nächsten etwas wegnehmen will oder auch nur mißgönnt. Glück findet niemand im Besitz, Zufriedenheit nicht in Völlerei. Ja, es mögen die Tugenden des Biedermeiers sein, die dann vorherrschen, aber ist das so schlecht? Wem der geistige Horizont in Wanne-Eickel zu eng ist, der muß die Lösung in sich selbst suchen, anstatt vor sich selbst davonzulaufen, nach Mallorca oder Paris, auf den Mallediven oder in New York.

Das Goldene Zeitalter öffnet den Blick nach innen, ins eigene Selbst. Dadurch wird es zu einem Erwachen aus der permanenten Betäubung der Sinne, die wir derzeit noch erleben.

Religion

Und wie haltet Ihr es mit der Religion? Ja, das ist die berühmte Gretchenfrage. Vielleicht sollte man sie einmal anders herum stellen: Wie hält es die Religion mit Ihnen?

Die Religion bringt Sie hinauf ins Himmlische Eonata, auf ein Niveau von +20 oder leicht darüber. Das heißt, sie deckt den größten und bevölkerungsreichsten Teil des Jenseits ab, 128 von 201 möglichen Wertigkeiten. Auf der anderen Seite haben Sie vom Himmlischen Eonata aus noch einen ziemlich weiten Weg vor sich.

Aber es ist doch das Himmlische Jerusalem! Ach, wirklich? Vor 2.500 Jahren war Jahwe noch nicht der einzige, allmächtige Gott, sondern eine Stammesgottheit, vergleichbar dem aus Asterix bekannten Teutates. Er hatte eine Frau, Astarte, und war für Wetter und Wachstum zuständig.

Um ein verschlepptes Volk zusammenzuhalten, erfuhr dieser Jahwe immer weitere Aufwertung, wurde zum alleinigen Gott, als der er heute dargestellt wird. Und weil man schon mal dabei war, erhielt dieses Volk eine mystische Urgeschichte, so wie sich die Römer in der Aeneis zu Nachfahren der Trojaner erklärten.

Abraham, Isaak, Jakob – keiner davon ist historisch nachweisbar, auch der große Stammvater Moses nicht. Nach archäologischen Erkenntnissen waren die Urväter der Hebräer als Eroberer nach Ägypten gekommen, die man als „Hyksos“ in den Geschichtsbüchern findet. Sie waren die Herren, nicht die Sklaven der Ägypter. Bis, ja, bis die Ägypter die Unterdrücker endlich aus dem Land gejagt haben.

Das liest sich natürlich weniger schön, also wurde Moses erfunden. Der bekam ein paar nette Attribute, weil der Pharao alle Neugeborenen seiner hebräischen Sklaven umbringen ließ und nur Moses auf wunderbare Weise entkommen konnte. Ja, richtig, wie Jesus aus Bethlehem. Oder Gilgamesch...

Der allmächtige Gott bedient sich eines Taschenspielertricks mit dem brennenden Dornbusch und quält ganz Ägypten mit ausgesuchten Foltermethoden, anstatt sein auserwähltes Volk einfach fortzunehmen und nach Kanaan zu versetzen.

Übrigens, die Plagen Ägyptens gab es, die sind archäologisch nachweisbar. Sie haben nicht nur die störrischen Ägypter getroffen, sondern den gesamten östlichen Mittelmeerraum, als der Vulkan Thera explodiert ist (heute: Santorin). Die Datierung ist leider nicht sonderlich genau, der Einfall der Hyksos erfolgte um 1700 vor Christus, Thera explodierte um 1620 und die Hyksos wurden so um 1600 verjagt – also nach den Plagen. Die Hyksos stammten vermutlich aus Kanaan, erlitten als Herren von Ägypten die ganzen Plagen und wurden wenig später in ihre alte Heimat zurück getrieben.

Die Idee eines einzigen allmächtigen Gottes stammt ebenfalls nicht von den Hebräern, die wurde unter Pharao Echnaton um 1330 vor Christus formuliert. Dank der ägyptischen Oberherrschaft über Kanaan gelangten diese Ideen auch dorthin. Die Landnahme der Israeliten erfolgte nicht in Form eines glorreichen und blutigen Eroberungszuges unter Josua, mit den Posaunen vor Jericho, sondern im achten vorchristlichen Jahrhundert, als die Macht der Ägypter über Kanaan erloschen war und die zerfallenen Ortschaften von einer Bande zerlumpter Raufbolde „erobert" werden konnten. Das Jerusalem des David war ein größeres Bauerndorf, weder die Pracht noch die Macht des „salomonischen Großreiches" findet sich in archäologischen Zeugnissen.

Es geht mir nicht darum, Glaubensinhalte von Judentum, Christentum und Islam anzuzweifeln. Wenn Ihnen die Geschichten gefallen, dann ist das Himmlische Eonata für Sie das Himmlische Jerusalem, das ist völlig in Ordnung.

Sie sollten jedoch verstehen, daß keine Religion im luftleeren Raum entsteht. Eine Religion dient dazu, den Menschen zu erklären, was um sie vorgeht, abgeleitet aus Dingen, die sie kennen. Wenn nun die Töpferscheibe die aktuell verfügbare Hochtechnologie darstellt, dann haben Gott oder die Götter den Menschen eben getöpfert. In Zeiten der Gentechnologie wird entweder der Zufall gelehrt („Evolution", die Erde als Gottes Genlabor), oder eben Außerirdische sind gelandet und haben den Menschen aus den vorhandenen Arten zusammengerührt.

Wenn man gerade in der Sklaverei sitzt, dann baut einen eine Geschichte, daß man schon einmal dank der Macht des einen wahren Gottes aus der Sklaverei freigelassen worden ist, so richtig auf. „Die Juden" entstanden damals in Babylon, Gott brauchte keinen zweiten Moses zu schicken, es genügten die Perser, die das babylonische Reich eroberten und keine Verwendung mehr für dieses Sklavenvolk hatten.

Ich bin der Herr, Dein Gott...

Diesen Satz kennen Sie bestimmt. Damit erklärt sich „jemand“ zu Ihrem obersten Vorgesetzten, ja sogar zu Ihrem Schöpfer. Und ja, sie ist eine Frau, sagen die Feministen.

Versuchen Sie einmal, sich vorzustellen, Gott zu sein. Bevor Sie jetzt an einen goldenen Palast mit einer Sammlung Ferraris denken, wofür die mittelprächtige Erbschaft eines Milliardärs vollkommen ausreicht, möchte ich Ihnen eine kleine Hilfestellung geben:

Gott ist tot – Nietzsche.
Nietzsche ist tot – Gott.

Tja, Nietzsche ist tatsächlich tot, an Gott glauben Milliarden Menschen. Gott schüttelt das ganze Universum aus dem Ärmel und hat es dann nötig, einen brennenden Dornbusch zu installieren, um einen angelernten Schafhirten zu beeindrucken? Gott hat die ganze Erde erschaffen, aber er benötigt Mafia-Methoden, um den Willen eines popligen Pharao zu brechen?

Wir können Gott nicht mit menschlichen Maßstäben messen, weil Gott kein Mensch ist, also nicht den menschlichen Beschränkungen unterliegt. Das enthebt uns jedoch nicht der Verpflichtung, über Gott nachzudenken.

Ja, es ist eine Verpflichtung, denn Gott ist nicht nur allgegenwärtig, sondern auch unsere Chance zu wachsen. Der graubärtige Mann an der Wand der Sixtinischen Kapelle, der dem Menschen einen Finger hinstreckt, um in ihm den göttlichen Funken zu erwecken, ist ein gutes Sinnbild.

Ein moderneres Bild wäre ein Programmierer, der eine gigantische Simulation entworfen hat. Innerhalb dieser Simulation bewegen sich Datenobjekte in einer Datenumgebung, die miteinander interagieren. Sie und ich sind solche Datenobjekte, unsere Welt ist die Datenumgebung. In jeder Zeile, in jedem Bit dieses Programms stecken der Wille, der Geist und die Intelligenz des Programmierers, aber er selbst ist nicht Teil dieser Simulation, er steht außerhalb, kann jederzeit eingreifen, ist aber für das Programm und die Datenobjekte nicht zu erreichen.

Was würden Sie als Programmierer in Ihrer Simulation bevorzugen? Viele unterschiedliche Völker, mit eigener Kultur, von denen jedes Sie auf eigene Art verehrt, oder ein Welteinheitsvolk, mit gleichartigen Tempeln selbst im abgelegensten Dorf, in denen ein einheitlicher Ritus vollzogen wird? Anders ausgedrückt: Fahren Sie nach Paris, Rom oder New York, wenn dort alles aussieht wie in Schweinfurt, nur eben 20mal oder 50mal größer? Was würden Sie bevorzugen? Parasitäre Datenobjekte, die alle Datenobjekte in ihrer Umgebung ausplündern und schließlich löschen, oder eine prosperierende Vielfalt, Datenobjekte, die sich gegenseitig unterstützen und zu immer neuen Höhen führen?

Sehen Sie es doch einmal von dieser Warte, wenn Ihnen jemand erklärt, Gott wolle das. Sehr oft begreifen Sie dann recht schnell, daß nicht Gott das so haben will, sondern andere Menschen, die sich zu religiösen Führern aufgeschwungen haben.

Keine Religion wurde von Gott persönlich eingeführt, sie sind allesamt menschlichen Ursprungs. Oh, Religionen sind nicht böse, sie sind Versuche, den Menschen Gott nahe zu bringen, in der Form, die der oder die Stifter der Religion für richtig erkannt haben. Eine göttliche Erleuchtung oder das Mitwirken eines göttlichen Boten will ich nicht ausschließen, aber die einfachere Erklärung liegt im Menschen.

Bei steinzeitlichen Völkern ist es heute noch üblich, sich in den Drogenrausch zu versetzen, um Botschaften aus dem Reich der Geister zu empfangen. Die Rauschmittel sind bekannt, auch moderne Drogen „erweitern“ das Bewußtsein, versetzen es in einen Zustand, in dem sich die Bedeutung der Dinge verändert. Freier Zugang zu LSD, ein paar Freunde, die einen in Stimmung versetzen – vielleicht entsteht so eine neue Offenbarung?

Doch eine Religion ist kein Selbstläufer, sie benötigt willige Helfer. Um eine Religion in die Welt zu setzen und den „Schäfchen der Herde“ ständig einzureden, wie großartig es doch sei, diesem Gott Tempelsteuer und Opfergaben darzubringen, anstatt einem anderen oder gar die Opfer selbst zu verzehren, benötigt jede Religion eine gut ausgebildete Drückerkolonne, die sogenannten Priester.

Richtige Priester haben jedoch eine Aufgabe, die deutlich über das hinausgeht, was eine Werbefirma tun könnte. Schließlich führen die Lehren des Glaubens die Seelen in die Höhe, zum Himmlischen Eonata. Oder zum Himmlischen Jerusalem, dessen irdisches Gegenstück auf blutgetränktem Boden steht, um den sich drei Religionen seit Jahrtausenden bekriegen.

Ich glaube an die heilige katholische Kirche...

Helfen können Ihnen keine Priester, die es deswegen geworden sind, weil der Zweitgeborene dieser Familie seit Jahrhunderten Priester geworden ist. Auch jene, die zur Kirche gehen, um dort versorgt zu sein, lehren bestenfalls die Buchstaben, aber nicht den Geist einer Religion. Dann gibt es noch jene, die sich berufen fühlen, um Macht auszuüben, als selbsterklärte Deuter des göttlichen Willens. Solche Inquisitoren haben früher Ketzer und Hexen verbrannt, als Priester waren sie zu allen Zeiten fehl am Platz.

Ein wahrer Priester fühlt sich für den Dienst des Herrn berufen, als Mittler der Lehren seines Glaubens, um den Menschen zu helfen, zu Gott zu finden. Wahre Priesterschaft ist keine Frage von katholisch oder evangelisch, christlich oder muslimisch. Die Botschaft Gottes ist zu vielfältig, um nur in einem Buch, in einer Sprache vermittelt zu werden.

Der Priester vermittelt der ihm anvertrauten Gemeinde die Lehren des Glaubens. Auf der weltlichen Ebene ist das ein Verhaltenskodex, eine Art Grundgesetz, welches das Auskommen der Gemeindemitglieder untereinander erträglich gestalten soll. Im Christentum sind das die zehn Gebote, in denen ein paar Selbstverständlichkeiten aufgelistet werden, die in einer märchenhaften Zeremonie direkt von Gott aufgeschrieben worden sind.

Im Zarenpalast stand an einer bestimmten Stelle immer eine Wache, ohne daß sich jemand erklären konnte, warum das so war. Zar Peter der Große ließ bei seinem Regierungsantritt nachforschen, welchen Zweck diese Wache hatte. Es stellte sich heraus, daß Iwan der Schreckliche vor gut 200 Jahren hier das erste Schneeglöckchen des Frühlings entdeckt und eine Wache hinbefohlen hatte, damit niemand aus Versehen drauftrat.

Solche Gesetze gibt es zuhauf in den Religionen, die irgendwann einmal einen Sinn gehabt haben, dann aber nie mehr hinterfragt worden sind. Gott verdammt niemanden, der das Freitagsgebot nicht einhält oder am Sonntag arbeitet. Gott verlangt weder die Beichte noch den Besuch der Heiligen Messe. Das verlangt die Kirche, genauso wie Kirchensteuer und Kirchgeld, oder einstens den Zehnten.

Aber gerade die Beichte und die Messe sind zwei Instrumente, die zeigen, was ein Priester, was ein Glaube bewirken soll. Sie (und natürlich auch ich) sind ein sündiger Mensch. Im Rahmen der Beichte haben nicht nur die inquisitorischen Priester erfahren, was in ihrer Gemeinde vorgeht, sondern dem Beichtenden wurde bewußt, daß er gesündigt hatte. Es geht dabei um das Wort: Gehe hin und sündige nicht mehr! Erkenne deine Fehler – und vermeide sie künftig.

Die Messe dient nicht dazu, im Rahmen der Predigt Hölle und Verdammnis auf die sündige Gemeinde herabzubeschwören, sie dient nicht einmal dazu, die Gläubigen mittels Hirtenbrief zur richtigen Wahlentscheidung zu bewegen. Ihre Aufgabe ist es, die Gläubigen an den Inhalt ihres Glaubens zu erinnern, ihnen von Gottes Wort zu berichten. Das passiert in jeder Messe, in jeder Kirche, in jeder Moschee, in jedem Tempel.

Recht verstandene Priesterschaft übt keine Macht über die Gläubigen aus, sondern vermittelt Gottes Botschaft. Auch wenn die grundsätzliche Botschaft die gleiche ist, so bewegen den Hindu andere Worte und Bilder als den Buddhisten, den Konfuzianer oder den Taoisten.

Die Botschaft des Glaubens

Meines Vaters Haus hat viele Wohnungen... Wobei eine „Wohnung“ im Tiefdunkel sicher weniger angenehm ist als im Grünen Land. Es gibt gewisse Grundwerte der menschlichen Existenz, zu denen Ehrlichkeit und Mitleid gehören, Rechtschaffenheit und Vergebung. Zusammengefaßt läßt sich dies als „das Gute“ bezeichnen. Der Glaube möchte, daß Sie als Gläubiger „gut“ sind, und genau das soll der Priester Sie lehren.

Denken Sie bitte noch einmal an den großen Programmierer, der seine Simulation ablaufen läßt. Wer die Vielfalt fördert, die Simulation für den Programmierer interessant werden läßt, dem helfen die Parameter des Programms. Menschen in blauen Mao-Anzügen, die im Gleichschritt durch Millionen Ortschaften marschieren, die alle wie Schweinfurt aussehen, hätte Gott viel einfacher haben können.

Ein Schweinfurt ist eine sehenswerte Stadt, Millionen davon sind langweilig. Wer die Vielfalt fördert, anstatt sie zu unterdrücken, gelangt in eine der „guten“ Wohnungen, hat einen angenehmen Aufenthalt im Jenseits und wird in einer vergleichbar „guten“ Umgebung auf der Erde wiedergeboren, in seinem nächsten Leben. In der Summe ist das der versprochene Himmel, die Belohnung für jede Mühsal im Erdental.

Ihr Tun bestimmt Ihr Leben, aber noch mehr Ihre Zukunft. Die Gesetze jedes Glaubens, soweit sie nicht von der zugehörigen Kirche aus machtpolitischen Gründen pervertiert wurden, führen Sie in den neutralen bis in den unteren guten Bereich des Jenseits. Sie geben Ihnen eine gute Ausgangsbasis.

Es ist nicht Allah und es ist nicht der Islam, der von jungen Männern verlangt, sich Sprengstoff um den Leib zu schnallen und sich zusammen mit „Feinden des Glaubens" in die Luft zu jagen. Es war auch nicht Gott und es war auch nicht das Christentum, das die Ritter des Mittelalters auf die Kreuzzüge geschickt hat, sondern der Machtanspruch einer Kirche, die von Menschen errichtet wurde. Von Gott gestiftet, durch Gottes Wort inspiriert – ja, durchaus, aber von Menschen errichtet, wie jede Kirche. Und so, wie Menschen irren können, kann auch eine Kirche irren.

Die Kirche vermittelt den Glauben, aber sobald sie versucht, den Glauben zu bestimmen, weichen sie und ihre Priester ab vom rechten Pfad.

Die Grenzen des Glaubens

Stellen Sie sich ein Haus vor, das jeweils hundert Stockwerke in die Tiefe und in die Höhe führt. Der Glaube ist ein Aufzug, der von der untersten Ebene in den zwanzigsten Stock führt. Nicht nach ganz oben, und nicht in alle Flügel dieses Hauses, aber er durchzieht einen riesigen Abschnitt. Der Glaube, die Priester, führen Sie hinauf, ins Himmlische Eonata und helfen Ihnen sogar noch auf dem Weg in die Sonnenstadt, doch hier enden ihre Möglichkeiten. Das Paradies können Ihnen die Religionen zwar versprechen, aber um auch nur das Sommerland zu erreichen, dürfen Sie die Vorschriften des Glaubens nicht mehr mechanisch befolgen, sondern Sie müssen sie dem Sinn nach verstehen und schließlich überwinden.

Der Glaube ist ein befohlenes Gut-Sein, ein Befolgen von Regeln und Gesetzen, nicht aus eigenem Antrieb und aus eigener Einsicht. Erst diese eigene Einsicht, das eigene Wollen, jenseits aller Gebote, ermöglicht die Höherentwicklung, den Aufstieg in die oberen Etagen. Allerdings einen Aufstieg zu Fuß, ohne die Bequemlichkeit eines Aufzugs, deshalb langwierig und mühselig. Doch dies ist der einzige Weg, um wirklich ganz nach oben zu kommen, dorthin, wo der Glaube hindeutet, aber nicht mehr hinführen kann.

Das sind auch die Grenzen eines Priesters. Glaubenseifer bringt ihn und seine folgsamen Schäfchen ins Himmlische Eonata, Glaubensverständnis noch höher in die Sonnenstadt, aber erst die Glaubensverinnerlichung, die Loslösung von den Dogmen der Kirche, die direkte Erfahrung der vom Glauben vermittelten Gesetze, bringt ihn darüber hinaus. Dann aber kann er kein Priester mehr sein, denn die Lehren der Wirklichkeit lassen sich nicht auf die Lehren des Glaubens beschränken.

Mittler = Derjenige, der sich dazwischen stellt

Der Priester ist der (Ver-)Mittler zwischen Ihnen und Gott, so lehrt es die Kirche. Das heißt, er drängt sich zwischen Sie und Gott. Das ist nützlich und durchaus lobenswert, denn ein Schüler benötigt einen Lehrer, der ihm das Wissen vermittelt. Ein wirklich guter Lehrer führt seinen Schüler aber schließlich an die Quellen des Wissens heran, um dem Schüler eigene Erkenntnisse zu ermögliche, über das Begreifen des Lehrers hinaus. Dazu muß der Lehrer lernen, in den Hintergrund zu treten, sich herauszuhalten.

Der wahre Priester wird das verstehen, Ihnen den Weg nicht mehr verstellen und Ihnen sogar helfen. Der Glaubenseiferer hingegen beharrt auf das Supremat der Kirche, auf ihre Dogmen und ihre alleinige Deutungshoheit. Und auf seine eigene, ihm von der Kirche verliehene Macht über die Gläubigen.

Die Kirchen wurden zugelassen, um Ihnen zu helfen. Nutzen Sie diese Hilfe und seien Sie dafür dankbar. Das Küken im Nest braucht seine Eltern, die es versorgen. Doch herangewachsen wird es als vollwertiger Vogel hinausfliegen in die Welt, sich selbst versorgen und die Welt in ihrer ganzen Größe erleben.

Der Priester ist ein freundlicher, hilfreicher Mann. Doch Sie müssen lernen, ohne seine Hilfe auszukommen, wenn die Zeit dazu reif ist. Grüßen Sie ihn und bleiben Sie höflich, er und seine Kollegen haben viel für Sie getan. Aber jetzt öffnen Sie sich dem Neuen.

Gott und Sie

Mag sein, daß Gott für Sie ein alter Mann mit einem weißen Bart ist. Vielleicht trägt er auch einen Turban, sieht aus wie ein Wikinger, oder er hat viele, viele Kollegen und Kolleginnen. Als Atheist heißt Ihr Gott vielleicht Wissenschaft oder Zufall. Welche Vorstellung Sie von Gott haben, ist letztlich Ihre Privatsache. Gott ist das Große, Unbekannte, Transzendente. Sie hingegen sind im Vergleich dazu klein, bekannt und irdisch.

Das Göttliche ist das Ewige, Sie hingegen sind das Zeitliche. Stellen Sie sich einmal vor, Sie seien zwei Kilometer groß. Die Menschen wuseln als Ameisen zu Ihren Füßen – und wo Ihr Schuh der Größe 56.822 hintritt, da steht kein Haus mehr. Jetzt erahnen Sie einen Hauch der göttlichen Macht. Denn da ist mehr, viel mehr. Als Gott haben Sie diese Ameisen geschaffen. Sie kennen jede einzelne von ihnen, Sie hören sie sprechen und wenn Sie denken „Erdbeben“, dann wirbelt das die Welt der Ameisen ganz schön durcheinander.

Aber bevor Ihnen das Gott-sein zu Kopf steigt, werden Sie lieber wieder Ameise. Von den anderen Ameisen unterscheidet Sie nur eines: Sie haben sich ganz kurz in die Rolle Gottes eingefühlt. Denken Sie hin und wieder einmal daran, wenn Sie weiterlesen.

Religion und Religionen

Sie können die ganze Bibel als göttliche Offenbarung betrachten. Das steht Ihnen frei. Das Alte Testament der Bibel ist im Wesentlichen die Sammlung der Heldenepen eines kleinen orientalischen Volkes, mit ein wenig Theologie gewürzt. Die Psalmen sind lesenswerte Gebetsentwürfe, falls Sie einmal das Bedürfnis haben, Gott zu preisen. Kirchen legen Wert darauf, daß Gott oft und eifrig gepriesen wird. Am besten geht das mit einer Gebetsmühle, die, mit einem entsprechend dimensionierten Motor versehen, problemlos tausend Psalmen pro Minute für Sie betet. Aber dann fehlt Ihnen die persönliche Befriedigung des Betens.

Das neue Testament enthält brauchbare Weisheitslehren, aber auch Kindergeschichten und den kirchlichen Machtanspruch. Ohne die religionsbedingte Ausschmückung würde das neue Testament höchstens vier Seiten benötigen.

Der Koran bedient sich an altem und neuem Testament, erweitert sie nach eigener Inspiration und formuliert darauf ein ganzes System an Glaubenslehren.

Bibel und Koran sind für Milliarden Menschen heilige Bücher. Sie enthalten für diese Menschen die Erklärung der Welt und die Worte Gottes. Sie beschreiben einen Teil der Wahrheit, von einer ganz bestimmten Warte aus. Es steht Ihnen frei, im Rahmen dieses Systems glücklich zu sein. Richtiges Handeln wird nicht dadurch begründet, daß es mit den Zehn Geboten übereinstimmt. Es ist vielmehr so, daß die Zehn Gebote nur das formulieren, was schon zuvor als richtig erkannt wurde.

Sie, die Ameise, können jederzeit direkt mit Ihrem Schöpfer sprechen. Sie brauchen nicht die Hilfe einer anderen Ameise. Sie brauchen keine Rituale, keine vorgegebenen Gebete, keine Unterwerfungen. Wenn Gott nur zwei Kilometer groß wäre und Sie zwei Meter – warum sollten Sie sich dann noch hinknien, um nur einen Meter groß zu sein? Oder auf den Boden werfen, um sich auf einen Viertelmeter zu reduzieren? Gott weiß ohnehin, wie klein Sie tatsächlich sind, also brauchen Sie sich nicht noch kleiner zu machen.

Letztlich brauchen Sie nicht einmal die Bücher, die Ihnen einen Glauben vorgeben. Sie brauchen keine Gebote, keine Kirchen- und sonstigen Gesetze. Solche Gesetze sind immer von Menschen gemacht, zur Sicherung menschlicher Machtansprüche. Ich habe es schon öfter gesagt: Ein einziges Gesetz reicht vollkommen aus:

Handele an Anderen so, wie diese an Dir handeln sollen!

Es ist eindeutig. Der Kinderreim: „Was Du nicht willst, daß man Dir tu, das füg auch keinem andern zu", besagt genau dasselbe, ebenso Kants Kategorischer Imperativ. Sie brauchen dazu keinen Priester und keinen Häuptling. Sie können darauf verzichten. Nur leider nicht die Häuptlinge und Priester auf Sie.

Rückverbindung zu Gott

Religio heißt Rückverbindung. Sie verbinden sich durch die Religion nach oben, mit Gott. Sie können das, ganz allein. Der Schuh der Größe 56.822 wird sich nicht auf Sie herabsenken, nur weil Sie sich trauen, ohne Geistlichen mit ihrem Schöpfer zu sprechen. Der Schöpfer hat Sie dafür geschaffen, daß Sie zu ihm sprechen. Er will Ihnen zuhören, ja Ihnen. Er hört Ihnen genauso zu, wie einem Kardinal, Ayatollah, Oberrabiner, Lama oder Shinto-Priester. Gott steht nicht in den Büchern der Geistlichen, dafür ist er zu groß. Gott ist jedoch erfahrbar, auch für Sie. Beten Sie, wenn Sie zu ihm beten wollen.

Gehen Sie einmal in einen Gottesdienst. Hören Sie genau hin, wie dort Gebete gesprochen werden. Gesprochen? Ohne Inbrunst heruntergeleiert! „Wirbittendicherhöreuns" Ohne Komma und Zwischenräume. Ohne nachzudenken. Oder hören Sie bei einem Rosenkranz zu. Es hört sich an, als würde für eine Schnellsprecholympiade trainiert. Die äußere Form wird erfüllt, aber wie kommt es bei Gott an?

Wenn ich das aufzeichne und mit hundertfacher Geschwindigkeit abspiele, kann ich dann 20.000 Rosenkränze pro Tag beten? Beten lassen, um es genauer zu sagen? Bin ich dann ein besonders guter Gläubiger?

Was würden Sie an Stelle Gottes bevorzugen? Drei Minuten ehrliches Gebet, unbeholfen, aber von Herzen, oder 20.000 Rosenkränze vom Tonband? Das geistlose Nachplappern von vorgeprägten Gebetsformeln oder lebendige, frei gewählte, eigene Worte? Gott hört Ihnen zu. Reden Sie mit ihm. Wagen Sie es. Ohne Vermittler, ohne Vorgaben. Verbinden Sie sich direkt mit Gott.

Welche Religion ist denn nun die richtige?

Die Antwort ist ganz einfach: keine. Die Rückverbindung zu Gott geht ohne Priester, braucht keine Religion. Aber da eine Religion die Notwendigkeit zu dieser Rückverbindung vermittelt, außerdem ein ethisches Grundgerüst, lautet die Antwort mit derselben Berechtigung: jede.

Wobei es natürlich bei den Religionen gefährlichere und tolerantere gibt. Wenn ein Römer bemerkte, daß sein Nachbar nicht mehr den Tempel des Jupiter besucht, sondern jenen der Isis, hat er diesen Nachbarn trotzdem für einen frommen Mann gehalten, ihn höchstens bedauert, weil doch sein eigener Jupiter als König der Götter (und römische Gottheit) viel mächtiger ist, als die aus Ägypten hereingeholte Isis.

Die Religion war zu allen Zeiten ein Mittel, um Gemeinsamkeit zu stiften und Fremdheit herauszuarbeiten. „Wir“ beten den Großen Sun an, und „ihr“ tut das nicht, also sind „wir“ SEIN Volk und „ihr“ seid es nicht (oder sogar unsere Feinde). Und wenn „wir“ euch unterwerfen, dann müßt auch „ihr“ den Großen Sun anbeten!

Die einzigartige Leistung des Judentums besteht nicht darin, einen einzigen, allmächtigen Gott erdacht zu haben, sondern in der Herausstellung der eigenen Auserwähltheit. Der allmächtige Gott hat sich ein einziges Volk ausgewählt, andere Völker dürfen sich gar nicht zum Judentum bekehren; in der Bibel wird schon der Versuch mit Ausrottung bestraft.

Dieses Gefühl der Auserwähltheit wurde ins Christentum übernommen, auch wenn das Christentum eine Missionskirche ist, die möglichst viele Menschen anwerben will. Dafür beruft sich das Christentum auf Gottes einzigen Sohn als Religionsstifter, der sich sogar selbst geopfert hat, um diese Religion ins Leben zu rufen. Der Moses der Juden und der Mohamed der Muslime waren ja bloß menschliche Propheten.

Auch der Islam ist so eine Kirche des Auserwähltseins. Schließlich ist Mohamed der letzte der Propheten, die der allmächtige Gott gesandt hat, die letzte göttliche Offenbarung.

Sie dürfen den großen, allmächtigen Gott anbeten. Wenn Sie es nicht tun, sind Sie ein Heide. Und sollten Sie den großen, allmächtigen und alle Menschen liebenden Gott auf eine andere Weise verehren, als die Mutter Kirche das vorschreibt, sind Sie ein Ketzer. Früher wurden Sie im Namen des großen und gütigen Gottes deswegen verbrannt.

Die Argumentation der Fanatiker ist übrigens ganz einfach: Lieber Freund, bisher hast Du von nichts gewußt, also laß Dich taufen und Dir wird vergeben. Da Du aber jetzt weißt, was Du falsch gemacht hast, wird Dich Gott verstoßen, wenn Du Dich nicht taufen läßt, und Du wirst dafür in der Hölle braten!

Bei den Römern hatten Sie noch die Möglichkeit, neben dem Jupiter Maximus Optimus auch noch der Ceres, dem Mars, der Isis, dem Mithras, der Venus, dem Teutates oder dem Donar zu opfern, so als Rückversicherung, falls im Götterhimmel doch noch nicht die Römer regieren sollten, heute geht das nicht mehr.

Aggressiv formuliert das nur der Islam, der einen Abfall vom Glauben (z.B. die Bekehrung zum Christentum) mit dem Tode bedroht. Bei den Christen können Sie heute ganz problemlos austreten, früher wären Sie der gesellschaftlichen Ächtung anheim gefallen. Heute dürfen Sie sogar Jude werden, aber wenn Sie sich als Jude aus der Gemeinschaft verabschieden, kann es Ihnen passieren, daß Ihre Geschäftsfreude die Beziehungen abbrechen.

Gehen Sie noch einmal in den göttlichen Blickwinkel. Sie haben den Menschen geschaffen und ihm die Möglichkeit eingebaut, Religionen zu entwickeln. So ein Mensch ist einen Millimeter groß und wuselt um Ihre Füße herum. Diese kleinen Wesen verehren Sie als Krishna oder Allah, vermeiden es, Schweine zu verzehren oder halten Kühe für heilig, beten am Freitag, Samstag oder Sonntag besonders eifrig. Der Mensch mit seinem winzig kleinen Gehirn kann sowieso nur einen Bruchteil dessen begreifen, was Sie wirklich sind. Und weil dieser dumme kleine Wuselmensch mit seinem mikroskopischen Ameisenhirn Sie nicht auf jene Weise verehrt, die ein paar andere Wuselmenschen mit ebenso unscheinbaren Ameisenhirnen festgelegt haben, lassen Sie jetzt einen Felsbrocken auf ihn fallen?

Die göttlichen Wunder liegen zumeist eine ganze Anzahl Jahrhunderte zurück. Augenzeugen der Bibel gibt es heute so wenige wie Augenzeugen der unglaublichen Körperkraft der Pippi Langstrumpf oder der Zaubereien von Harry Potter. Aber die Bibel haben Sie gefälligst zu glauben, das ist Gottes Wort! Auch wenn in den vergangenen Jahrhunderten zahlreiche Menschen an diesem göttlichen Wort herumgebessert haben, als Kirchenlehrer und durch Konzilsbeschlüsse, durch Übersetzungen und Auslegungen.

Jede der großen Glaubenslehren wurde durch Menschen überliefert und durch die Jahrhunderte getragen. Jede Glaubenslehre wurde irgendwann einmal in die heutige Form gegossen. Die christlichen Evangelien wurden mündlich überliefert, bis schließlich die heutigen vier Evangelien kanonisiert wurden. Das Thomas-Evangelium und das Judas-Evangelium, sowie viele anderen Berichte über Jesus Christus wurden von Menschen verworfen und so aus einem Sammelsurium eine einheitliche Lehre gezimmert.

Auch der Koran wurde nicht von Mohamed persönlich aufgeschrieben. Die Lehren des Korans wurden mündlich weitergegeben, es gab unterschiedliche Versionen, bis schließlich ein Nachfolger des Propheten diese Versionen vereinheitlichte, zu einer einzigen, geschlossenen Lehre.

Aber selbst die heutigen überarbeiteten Lehren sind nicht wirklich einheitlich. Sunniten und Schiiten, Katholiken und Protestanten, Zionisten und Liberale – alle interpretieren die gleiche Grundlehre ein wenig anders. Die Evangelien des Christentums lagen seit Jahrhunderten fest, trotzdem bildeten sich Katarer und Albigenser, spaltete sich die orthodoxe Kirche ab... Und alle berufen sich auf denselben Jesus, auf seine allein gültigen Lehren.

Um die eingangs gestellte Frage zu beantworten: Nicht einmal die einzelnen Religionen selbst sind sich einig, welche ihrer zahlreichen Unterformen nun die richtige ist.

Gott hat Sie unter Shintoisten zur Welt kommen lassen, Sie sind unter Shintoisten aufgewachsen, Sie haben Zeit Ihres Lebens die Regeln des Shintoismus befolgt, ohne daß Gott eingegriffen hat. Glauben Sie wirklich, ein gerechter und gütiger Gott würde Sie anschließend dafür bestrafen, daß Sie kein Katholik geworden sind?

Aber vielleicht glauben Sie ja lieber, daß Gottes einziger Sohn, der ja gleichzeitig Gott selbst ist, einem gewissen Petrus die Schlüssel des Himmels überlassen hat, damit er und seine Nachfolger vier Fünftel der Menschheit davon aussperren können.

Die neuen Schamanen

Noch ist es nicht soweit, aber es kann so werden. Drei Straßen weiter, zehn Minuten zu Fuß, wohnt eine Schamanin. Gehen Sie zu Ihr, wenn Sie über Gott sprechen wollen. Besuchen Sie die freundliche Dame, wenn Sie eine Gebetsformel brauchen. Die Schamanin wird mit Ihnen beten, wenn Sie mit jemandem beten wollen. Sie wird Sie zu Gott vermitteln, aber sie wird sich nicht zwischen Sie und Gott stellen.

Die Schamanin ist eine Weise, die Ihnen Weisheit lehren kann. Aber Sie müssen die Schamanin nicht aufsuchen. Es gibt keine Vorschriften, daß Sie jeden Sonntag einen Gottesdienst besuchen und jeden Freitag fasten müssen. Gott will nicht, daß Sie ihm dienen. Er will, daß Sie mit ihm leben, daß Sie wissen, daß er da ist. Auch für Sie.

Und ja, es hat einen Sinn zu beten. Sogar Opfer haben einen Sinn, aber einen völlig anderen, als Ihnen die Priester einreden wollen. Doch dazu muß ich leider noch ein wenig ausholen.

Schöpfer und Schöpfung

In diesem Kapitel geht es darum, ein wenig in das Programm zu schauen, das der große Programmierer geschaffen hat, also das, was Gott geplant hat und wie seine Schöpfung funktioniert.

Der Schöpfer

Unabhängig davon, ob Sie einen der vielfältigen theologischen Schöpfungsberichte bevorzugen oder den derzeit gültigen physikalischen, es gibt immer einen Schöpfer. Sogar im physikalischen Bericht, dort unterschreibt er mit seinem Pseudonym: Zufall.

Der Schöpfer – Gott – ist die Einheit, die alles umfaßt und alles einschließt. Aus dieser großen Einheit entstand eine Vielheit, sie erschafft „Etwas", das außerhalb dieser Einheit steht. In dieser Vielheit kann sich die vormalige Einheit selbst erleben und beobachten.

Fast alle Schöpfungsberichte sind sich einig, daß es einmal einen Zustand gegeben hatte, in dem Gott völlig allein und ohne jegliche Schöpfung gewesen war. Ob sich Gott ob dieser Leere gelangweilt hat, wird uns nicht berichtet, es ist auch nicht ganz so wichtig. Jedenfalls hat er dann irgendwann einmal losgebrüllt, mit den Fingern geschnippt oder einen Urknall veranstaltet, um unser Universum zu erschaffen und damit letztendlich uns.

Er ist also nicht spazieren gegangen, hat ein nutzlos herumliegendes Universum aufgehoben, um sich in Heimarbeit etwas zu basteln, sondern er hat mit dem Garnichts angefangen, also keinerlei Fremdprodukte benutzt. Und wie ein Künstler hat Gott sich selbst in sein Werk eingebracht.

Die Schöpfung

Sehen Sie sich um, und Sie erblicken die Schöpfung. Aber ganz so einfach will ich Sie nicht abspeisen. Betrachten wir die Schöpfung wieder einmal als Programm. Ich – der angehende Gott – programmiere eine Simulation auf meinem Computer – die Schöpfung – und lasse sie anlaufen. Eine Simulation ist kein Computerspiel, an dem ständig einer herumfummelt. In einer Simulation lege ich alles fest: Die Umgebung meiner Objekte, das Aussehen der Objekte, ihre Interaktion, ihre Handlungs- und Entwicklungsmöglichkeiten. Nach Wochen oder Jahren der Programmierung löse ich den „Urknall" aus, ich starte das Programm.

Alles in meinem Programm passiert nur, weil ich vorgesehen habe, daß es passiert. Ich habe jede einzelne Möglichkeit dieses Programms festgelegt – und trotzdem wird das Programm sich eigenständig entwickeln. Obwohl mein Wille als Programmierer die gesamte Simulation bestimmt, läuft nun alles ohne mein Zutun ab. Ich verfolge eine Entwicklung, die jenseits dessen liegt, was ich vorhersehen konnte. Die Simulation läuft ab wie ein Film.

Ich bin nicht Gott und folglich nicht vollkommen. Meine Simulation wird aus dem Ruder laufen, ich muß sie abbrechen, ihre Gesetze nachbessern und sie neu starten. Aber womöglich habe ich Glück und die Simulation läuft vollständig durch. Dann werde ich, um neue Erkenntnisse zu gewinnen, die Ausgangsparameter ändern und sie erneut starten. Oh ja, auch die Physik spekuliert darüber, ob es mehrere Universen gibt, mit unterschiedlichen Naturgesetzen... So als würde Gott experimentieren und neugierig verfolgen, was sich da jeweils abspielt.

Gehen Sie davon aus, daß die Schöpfung so vollkommen ist wie der Schöpfer. Das heißt, die Schöpfung benötigt keinen Eingriff des Schöpfers, alles ist längst in ihr enthalten, so wie in der Computersimulation.

Der göttliche Eingriff...

„*Gott will es!*“, haben die Kreuzritter gerufen, als sie die Bewohner des gerade eroberten Jerusalem niedermetzelten. So ziemlich jeder zog immer nach dem Willen und mit dem Segen Gottes in den Krieg. Attila war die Geißel Gottes, die Pest die Strafe Gottes, die USA sind sogar Gottes eigenes Land. Dieser Gott ist rund um die Uhr beschäftigt, um alles zu regeln und den Leuten ständig seinen Willen kundzutun.

Sagen wir.

Ja, Gott will es. Oder besser, er hat seine Schöpfung so arrangiert, daß diese nach seinem Willen abläuft. Aber dazu muß er nicht wie ein wildgewordener Computerspieler ständig an 300 Knöpfen, 24 Stellrädern und vier Joysticks herumfummeln. Sein Wille war von Anfang an in die Schöpfung eingebaut. Die Schöpfung läuft nach Gottes Willen und nach Gottes Regeln.

Um es eindeutig auszudrücken: Gott hat den Kreuzrittern das Massaker nicht befohlen, aber er hat seine Schöpfung so angelegt, daß diese das Massaker durchführen konnten. Gott hat weder Attila noch die Pest geschickt, aber die Regeln der Schöpfung ermöglichten es, Attila und die Pest zu erleben. Und die USA sind nach den Regeln der Schöpfung ein so großes und an Bodenschätzen reiches Land, daß deren Bewohner sich vorkommen, als wären sie von Gott persönlich beschenkt worden.

Nehmen wir Jeanne d'Arc, die Jungfrau von Orleans, die im göttlichen Auftrag den Engländern in Frankreich schwere Niederlagen beibrachte. (Für die Engländer natürlich im Auftrag des Satans.) Wie baue ich, der programmierende Gott, eine Jeanne d'Arc in meine Simulations-Schöpfung ein? Ich habe schließlich kein Computerspiel vor mir, in dem ich mit der Maus auf meine Jungfrau klicken könnte, um ihr alle benötigten Eigenschaften zu verleihen und sie losmarschieren zu lassen. Die Lösung: ich arbeite mit Resonanz. Meine Franzosen-Objekte fühlen sich durch meine Engländer-Objekte so bedrängt, daß ihre Akzeptanz-Schwelle für einen „von Gott geschickten“ Helden immer mehr absinkt. Zugleich steigt unter den Zivilisten-Objekten die Ansicht „jetzt muß etwas geschehen“. Eines meiner Jungfrauen-Objekte hat einen „Knacks“, eine Persönlichkeits-Spaltung. Es glaubt, Stimmen zu hören (natürlich meine Stimme, denn nur ich habe die Macht über meine Simulation). Die Stimme sagt das, was bereits viele denken: „Jetzt muß etwas geschehen – und **DU** mußt es tun!“ Mein Jungfrau-Objekt entwickelt Helden-Allüren, die Franzosen-Objekte folgen ihm glücklich nach und ich verliere ein paar Engländer-Objekte auf dieser Simulationsebene.

Ich habe nichts getan, nur zugesehen und beobachtet, wie toll meine Simulation funktioniert. Dank der wunderbaren, von mir implementierten Selbstregulierung hat sich eine Resonanz gebildet und die Jungfrau von Orleans ging in meinem göttlichen Auftrag siegen. Jetzt können Sie entscheiden. Habe ich dem Jungfrau-Objekt durch meine lange vorher abgeschlossene Programmierung den Auftrag erteilt, das zu tun, oder habe ich nur vor dem Bildschirm gesessen und Bier getrunken, während auf dem Bildschirm um virtuelles Leben gekämpft wurde?

Aber ich bin nicht Gott, ich bin nur ein Autor. Das ist übrigens auch eine Art Schöpfer, allerdings ein sehr intoleranter. In einem Roman erschaffe ich die Umgebung und die Menschen, bestimme, was sie tun, lasse sie leiden und siegen.

Die Fähigkeit, die ich dazu brauche, nennt sich „Kreativität“, oder ohne Fremdwort: schöpferisches Denken. Ja, ich kann wie ein

Schöpfer denken – und Sie ebenfalls. Kreativität ist eine ureigene Fähigkeit des Menschen, die erweckt und gefördert werden kann. Sie ist nicht allein den „Kreativen“ vorbehalten, sondern steckt in jedem.

Es ist wie beim Hundert-Meter-Lauf: Der übergewichtige Untrainierte braucht dafür über 30 Sekunden, der Spitzensportler schafft es unter 10,0. Wenn Sie Ihr Training auf das Stemmen von Maßkrügen beschränken, werden Sie nie schneller als diese 30 Sekunden. Wenn Sie sich jedoch bemühen, ja sogar quälen, werden daraus schließlich 20 Sekunden oder gar 15 Sekunden. Dann sind die Spitzensportler nicht mehr so viel schneller, oder?

Auch in Ihnen steckt der göttliche Schöpfungsfunke!

Ist Beten sinnlos?

Die Schöpfung ist abgeschlossen, ihre Gesetze sind festgelegt und sie ist so vollkommen, daß der Schöpfer nicht mehr eingreifen muß. Wozu also beten? Wozu einen Programmierer ansprechen, der nur auf den Bildschirm starrt und dazu ein Bier nach dem anderen trinkt? Das ist doch sinnlos...

Nein! Das Stichwort heißt Resonanz. Jedes Gebet hinterläßt eine Schwingung in der Schöpfung. Jeder einzelne Gedanke erzeugt eine winzige Schwingung in diesem großen System Schöpfung. Jedes Gebet intensiviert diese Schwingung, verstärkt ihre Wirkung, bis schließlich die Resonanz eintritt und das Gebet „erhört“ wird. Aber seien Sie vorsichtig!

Worum Ihr bittet, das wird Euch gegeben...

Nun, nicht immer, und nicht unbedingt in der Form, in der Sie es erwarten. Wenn alle ihre Wünsche unmittelbar erfüllt würden, resultierte daraus das absolute Chaos. Deshalb muß das, was Sie erbitten, in Ihnen und der Schöpfung heranreifen. Erst, wenn Sie und die Schöpfung sich aufeinander abgestimmt haben, wird der Erfolg eintreten und Ihr Gebet erhört. Aber meistens geben Sie früher auf und wollen etwas ganz anderes.

Sie wollen reich und glücklich werden, dafür beten Sie Tag für Tag. Natürlich will auch Gott, daß Sie reich und glücklich werden. Aber, bemißt sich Reichtum nur nach einem sieben-, acht- oder neunstelligen Kontostand? Und Glück nur darin, alle „Bunnies“ aus dem neuesten Playboy-Heft abzuschleppen?

Es lohnt sich, darüber nachzudenken, was Sie sich wirklich wünschen. Viel Geld? Gut... aber warum? Wofür wollen Sie dieses viele Geld? In Ordnung, ein Ferrari kostet eine Menge Geld. Aber warum wollen Sie diesen Ferrari? Ach so, ja, wegen der Frauen. Und die Frauen wollen Sie...? In Wirklichkeit wollen Sie also kein Geld, sondern möglichst viel Sex. Wenn Ihnen jetzt Gott die Millionen nur so zuwirft, aber Sie vor lauter Arbeit weder Ihren Ferrari fahren noch die holde Weiblichkeit erobern können, werden Sie darüber alt und unglücklich, weil der falsche Wunsch erfüllt worden ist.

Jetzt sagen Sie bitte nicht, Gott wisse doch, was Sie wirklich wollen. Oh, ja, Gott weiß es, aber Sie haben ja unablässig auf ihn eingebetet, daß Sie Geld wollen, nur Geld, so viel wie möglich. Da sollten Sie nicht Gott vorwerfen, daß Sie bekommen haben, was Sie so eindringlich vorgetäuscht haben zu wollen.

Noch etwas sollten Sie bedenken: ein Hund kann alle Aufgaben eines Hundes vorbildlich erfüllen, ohne die Flügel, die er sich so dringend wünscht. Er wird sein Dasein als Hund beenden und höchstens als Adler wiedergeboren, aber nicht eines Morgens mit Flügeln aufwachen.

Sie sind auf der Erde, um eine ganz bestimmte Aufgabe zu erfüllen (mindestens eine). Die Resonanz hat Ihre Seele und dieses Leben zusammengebracht. Das können Sie ruhig als „göttlichen Auftrag" ansehen, auch wenn Gott Sie nicht zur Befehlsausgabe einbestellt hat. Diese Aufgabe ist ihr wichtigster Auftrag. Mit dieser Schwingung sind Sie auf die Erde gekommen, sie ziehen alles an, was zur Erfüllung Ihrer Aufgabe nötig ist. Das ist die Hauptschwingung. Dieser unterliegen Sie, unabhängig von Ihrem Gebet.

Im Rahmen Ihres Auftrags und bezogen auf Ihre Lebensumstände werden Gebete erhört. Beten Sie ruhig. Sprechen Sie mit Ihrem Schöpfer. Der Schöpfer hört Ihnen zu. So, wie ich den Objekten meiner Bildschirmsimulation zuhöre. Gott gibt nicht direkt, aber sein Wille wirkt in der Schöpfung. Und nach diesem Willen werden Sie erhalten, was Sie erbeten. Es wird zugleich das sein, was Sie verdient haben.

Gedanken sind Kräfte!

Stellen Sie sich einmal vor, Sie hätten ein Konto bei der Gottesbank. Da zahlen Sie natürlich keine Euro oder Cent ein, aber tun wir einmal so, als seien es tatsächlich Münzen, also Taler und Heller. Die

Gottesbank gibt Ihnen keinen Kredit, Ihr Konto dort kann nicht unter Null sinken. Alles, was Sie haben wollen, müssen Sie zusammensparen, Heller für Heller.

Mit dem Geld auf der Gottesbank können Sie sich Wünsche erfüllen. Kleine Wünsche kosten 1.000,- Taler, mittelgroße 50.000,- Taler und ganz große 1.000.000,- Taler. Ja, die Wünsche sind verdammt teuer, Sie müssen also sehr viel sparen, bevor Sie abheben können.

Und noch etwas: die Gottesbank bezahlt keine Zinsen, sie zieht Ihnen Zinsen ab! Wenn Sie nicht dauernd einzahlen, schmilzt Ihr Guthaben rasch dahin. Obendrein müssen Sie für jeden Wunsch ein neues Konto anlegen, auf das Sie nichts von anderen Konten übertragen können.

Auf einer irdischen Bank können Sie für eine Armbanduhr sparen, sich dann für eine Musikanlage entscheiden und am Ende das Geld benutzen, um den Führerschein damit zu erwerben. Auf der Gottesbank zerfällt das Guthaben „Uhr“, wenn Sie nur noch auf das neue Konto „Musikanlage“ einzahlen. Und auch davon können Sie nichts auf das neue Konto „Führerschein“ übertragen.

Gedanken sind Kräfte, Wünsche sind Kräfte, Gebete sind Kräfte... Wenn 20 Gläubige in einer Kirche das „Wirbittendicherhöreuns“ herunterleiern, dann zahlt jeder dieser Kirchenbesucher einen Heller auf der Gottesbank für diese Fürbitte ein. Hundert Millionen Beter zahlen hundert Millionen Heller, also die eine Million Taler, die ein großer Wunsch benötigt.

Inbrünstiges Beten, intensives Wünschen bedeutet nicht Heller, sondern Taler, die eingezahlt werden. Viele Taler. Sie können so viel beten, wie Sie wollen, Gott zieht Sie nicht aus der Lostrommel und erfüllt Ihren Wunsch, sondern Sie selbst bewirken das. Ihre Gebete, Ihre Gedanken materialisieren sich, erschaffen eine neue Wirklichkeit. Nicht Gott erfüllt Ihre Wünsche, sondern der göttliche Funke in Ihnen. Gott hat Ihnen alles mitgegeben, was Sie benötigen. Deshalb können Sie am Ende mit Fug und Recht sagen, Gott hätte Ihnen geholfen.

Gottes Wege sind unergründlich... Die Gottesmacht hilft Ihnen, das Geld für die Fahrschule zu bekommen, unterstützt Sie bei der Führerscheinprüfung, hilft Ihnen, ein Auto zu bekommen – aber Gott zaubert Ihnen keinen Führerschein mit passenden Autoschlüsseln auf den Nachttisch. Wunder erfordern Arbeit und dauern zumeist ein wenig länger.

Stellen Sie sich eine Kirchengemeinde vor, hundert Leute, die intensiv darum beten, daß sich eine Kerze auf dem Altar entzündet. Sie beten, Stunde um Stunde, bis schließlich das Wunder geschieht. Maria Jürgens, aus der zweiten Bankreihe, greift in Ihre Handtasche, holt eine Packung Streichhölzer heraus, geht zum Altar und zündet die Kerze an. Die Gemeinde jubelt und singt Hosianna...

Banal, oder? Haben Sie einen Blitzschlag erwartet? Da gibt es eine kleine Geschichte von einem Mann, der in einem Haus wohnt, das von Hochwasser bedroht ist. Der Nachbar bietet an, ihn mitzunehmen, doch der Mann vertraut auf Gott. „Gott wird mich retten!", sagt er glaubensfest. Das sagt er auch dem Boot vom Technischen Hilfswerk, das ihn mitnehmen will, als das Wasser schon das Erdgeschoß überflutet hat, und dem Hubschrauber der Bundeswehr, als er bereits auf dem Dach sitzt. Ja, er ertrinkt und stellt dafür Gott zur Rede, warum dieser ihn im Stich gelassen habe. Gott zuckt mit den Schultern und erwidert: „Ich habe dir den Nachbarn, das Technische Hilfswerk und die Bundeswehr geschickt – was hätte ich denn noch tun sollen?"

Ein Wunder muß nicht wie ein Wunder aussehen, um eines zu sein. Frau Jürgens hätte sich unter normalen Umständen niemals in die Nähe des Altars getraut und schon gar nicht dort eine Kerze angezündet. Natürlich hätte es jeder der Betenden genauso tun können, schon in der ersten Minute, aber kein Anderer hat es gewagt. Frau Jürgens wäre nicht ertrunken, sondern hätte Gottes banale Hilfe angenommen, anstatt ihr persönliches Wunder einzufordern.

Wo finde ich die Gottesbank?

Wenn Ihnen ein Prediger auf diese Frage das Gemeindekonto nennt, dann antworten Sie ihm, daß dort leider weder Heller noch Taler akzeptiert werden.

Sie tragen diese Gottesbank in sich, in Form des göttlichen Funkens. Die schöpferischen Kräfte, die einer Seele im Jenseits erlauben, ihre Umgebung einzurichten, besitzen Sie auch im Diesseits. Sie können Ihre Existenz, Ihr Leben direkt beeinflussen! Im Jenseits sind die Beträge, die Sie einzahlen müssen, allerdings deutlich geringer.

Die Gottesbank ist Ihr eigenes Unterbewußtsein, eine tiefere Schicht Ihres Selbst. Sie wollen abnehmen? Mit jeder Faser Ihres

Seins Ihr Gewicht reduzieren? Ja, das geht! Aber Sie müssen es wirklich wollen. Das heißt, Sie dürfen nicht den lieben Gott inbrünstig darum bitten, Ihre körperliche Last um ein paar Pfunde zu verringern, um anschließend ein Riesenschnitzel mit Beilagen zu verzehren und sechs große Bier beim Kegelabend zu trinken. Was die Waage am nächsten Morgen anzeigt, ist nicht die Strafe oder die Lustlosigkeit Gottes, sondern die Folge eines Wunsches, der nicht mehr als ein Lippenbekenntnis gewesen ist.

Ja, sicher, auch das ist wieder banal. Mit konsequent „Friß die Hälfte" kann jeder abnehmen, oder? Ja, aber da gibt es noch einen kleinen Zusatz. Wenn Ihr Unterbewußtsein entsprechend „programmiert" wird, dann verschwinden nach und nach die Gelegenheiten zu Freßorgien aus Ihrem Leben. Oh, auch das ist auf den ersten Blick banal, denn jene Freunde, die Sie bisher gerne zu „Schlemmerwochenenden" eingeladen haben, werden damit aufhören, wenn Sie nur noch ablehnen. Das ist noch nicht alles, denn die anderen Gelegenheiten zur unbegrenzten Kalorienzufuhr, die Ihnen bisher im Alltag immer wieder „zugestoßen" sind, verschwinden ebenso nach und nach, dafür bekommen Sie immer häufiger Gelegenheiten, sich zu bewegen.

Dieses Spielchen funktioniert genauso in anderen Bereichen. Ich habe schon im Alter von zehn Jahren davon geträumt, Schriftsteller zu werden. Folgerichtig habe ich Physik studiert und wurde Softwareingenieur – aber ich war nie zufrieden, auch wenn mir der Beruf durchaus gefallen hat. Irgendwann habe ich das Schreiben angefangen, nebenbei. Damals wurden es Romane, in denen ich meine Leser nicht nur unterhalten, sondern auch belehren wollte.

Ich habe also immer wieder in das Konto „Schriftsteller" der Gottesbank eingezahlt, immer mehr. Ich wollte unterhalten und belehren... Bis ich schließlich eingesehen habe, daß dies die falsche Reihenfolge ist. Jetzt belehre ich und tue das so unterhaltsam wie möglich – wie gut es mir gelungen ist, können Sie anhand dieses Buches selbst beurteilen. Jetzt bin ich Schriftsteller und Sie halten eines meiner Werke in den Händen.

Als Softwareingenieur habe ich mindestens das Vierfache verdient, jetzt lebe ich von der Hand in den Mund, aber ich arbeite in dem Beruf, den ich seit vierzig Jahren ausüben wollte, trotz aller Umwege in der Zwischenzeit.

Wenn Sie Ihr eigenes Leben durchforsten, werden Sie ganz bestimmt auf mindestens eine vergleichbare Geschichte stoßen. In Erfolgsbüchern wird das Unterbewußtsein programmiert, in esoterischen Bücher direkt beim Universum bestellt, die Kirchen der Welt erklären Ihnen, daß Sie fleißig zu beten und gottgefällig zu leben hätten – aber alles sind Ausprägungen des gleichen Phänomens, das ich hier die „Einzahlung auf der Gottesbank" genannt habe. Gott ist nicht „mit" uns, sondern in uns.

Aber überschätzen Sie sich bitte nicht! Sie sind nicht Gott, Sie entscheiden nicht, was geschieht, Sie versuchen nur, es zu bewirken. Und Sie stoßen dabei auf einen ganz massiven Widerstand: die Wünsche Ihrer Mitmenschen. Ja, auch die haben Konten bei der Gottesbank, auch die zahlen dort ein, auch die sparen auf Ziele hin. Oft genug sparen die lieben Mitmenschen gegen Sie an.

Sind es fünf Kandidaten für einen einzigen Dienstwagen, wird nur einer von ihnen diesen Dienstwagen bekommen. Der Skrupelloseste, der Fleißigste, der Beste, der Netteste? Oder derjenige, der schon am längsten bei der Gottesbank auf diesen Dienstwagen anspart. Friedolin Bauer, der drei weitere Karriereoptionen parat hat, wird weniger hart darum kämpfen, als Pia Frank, die schon seit Jahren beweisen will, daß Frauen im Außendienst dreimal besser sind als jeder Mann.

Natürlich ist die liebe Pia eine hinterhältige Beißzange, die jeden unfairen Trick benutzt, um den netten Friedolin auszustechen. Aber auch Friedolin weiß die Gerüchteküche zu schüren und seine Kollegen so zu loben, daß ein möglichst negativer Eindruck entsteht. Erst, wer wirklich tief bohrt, findet heraus, was letztlich den Ausschlag gegeben hatte.

Die Gottesbank, die völlige Hingabe an ein Ziel, der Wille, niemals, unter gar keinen Umständen aufzugeben, sorgt für den Unterschied. Oh, manchmal erscheint es banal, weil es so aussieht, als müsse man sich nur lange genug anstellen. Hin und wieder wird der sture Beamte, der alles blockiert hat, plötzlich hinwegbefördert, worauf der Widerstand verschwindet. Oft genug ist es ganz einfach harte, konsequente Arbeit, die den Erfolg bringt.

Manchmal sind es aber auch Zufälle. Sie hören einem fremden Gespräch am Nebentisch zu, kaufen eine andere Zeitung, weil Ihr gewohntes Lokalblatt vergriffen ist, oder Sie bemerken das Aufblitzen eines Lämpchens, für eine Zehntelsekunde. Das alles kann ein Problem lösen, das Sie schon lange mit sich herumtragen und an dem

Sie fast verzweifelt sind. Wer oder was hat Sie dahin geführt? Gott? Ihr Unterbewußtsein? Oder haben Sie durch Ihren ständigen Wunsch einfach Ihre Sinne geschärft, um Details zu bemerken, die Sie sonst übersehen hätten?

Gedankenverbrechen

Das ist das Gegenstück zur Wunscherfüllung der Gottesbank. Natürlich haben schädigende Gedanken ebenfalls eine Wirkung, auch wenn sie durch das Opfer zumeist direkt neutralisiert werden. Aber hin und wieder treffen solche schädlichen Gedanken auf ein angeschlagenes Opfer, das bereits tief in einer Krise steckt und nicht mehr aus noch ein weiß. Dann verschlimmern solche Gedanken den Zustand, werden zu richtigen Todesflüchen.

Dieser Mechanismus wird sogar von Staaten praktiziert. Gedanken verändern zwar nicht die Geschichte selbst, aber sie steuern das Bild von der Geschichte, das wir als Wahrheit akzeptieren. Deshalb betreibt ein Staat ganz gezielt Propaganda, zimmert an seinem Weltbild, überarbeitet seine Selbstdarstellung.

Niemand, der zu dieser Zeit gelebt hat, hätte seine Gegenwart als „finsteres Mittelalter“ empfunden. Im Gegenteil, für die Menschen war es ein Zeitalter der Gnade und der Erleuchtung, durften sie sich doch alle der Gegenwart Gottes bewußt sein. Finster und unwissend, das war das Heidentum, gnadenreich und erleuchtet das christliche Abendland. Das kärgliche Leben auf der Erde war ein geringer Preis für die Freuden des Himmelreiches.

Die Inquisition war nicht etwa eine Einrichtung, um Ketzer bis aufs Blut zu quälen, sondern sie sollte ihre Seelen vor der ewigen Verdammnis retten. Ihre Folterknechte sahen sich im Dienste des Guten, um den Menschen zu helfen.

Geschichte läßt sich darstellen und verdrehen, jede Generation versucht, sich selbst als die freieste und beste hinzustellen. Das ist keine „Volksverdummung“, sondern der Versuch einer gemeinsamen Schöpfung. Wenn die Propaganda greift, werden schlimmste Zustände erträglich, wenn sie versagt, wird jede Freiheit zur Bedrückung.

Gedanken sind Kräfte – Priester und Häuptlinge haben schnell gelernt, diese Kräfte zu wecken und zu ihrem Vorteil einzusetzen. Heute nutzen dieses Wissen Politiker und Ideologen, Einpeitscher und Demagogen, Manager und Werbefachleute. Es gilt, in den Köpfen der Menschen Verknüpfungen zu schaffen, sie einzahlen zu lassen auf ein allgemeines Konto der Gottesbank – zum Nutzen der Häuptlinge, natürlich.

Und der Mensch schuf Gott nach seinem Ebenbild

Nein, das ist kein Schreibfehler, auch wenn die Religionen das anders herum schildern. Na gut, ich spreche nicht vom wirklichen Gott, nicht vom Schöpfer selbst, sondern von jenen Gottheiten, die wir Menschen uns im Lauf der Geschichte so gegeben haben. Erinnern Sie sich? Jedes Gebet zahlt einen Heller an die Gottesbank...

Die olympischen Gottheiten der Griechen waren am Anfang mächtige Geister, die im Lauf der Geschichte immer mehr vermenschlicht wurden. Zeus, der Vater der Götter, hat seine angetraute Hera regelmäßig mit Menschenfrauen betrogen. Kein schöner Zug, oder? Trotzdem wurde der alte Schwerenöter über ein Jahrtausend als oberste Gottheit verehrt (später von den Römern als Jupiter).

Gut, die Vermenschlichung hat prima geklappt, aber wie steht es mit der Göttlichkeit? So dumm waren die alten Griechen nicht, daß sie über Jahrhunderte hinweg einen Gott angebetet haben, der völlig ohne Macht ist und nicht wirklich existiert.

Die Antwort klingt wie reinste Ketzerei: Zeus existiert, weil wir Menschen ihn erschaffen haben! Zeus, das ist ein Konto bei der Gottesbank, bei dem die Beter einzahlen und abheben. Deshalb ist Zeus für seine Gemeinde real und schöpfungsmächtig.

Die Physik lehrt uns mit ihren Erhaltungssätzen, daß nichts wirklich verloren geht, es wird höchstens umgewandelt. Ein Kieselstein, der in Japan in den Pazifischen Ozean geworfen wird, löst eine Welle aus, die über Tausende Kilometer hinweg San Franzisko erreicht, wenn wir entsprechende Meßgeräte hätten.

Wenn nun Gedanken Kräfte sind, und Wünsche und Gebete Einzahlungen bei der Gottesbank, zugleich nichts wirklich verloren geht, dann ballen sich dort Energien zusammen. Wenn sich auf dem Konto „Zeus“ Hunderte Millionen Taler ansammeln, lohnt es sich, dieses Konto anzuzapfen. Dann ist Zeus eine Gottheit geworden, die funktioniert – geschaffen von Menschen.

Wer sich in früheren Zeiten zum Satanismus bekannte, fand sich ziemlich schnell an einen Pfahl gebunden mit einer Menge Brennholz zu seinen Füßen wieder. Da konnten die Menschen recht wenig auf das Konto „Satan“ einzahlen, folgerichtig ließ sich da kaum etwas abheben. Heute hingegen können Sie sich unbesorgt zu Satan bekennen, Ihre schwarzen Messen abhalten, zumindest solange in Ihrer Nachbarschaft nicht allzu häufig Katzen oder kleine Kinder verschwinden.

Ja, Satan oder Luzifer sind ein Konto auf der Gottesbank, auf das derzeit sehr viel eingezahlt wird. Je mehr Energie darauf fließt, desto mächtiger wird dieser Satan, desto mehr kann der Teufel auf dieser Welt bewirken.

Die Energie auf der Gottesbank ist nicht neutral, wie Ihr Strom aus der Steckdose. Sie müssen sich das so vorstellen, wie einen Spezialfonds, den Ihr Bankberater anpreist. Ein „Rohstoffonds" handelt mit Gold, Erdöl oder Kupfer (bzw. den entsprechenden Aktien), kümmert sich aber nicht um Banken oder Automobile. Ein „grüner" Fonds engagiert sich in den Aktien von Solartechnik-Firmen, aber nicht in der Öl-Exploration. Die Energie auf dem Luzifer-Konto dient dem Chaos und der Zerstörung, nicht der Heilung von Krankheiten.

Auf der Gottesbank zählt nur eine einzige Währung: emotionale Energie. Ein Opfer, welcher Art auch immer, zählt nur durch die freigesetzte Energie des oder der Opfernden. 20 Euro im Opferstock verschwinden in der Kirchenkasse, sie gehen nicht auf die Gottesbank. Die Überwindung des Gebenden jedoch, das Bewußtsein, gegeben zu haben, diese emotionale Energie fließt auf die Gottesbank, sie trägt ihr Scherflein zum Ziel bei, nicht der bunte Schein in der großen Sparkasse.

Wenn Satanisten einen Ritualmord begehen, zum Beispiel ihrem „Gott" ein Kind opfern, eine reine, unbefleckte Seele, dann geschieht der Seele des Opfers nichts. Sie wird nicht vom Teufel gefressen und in die Hölle gezerrt, sie gelangt ins Jenseits, so als wäre das Kind bei einem Verkehrsunfall gestorben. Die ganzen magischen Bannsprüche setzen nur die Energie der Mörder frei, mehr nicht. Ja, ein gemordetes Kind bewirkt natürlich viel mehr, als eine zerhackte Maus, weil sich jeder Teilnehmer der Runde seiner Tat bewußt ist, sich eindeutig entschieden hat, sich gegen das Leben zu versündigen. Dieses Verbrechen zu gemeinsamer Hand schafft einen „Pakt" mit dem Teufel, der diese Leute zuverlässig in die Kreise der Hölle im Jenseits führt, das Opfer jedoch bleibt unbefleckt.

Auf der Erde wächst die zerstörerische Höllenenergie an, Satan wird mächtiger und gegenwärtiger. Seine Macht läßt sich anrufen, um Böses zu bewirken, also zu „erschaffen".

Zeus, oder sein Modell 2.0 mit dem Handelsnamen Jupiter, wurden in der Antike im damaligen „Erdkreis" wirksam, so wie die vielen anderen Götter, zu denen die Menschen gebetet haben. Ares/Mars versprach keinen Kindersegen, sondern Kriegsglück, Poseidon/Neptun sichere Überfahrt auf dem Meer. In der Anrufung der Götter bündelte sich die schöpferische Energie der Menschen und die beobachteten Wirkungen bestärkten im Glauben an die Götter. Diese Götter erschienen den Menschen in ihren Träumen, sie begrüßten sie an der Schwelle des Jenseits' – und doch waren es Götter, die von den Menschen nach ihrem eigenen Bild erschaffen worden waren.

Erscheinungen und Besessenheit

Diesen Abschnitt füge ich der Vollständigkeit halber an. Es handelt sich um Spekulationen, um den Versuch einer Erklärung für Phänomene, die immer wieder passieren, sich aber den rationalen Erklärungen entziehen. Es ist wieder einmal Okkhams Razor, den ich hier einsetze, um auf eine Hierarchie geistiger Wesenheiten, wie Engel, Dämonen und Teufel, als Erklärung verzichten zu können.

Ich vermag nicht zu entscheiden, ob es Marienerscheinungen tatsächlich gibt oder gegeben hat. Natürlich wäre es leicht, diese und andere Erscheinungen als Hirngespinste oder Wahnvorstellungen abzutun, aber das wäre zu einfach. Es gibt zwei Erklärungen, die ohne einen göttlichen Eingriff auskommen.

Zum einen ist unser Bewußtsein, unser Ich nur ein kleiner Teil unserer Seele. Der größte Teil ist verborgen, das Wissen um die vergangenen Leben ist uns nicht zugänglich. In besonderen Fällen könnte jedoch die Grenze überwunden werden und die Seele dem Bewußtsein Bilder übermitteln. Diese Bilder können Botschaften sein, Schauungen der Zukunft oder ganz einfach Geistesblitze. Der Empfänger vermeint, die Stimmen der Heiligen zu hören oder von einem Erzengel besucht zu werden.

Dies könnte bei der Jungfrau von Orleans der Fall gewesen sein, es würde sogar die Entstehung des Korans erklären. Noch besser eignet sich diese Erklärung für die Besessenheit. Es ist kein fremder Dämon, der vom Körper Besitz ergriffen hat, sondern die eigene Seele, die über uraltes Wissen verfügt und deshalb fremde, vor allem alte Sprachen beherrscht.

Die zweite Form ist ein zeitweiser Übertritt aus dem Jenseits. Wenn Äolia aus dem Grünen Land der Erde eine Warnung zukommen lassen will, benötigt sie die Energie, die sich auf der Erde angesammelt hat. Natürlich würde sie nicht als Äolia erscheinen, sondern als eine Person, die den Kindern vertraut ist, denen sie sich zeigt, eben als Maria – oder in früheren Zeiten als Pallas Athene.

Kinder haben als Boten den Nachteil, daß ihnen selten geglaubt wird, aber sie eignen sich besser als Empfänger, weil sie anders als Erwachsene noch nicht „betriebsblind" geworden sind, also das Ungewöhnliche bereitwillig akzeptieren. Den Übertritt schaffen nur mächtige, uralte Seelen aus dem Jenseits und auch das nur für einen kurzen Zeitraum. Da werden keine Bücher diktiert, die Botschaften sind kurz und einprägsam.

Gefährlicher ist jedoch die Besessenheit in dieser zweiten Form. Wenn die satanische Energie auf der Erde immer weiter zunimmt, erlaubt sie dunkeln Seelen den Übertritt, den Ausbruch aus dem Jenseits. Sie schaffen es nicht von allein, sondern nur dank massiver Hilfe aus dem Diesseits. Diese Seelen finden keine Möglichkeit zur Inkarnation, deshalb wählen sie diesen Weg. In den Kreisen der Hölle haben sie Macht, denn ich spreche hier nicht über einen Isaac Treuman, der nicht einmal weiß, wo er wirklich ist.

Die Seelen in den Lichtebenen können missionieren, die Anhängerschaft des Bösen reduzieren, ihnen beim Aufstieg helfen. Die Seelen der Dunkelebenen können das nicht. Ihre einzige Möglichkeit, neue Anhänger anzuwerben, bietet die Erde.

Wenn sich ein Kanal öffnet, der eine mächtige, dunkle Seele zur Erde gelangen läßt, benötigt diese einen Wirt, um sich auf der Erde halten zu können. Dieser Wirt muß schwach sein, also eine unerfahrene Seele, die ihren Körper nicht verteidigen kann. In diesen Körper zieht die dunkle Seele als beherrschender Untermieter ein. Anders als Lichtseelen verankern sich diese Seelen in ihren Opfern, beziehen aus ihnen Energie, deshalb können sie für längere Zeit im Diesseits operieren.

Die dunkle Seele ist nicht stark genug, um den Eigentümer aus dem Körper zu vertreiben, aber sie kann die Person in begrenztem Umfang in ihrem Sinne handeln lassen. Eine richtige Basis für böse

Handlungen ist die erzwungene Besessenheit jedoch nicht, da die besetzten Personen so gut wie nie in einer wirklichen Machtposition auf der Erde leben. Was die Besessenheit allerdings vermag, ist die Zeugung eines Kindes in einem durch und durch negativen Umfeld, also eine Inkarnationsmöglichkeit für eine Seele aus den unteren Kreisen der Hölle.

Es gibt noch ein drittes Phänomen, das in der esoterischen Literatur geschildert wird, die sogenannten „Walk-Ins". Dabei überläßt eine Seele, die ihren Lebensauftrag erfüllt hat, freiwillig ihren ausgewachsenen Körper einer anderen Seele, die diesen dann als Basis für eigene Ziele benutzt und vollständig beherrscht.

Ich weiß nicht, ob dies tatsächlich möglich ist, die Gesetzmäßigkeiten einer Inkarnation sprechen eindeutig dagegen. Die alte und die neue Seele müssen die exakt gleiche Wertigkeit aufweisen und auch noch miteinander korrespondieren, sich über diesen Austausch verständigen. Die übernehmende Seele benötigt die komplette „Lebensdatenbank" der übergebenden Seele, also alles Wissen und jede Erfahrung, damit der Austausch nahtlos erfolgt. Dr. Jekyll darf nicht zum Mr. Hide werden, er muß weiterhin als Dr. Jekyll auftreten, auch wenn er seine Lebensumstände ab jetzt ändern wird. Die neue Seele muß zusätzlich noch ihr eigenes Wissen mitbringen, um den Auftrag erfüllen zu können. Die Datenmengen sind einfach zu groß für eine nahtlose Übergabe. Bestenfalls wäre ein solches Walk-In im Rahmen einer langen, schweren Krankheit denkbar, die genügend Zeit für den Austausch bietet.

Ehe Sie jetzt jeden Anflug von Schizophrenie für Besessenheit halten und das Auftreten der „Midlife-Crisis" für einen Walk-In: Damit eine Seele aus dem Jenseits schlüpfen kann, ohne regulär zu inkarnieren, sind große Mengen an Energie nötig. Zudem muß sie sich hier im Diesseits halten können, in einem unbekannten Körper, einem ausgetretenen und viel zu engem „Schuh". Walk-Ins sind eine Theorie, sie widersprechen dem freien Willen und den Lebensaufgaben.

Wenn Sie Ihren zweisitzigen „Smart" einer Spedition überlassen, wird daraus schließlich auch kein Lkw – was also sollte der Körper des Taxifahrers Arno Fischer einer Seele nützen, die eine neue Heilslehre begründen möchte? Zumal diese Seele nur wenig ihres Wissens in diese Walk-In-Inkarnation mitnehmen kann. Die 70.000 Lebensjahre einer Äolia sind ihr Wissen im Grünen Land, gewissermaßen ein ganzer Palast an Informationen. Bei ihrem Eintritt in Arno Fischer könnte sie aus ihrem Palast gerade eine Handtasche an Wissen mitnehmen, durch den „Zoll“ bringen, der an der Schwelle zu einer Inkarnation steht.

Ich kann Sie deshalb beruhigen: Unsere Politiker mögen zwar böse Satanisten sein, aber sie sind weder besessen noch Walk-Ins. Sie sind ganz normale Menschen, die sich spätestens vor dem Seelengericht für Ihre Handlungen verantworten müssen.

Und nein, Ihre böse Nachbarin ist ebenfalls nicht vom Teufel besessen. Selbst Ihre Erbtante hat ihr Testament nicht geändert, weil sie durch ein Walk-In zu einer ganz anderen Person geworden ist, sondern weil sie von dritter Seite erfahren hat, daß Sie ihre schöne Jugendstil-Villa im Erbfall schleunigst verkaufen und mit dem Geld eine Büffelfarm in Arizona aufziehen möchten.

Aufstieg

Gottfried Brand saß in seiner kargen Studierstube und kopierte eines der großen Bücher der Weisheit. Sicher, als erfahrener Bewohner der Sonnenstadt hätte er die Abschrift einfach erschaffen können, doch es kam nicht darauf an, ein Duplikat zu erstellen, sondern über das zu reflektieren, was er in den Büchern vorfand.

Natürlich lebte er in der Sonnenstadt nicht in einer düsteren, feuchten Mönchsklause, im tiefen Wald mit Wänden aus unbehauenen Steinen und spärlichem Licht. Seine Zelle hatte Gottfried wohnlich eingerichtet, aber eben nur mit dem Nötigsten: seinem Schreibtisch am großen Fenster, durch das freundliches, warmes Sonnenlicht den ganzen Raum erhellte, ein Bett als entspanntes Ruhelager und ein großes Symbol des Vaters der Sonne an der Wand.

Gottfried hatte zu den ersten Christen gehört, auf der Erde und im Himmlischen Eonata. Dort hatte er beharrlich für den neuen Glauben geworben und sechs Leben als Missionar für das Christentum gearbeitet, bis er schließlich soweit gewesen war, den Weg in die Sonnenstadt zu finden und seinen Glauben richtig einzuordnen. Vor tausend Jahren hätte er dieses Buch nicht kopiert, sondern ins nächste Feuer geworfen.

Diesen Raum hatte Gottfried zugewiesen bekommen, gleich nach seiner Ankunft. Er hatte gelernt, ihn prächtig auszustatten, ihn zu schmücken und jedes Mal zu verschönern, wenn er von der Erde zurückgekommen war, als wohnliches Domizil, von dem aus er sich den Missionen in die Dunkelzonen anschloß. Doch vor 200 Jahren hatte er eingesehen, daß er dies alles nicht benötigte, und sich auf das Wesentliche beschränkt.

Er hatte das alte Gottessymbol aus Eonata an der Wand erscheinen lassen, nicht als Ausdruck seiner Bekehrung, sondern zur ständigen Ermahnung, daß es einen Gott gab, der dieses Universum geschaffen hatte. Einen Gott, der größer war, als jede von den Menschen erfundene Religion. Deshalb hatte er ein Symbol gewählt, das auf der Erde nicht mehr angebetet wurde.

Gottfried besuchte hin und wieder die Gottesdienste im Tempel, vor allem vor den Missionszügen in die dunklen Reiche. So stimmten sie sich ein, vereinten ihre Gedanken und ihren Willen, um dem Zug Schutz und Erfolg zu garantieren.

Es klopfte an der Tür. Gottfried wunderte sich, denn niemand besuchte ohne Einladung einen Bewohner der Sonnenstadt, folglich hatte noch nie zuvor jemand an seine Tür geklopft. Bei diesem Aufenthalt hatte er sich so in seine Studien vertieft, daß er zweimal ins Forum gerufen worden war, um an Missionsreisen teilzunehmen, aber das war durch einen gedanklichen Ruf erfolgt, nicht durch einen persönlichen Besuch.

Gottfried verzichtete darauf, die Tür einfach aufzudenken. Er stand auf und öffnete ganz konventionell. Vor der Tür stand ein schlanker, hochgewachsener Mann mit gepflegtem Bart, der eine Paradeuniform der kaiserlichen Kriegsmarine trug.

„Oberleutnant zur See Max von Wildau“, stellte sich der Besucher vor, schlug dabei die Hacken zusammen und grüßte.

Ohne nachzudenken legte auch Gottfried seine alte Uniform an. „Oberfeldwebel Brand – es ist mir eine Ehre, Herr Oberleutnant!“

Herr von Wildau trat ein und erschuf einen bequemen Sessel. „Ich komme als Bote zu Ihnen, Herr Oberfeldwebel. Bitte, setzen Sie sich.“

Gottfried begriff, daß der Sessel für ihn sein sollte. Er setzte sich und betrachtete den Besucher genauer. „Sie... Sie sind... der Erzengel...“

„Ja, und früher war ich Max von Wildau“, erklärte der Besucher. „Aber nicht sehr lange...“

„Ich verstehe“, erwiderte Gottfried. „Im Skagerrak, vermute ich?“

„Nein, nur ein kleines Scharmützel auf der Doggerbank“, verriet der Oberleutnant. „Weit weniger berühmt, als Ihre Schlacht um Stalingrad – und weniger entbehrungsreich.“

„Ich hätte gerne auf diesen Ruhm verzichtet“, gab Gottfried zu. „Januar ’43, kurz vor der Kapitulation, haben sie mich noch erwischt. Wir waren reichlich verblendet, damals.“

„Ja, Gottfried, so sind die Menschen eben.“ Der Besucher veränderte sich, wurde zu einer Frau im weißen Kleid. „So gefalle ich mir besser. Wenn ich nicht gerade als Erzengel eine Mission führe, bin ich Gudrun, aus dem Garten von Giläon. Ich bin gekommen, um dich auf die nächste Ebene zu führen.“

„Gudrun?“, staunte Gottfried. „Aber...“

„Ich war eine Bauersfrau im 30jährigen Krieg, mehr möchte ich nicht sagen. Es war ein schönes, kurzes Leben, sehr wertvoll, im Nachhinein."

Gottfried verstand und nickte. Er tauschte seine Uniform gegen jene Tunika, die hier in der Sonnenstadt die meisten Seelen trugen. „Ich habe mich nur gewundert, daß das wieder ein deutscher Name ist. Ja, ich weiß, es bedeutet hier nichts, aber..."

Gudrun lächelte sanft. „Ja, ich verstehe. Bei Max von Wildau sollte die Welt am deutschen Wesen genesen und dir hat man diese Lehren von der Überlegenheit der arischen Rasse eingetrichtert. Du weißt zwar, daß das alles Blödsinn ist, aber es hat einen wahren Kern."

„Bitte?"

„Ja. Seit mindestens fünfhundert Jahren wird Deutschland gequält und ausgebeutet, ist das Schlachtfeld der Völker und das Opfer der Sieger. Man muß sich anstrengen, um als Deutscher auf der Seite des Guten zu bleiben, wenn man ständig in den Schmutz gezogen wird und Gewalt erfährt. Aus diesem Grund findest du in den höheren Ebenen viele Seelen, die ihr letztes Leben in Deutschland zugebracht haben, denn dies ist ein Prüfstein der Völker. Wer sich an Deutschland versündigt – und auch das ist leicht, bleibt auf der Erde straflos – sinkt in die tieferen Ebenen hinab. Deshalb, nach all dem Leid der Jahrhunderte, wird in Deutschland schließlich das Licht der Welt entzündet werden. Vielleicht ist es dir bestimmt, daran mitzuwirken?"

„Du meinst...?", fragte Gottfried ungläubig.

Gudrun zuckte mit den Schultern. „Es wird deine Entscheidung sein, wenn es soweit ist. Ich bin gekommen, um dich ins Sommerland zu geleiten. Es ist alles bereit für die große Zeremonie im Tempel."

„Danke, aber..." Mit einer hilflosen Geste wies Gottfried auf seine angefangene Abschrift. „Wir haben uns die Erde doch selbst geschaffen, oder? Hast du dir das Seemannsgrab bei der Doggerbank erschaffen? Und ich Stalingrad? Die Briten oder die Russen haben mehr zu Gott gebetet und Gott hat uns in diese Schlachten geschickt, das würde ich verstehen, aber wenn wir selbst dafür verantwortlich sind?"

„Gott will keinen Menschen töten, auch nicht, wenn dies kein wirklicher Tod ist. Schließlich unterbricht er damit einen Lernvorgang... Wir Menschen hingegen sind so unvernünftig, Erdenleben vorzeitig zu beenden."

„Ja, aber – warum? Wieso Stalingrad?" Gottfried wurde zum ausgemergelten, hohlwangigen Oberfeldwebel Brand, bärtig, abgerissen, in jede Art wärmende Lumpen gehüllt, die er hatte auftreiben können, von Schmutz und Blut bedeckt. „Das ist Stalingrad, so war es in den letzten Tagen."

„Ja, ich sehe, was du mir sagen möchtest." Gudrun mußte einen Augenblick nachdenken. „Ihr habt Polen geschlagen, ihr habt Frankreich geschlagen, ihr seid nach Rußland vorgestoßen, habt Tod und Vernichtung gebracht, weit überlegene Gegner besiegt. Aber ihr wart Deutsche, verstehst du? Ihr wart nicht blind gegenüber dem Leiden der Besiegten, ihr habt euch immer gefragt, ob Gott wirklich von euch will, daß ihr die Welt mit Blut überzieht. Eure Feinde haben sich das nie gefragt, sie waren abgestumpfter, haben ihrer eigenen Propaganda viel mehr geglaubt. Hast du nicht selbst einen der ‚Fakkelmänner' besucht?"

„Ja." Gottfried schauderte bei dieser Begegnung, die ihn das erste Mal in den Abyss geführt hatte. Er hatte seine Kräfte überschätzt und nur, weil ihm gerade noch rechtzeitig ein Kamerad beigesprungen war, hatte er es vermieden, seinen Schleier zu senken, um große Teile des Abyss zu verbrennen – und sich damit selbst zu schaden.

„Er hat mir voller Haß auf alles Deutsche beschrieben, wie er bestialisch seine eigenen Landsleute ermordet hat, in deutscher Uniform, um sie zu Partisanenaktionen aufzustacheln. Er hat mir seine Orden präsentiert und lachend berichtet, wie seine Opfer sich schließlich auf die Deutschen gestürzt hatten, als Vergewaltiger und Mörder in Ostpreußen. Ich... Ich..."

Gudrun berührte ihn sanft an der Stirn und erfüllte ihn mit beruhigender Kraft. „Ja, aber trotz allem – für ihn war es ein erstes Begreifen dessen, was ihn in diese Tiefen hinabgezogen hatte. Und für dich war das die letzte Prüfung. Ich habe dich damals zurückgebracht, in die Sonnenstadt, aber ich konnte mich nicht um dich kümmern, da ich wieder in den Abyss gehen mußte, um meiner Expedition beizustehen. Du hast damals ein Geschenk empfangen – und eines gegeben."

Gottfried stöhnte leise, aber er veränderte trotzdem seine Gestalt wieder zu einem Bewohner der Sonnenstadt. „Ja, aber... Warum dieser Haß?“

„Ich weiß es nicht, denn so tief bin ich selbst nie hinabgetaucht. Das 20. Jahrhundert hat die Pforten der Hölle geöffnet, deshalb strebt die Erde einer Erneuerung zu. Weil den finsteren Ebenen bald der Weg zur Erde verschlossen sein wird, haben sich dunkle Seelen verstärkt ins Leben gedrängt. Es war ihre letzte Gelegenheit zur Rettung, zur Umkehr, denn im nächsten Zeitalter wird die Erde ihnen verschlossen sein.“

„Aber warum alle gegen Deutschland?“, wunderte sich Gottfried. „Wir wollten doch das Gute! Warum ist statt dessen das Böse über uns hergefallen?“

Gudrun schickte Gottfried einen Strom von Liebe, wie ihn nur mächtige Seelen aussenden konnten. „Diesem Land wird es bestimmt sein, das Licht des neuen Zeitalters zu entzünden. Deshalb wird es bekämpft, wird es geschwächt, umerzogen und ausgeblutet. Die deutsche Sprache ist die reichste Sprache der Welt, die sich wie keine andere eignet, um Gedanken und Gefühle auszudrücken, deshalb wird sie zurückgedrängt, immer seltener gesprochen. Aber nichts davon wird gelingen.“

„Das heißt, unser Tod hatte einen Sinn?“

Gudrun schüttelte den Kopf. „Nein. Oberleutnant von Wildau hat so gerne gelebt wie Oberfeldwebel Brand. Wir waren beide Opfer eines großen Weltgeschehens, Randfiguren – aber wir haben unsere persönlichen Lehren daraus gezogen.“

„Bin ich wirklich schon so weit, daß ich diesen Schritt wagen kann?“, vergewisserte sich Gottfried.

„Ja, denn wärst du es nicht, hättest du daran keine Zweifel.“ Mit einer Handbewegung schickte Gudrun die beiden Bücher in die Tempelbibliothek zurück. „Ein Anderer wird dieses Werk fortsetzen.“

Gottfried stand auf. „Ja, ich komme mit. Ich habe es mir nur ein wenig spektakulärer vorgestellt.“

Von Gudrun strahlte ein helles Licht aus. Jetzt erst bemerkte Gottfried den Schleier, der sie umgab. „Wen hast du als Boten erwartet? Wer wäre dir gut genug?“

„Ich..." Gottfried atmete tief ein. „Es stimmt, wen sollte ich sonst erwarten?" Er löste seinen spärlichen Besitz auf, bis auf das Zeichen des Vaters der Sonne an der Wand. „Dies hinterlasse ich dem nächsten Bewohner."

„Gut." Gudrun veränderte Gottfrieds Tunika, die ihn jetzt wie flüssiges Gold umgab. Gemeinsam traten sie vor den Eingang zum zentralen Tempel, ein einziger Schritt, der sie über Kilometer führte, direkt vor einen der kleinen Eingänge ins Zentrum, jenseits der Seitenflügel, die den irdischen Religionen gehörten.

Gottfried betrat den Tempel und stellte fest, daß seine Freunde ihn bereits erwartet hatten. Er begrüßte sie und nahm gleichzeitig von ihnen Abschied. Als er sich von ihnen löste, stellt er fest, daß Gudrun nicht mehr bei ihm war.

Gottfried erinnerte sich an frühere Zeremonien. Ja, auch da waren die Kandidaten allein ins Zentrum geschritten, ohne einen Führer, der ihnen dabei die Hand hielt.

Ich möchte Euch bitten, Eure Plätze einzunehmen.

Einen derart reinen und klaren Gedankenstrom hatte Gottfried noch nie empfangen. Er blickte zu den drei Altären des Zentraltempels, die den Urreligionen geweiht waren, der Erdmutter, dem Sonnenvater und in der Mitte dem Vater der Sonne. Drei Priester standen dort, in den Roben des alten Eonata, doch in unterschiedlichen Farben.

Gottfried wußte, daß er in den freien Raum treten sollte, mit drei anderen Kandidaten, die ebenfalls aufsteigen würden. Seine Freunde verteilten sich auf die vorderen Bankreihen. Andere Besucher hatten sich eingefunden, um der Zeremonie beizuwohnen, so wie es auch Gottfried schon getan hatte.

Der mittlere Priester, ganz in Weiß, eröffnete die Zeremonie „Willkommen, Ihr, die Ihr eingeladen wurdet, den nächsten Schritt zu tun! Tretet vor die alten Altäre der Menschheit!"

Die Priesterin zur Linken trug ein grünes Gewand mit braunen Säumen. „Ich heiße Euch willkommen, im Namen der Erdmutter! Ihr seid Kinder der Erde, geboren aus dem Schoß der Großen Mutter, und nun bereit, den nächsten Schritt zu tun. Ich segne Euch im Namen der Erdmutter!"

Sie breitete ihre Hände über dem Altar aus und sandte einen Strom Energie in die Tempelhalle. Als Zuschauer hatte Gottfried nur eine angenehme, wärmende Welle der Geborgenheit verspürt, doch als Kandidat umfaßte ihn unbändige Liebe, so als wäre er in den Schoß seiner Mutter zurückgekehrt, um alles zu empfangen, was ihm seine Mutter jemals gegeben hatte.

Der Priester zur Rechten trug ein himmelblaues Gewand mit goldenen Säumen. „Ich heiße Euch willkommen, im Namen des Sonnenvaters! Ihr, die Kinder der Erde, wurdet durch das Licht der Sonne gezeugt und am Leben gehalten! Tretet ein in den nächsten Zyklus, empfangt das Licht und den Segen der Sonne!“

Diesmal traf Gottfried ein Gluthauch, im ersten Augenblick sengend, doch dann belebend, jede Faser seiner Existenz mit Kraft und Stärke füllend, mit einer Macht, die er noch nie in seinem Leben verspürt hatte.

Die Zuschauer sangen eine alte Hymne, an den Herrscher aller Welten, den König im Himmelsrund. Dieses Lied kannten alle Menschen in der Sonnenstadt, sie sangen es als Hymne an jeden denkbaren Gott, der doch nur ein Aspekt dessen war, was Eonata als den Vater der Sonne bezeichnet hatte.

Die Priesterin der Erdmutter und der Priester des Sonnenvaters traten jetzt an die Seite des zentralen Altars, einem Sockel, der eine kristallene Kugel enthielt. Ein ebensolcher Altar stand vor Jahrtausenden im großen Tempel von Eonata, dort hatte man den Kristall als das Herz der Sonne bezeichnet. Die Roben der Priester veränderten sich, wurden zum reinen Weiß, glichen sich damit derjenigen an, die der mittlere Priester trug.

Die drei Priester sprachen gleichzeitig dieselben Worte. „Wir heißen Euch willkommen im Namen des Vaters der Sonne! So, wie Sonne und Erde Seine Kinder sind, seid auch Ihr Seine Kinder. Vor Euch liegt ein weiterer Schritt in Eurer Existenz, ein Schritt, der Euch dem Vater der Sonne näherbringen wird. Wir heißen Euch willkommen im nächsten Reich! Geht nun Euren Weg, wie so viele vor Euch, und wie noch viel mehr, die Euch nachfolgen werden! Tretet ein ins Herz der Sonne!“

Gottfried wußte, wie die Zeremonie verlief. Die Kandidaten wurden immer kleiner, schwebten auf den Kristall zu, tauchten darin ein und verschwanden.

Jetzt spürte er den ***Ruf***, empfand den Drang, auf den Kristall zuzutreten. Jeder Schritt brachte ihn dem Kristall näher, das wußte er, doch der Kristall blieb unerreichbar fern. Statt dessen wuchs er an. Die Priester waren längst verschwunden, verdeckt durch den Kristall. Gottfried bewegte sich auf festem Boden, auch wenn er diesen nicht sehen konnte. Aus den Augenwinkeln nahm er wahr, daß sich der Sakralraum hinter ihm nicht verändert hatte. Er schien so groß zu sein, wie jeder andere Mensch hier im Raum, war also nicht eingeschrumpft.

Gottfried empfand Scham, daß er auf das geachtet hatte, was hinter ihm zurückbleiben würde. Energischer schritt er aus, auf den riesigen Kristall zu, der jetzt gleißend hell denn ganzen Horizont ausfüllte. Wie lange waren sie bereits unterwegs? Eine halbe Minute? Eine ganze Stunde? Gottfried hatte jedes Zeitgefühl verloren.

Dann hatte er den Kristall erreicht. Eine glatte Wand, ohne erkennbare Wölbung, aus hellem, undurchsichtigem Licht erstreckte sich vor ihm und seinen drei Begleitern. Sein Instinkt riet ihm, den Arm auszustrecken, doch er unterdrückte den Impuls und ging den allerletzten Schritt, in das Licht hinein, das ihn aufsog.

Der Lichtvorhang erwies sich als eine dünne Haut, die Gottfried mühelos durchstieß, ohne etwas zu fühlen. Er trat hinaus auf eine grüne Rasenfläche, mit herrlichen Blumen. Der Lichtvorhang hatte sich aufgelöst, Gottfried hatte den Tempel verlassen. Jetzt stand er hier, allein auf weiter Flur, denn selbst die drei Anderen waren nicht mehr an seiner Seite.

„Willkommen im Sommerland, Gottfried“, begrüßte ihn eine freundliche Frauenstimme.

Gottfried fuhr herum, halb erschrocken, halb erleichtert. Eine blonde Frau in einem bequemen Kleid stand vor ihm.

„Ich bin Liburtia, deine Nachbarin und vielleicht auch deine Lehrerin. Sei herzlich willkommen.“

Seitlich von Liburtia entdeckte Gottfried ein Haus, das vor einigen Sekunden noch nicht dort gestanden hatte.

„Ja, Gottfried, dies ist dein Haus. Hier wirst du ab jetzt leben, im Sommerland. Richte dich ein, ich hoffe, es gefällt dir.“

Gottfried Brand atmete tief ein. Die Luft roch würzig und frisch, wie an einem herrlichen Sommertag. Wenn es irgendwo im Jenseits oder auf der Erde einen Ort gab, der noch weniger mit dem Stalingrad des Januars 1943 zu tun hatte, als dieser, so hatte ihn Gottfried noch nicht gefunden.

Jetzt, in diesem Augenblick, beschloß er diese Erinnerung loszulassen. Was er seit Jahrzehnten nicht gekonnt hatte, gelang ihm nun in einem einzigen Augenblick. Aus dem stämmigen Deutschen wurde ein zartgliedriger, nicht allzu großer Südländer.

„Ich bin Eubaios, ein Dichter aus dem hunderttorigen Theben.“

„Das freut mich“, antwortete Liburtia. „Willkommen, Eubaios!“

Der freie Wille

Der freie Wille des Menschen wird zum einen hochstilisiert, als jene Eigenschaft, die uns erst zu Menschen erhebt, jenseits der Instinktnatur des Tieres, zum anderen in Frage gestellt und wissenschaftlich weggemessen. Wie letzteres geht? Oh, ganz einfach: Sobald Sie sich entschließen, Ihren Arm zu heben, sagen Sie es und tun Sie es. Regelmäßig messen die Wissenschaftler Nervenimpulse an diesem Arm, einige Zehntelsekunden, bevor Sie sagen, daß Sie den Arm heben wollen. Die Wissenschaftler leiten damit ab, daß nicht Sie bestimmen, was Sie tun, sondern ein „Es" in Ihnen, das für Sie übernimmt.

Was Neuro-Wissenschaftler immer wieder erstaunt, ist für Programmierer der alten Schule ganz normal. So bis 1985 herum wurden „fest verdrahtete" Funktionen in Rechnern schneller ausgeführt als frei programmierbare, damals schlug das ROM in der Geschwindigkeit das RAM. Die kleinen Rechner der damaligen Zeit hatten ihr Betriebssystem und ihre steuernde Software im ROM, es stand nach dem Einschalten sofort zur Verfügung, ohne erst lange von Diskette oder Festplatte geladen werden zu müssen.

Die folgende (und auch die heutige) Rechnergeneration hingegen hatte in ihrem ROM nur noch ein paar Routinen, um das Betriebssystem laden zu können. Damit wurden die Rechner flexibler, denn eine Diskette auszutauschen für ein neues, moderneres Betriebssystem ist viel einfacher, als den Rechner zu öffnen und Chips auszutauschen.

Beim Menschen sind die Bewegungen des Arms „fest verdrahtet" und die Nervenbahnen seit Hunderten von Millionen Jahren optimiert. Der Bewegungsapparat funktioniert bei einem australischen Ureinwohner so wie bei einem nordamerikanischen Indianer – und unterscheidet sich nur graduell von dem eines Krebstierchens. Das alles ist eingebaut, Sie benutzen das, ohne lange darüber nachzudenken.

Der „Sprachprozessor" hingegen ist relativ neu, jünger als 500.000 Jahre, und zudem völlig frei programmierbar, auf Chinesisch, auf Deutsch, auf Russisch – und mit ein wenig Übung verfügen Sie sogar über mehrere Sprachversionen parallel.

Die fest verdrahteten Funktionen des menschlichen Körpers laufen noch immer schneller ab als die frei programmierbaren. Wenn Sie als Tourist ihr erstes Bier auf Spanisch bestellen wollen, haben Sie dafür relativ viel Zeit. Wenn jedoch ein Blumentopf auf Sie herunterfällt, sollten Sie ohne langes Nachdenken sofort zur Seite springen.

Wenn Sie sich entschließen, „Jetzt“ zu sagen, geht das über den langsamen Sprachprozessor, während Ihre Finger bereits über die schnellen, eingeschliffenen Nervenbahnen den Schalter betätigen. Trotz der meßbaren Zeitunterschiede handelt da kein „Es“, sondern Sie, mit Ihrem freien Willen.

Natürlich gibt es Situationen, in denen können Sie nicht anders handeln. Als Mädchen noch ausschließlich Kleider und Röcke getragen haben, haben sie die Beine geöffnet, wenn ihnen etwas in den Schoß fiel, um so den Stoff zum Auffangen mit auszunutzen. Hosentragende Buben hingegen haben die Beine geschlossen, da es keinen Stoff dazwischen gab. Das sind antrainierte Reflexe, denn im Gegensatz zu einem Computer können Sie bei Ihrem Körper langsame Software mittels eifrigen Übens in schnelle Hardware umformen. Der Fachausdruck dafür lautet „Automatismen“.

Solche Automatismen finden Sie auch in der Politik, beispielsweise wenn deutsche Kanzler sofort nach dem Scheckbuch greifen, wenn die EU oder andere „Verbündete“ einen Satz mit „Es gibt Schwierigkeiten“ beginnen. Dies hat nur insofern etwas mit dem freien Willen zu tun, als daß die Politiker sich einstmals entschieden haben, die Laufbahn des öffentlich Prostituierten auf sich zu nehmen und im Tausch gegen hochdotierte Posten das eigene Denken einzustellen.

Damit sind wir schon ziemlich nah am freien Willen. Sie entscheiden selbst, ob Sie Politiker werden oder lieber ein ehrlicher Mensch bleiben wollen. Sie entscheiden, ob Sie weiterhin als Politiker Ihre Seele verkaufen, wie als Prostituierte Ihren Körper. Sie können aussteigen, jederzeit. Gut, dann sagt niemand mehr „Herr Ministerpräsident“ zu Ihnen, es stehen keine Leibwächter mehr vor Ihrem Haus und womöglich müssen Sie Ihre Familie danach mit echter Arbeit durchbringen – aber Sie können sich entscheiden. Jederzeit!

Solche Entscheidungen treffen Sie Tag für Tag. Die Kassiererin im Supermarkt hat Ihnen zuviel Geld herausgegeben? Na? Es sind ja nur 30 Cent... Ist Ihre Ehrlichkeit diese 30 Cent wert, oder sind jetzt Sie die Prostituierte, der es nur um das Geld geht? Was ist mit der Ein-Euro-Münze, die jemand gerade im Einkaufswagen vergessen hat?

Die ältere Dame ist nur fünf Schritte von Ihnen entfernt, Sie können sie noch rufen... Und der Geldbeutel, den Sie gerade gefunden haben? 28,43 Euro und ein paar Bilder von den Enkeln? Oder 8.500 Euro und Bilder von „meinem Haus, meinem Auto, meinem Boot"? Was geben Sie zurück?

Der freie Wille ist ein Geschenk und eine Bürde zugleich. „Auf Grund seiner Erziehung konnte er nicht anders handeln." Haben Sie diesen Satz schon einmal gelesen oder gehört? Wenn ja, haben Sie über diesen Satz schon einmal nachgedacht?

Eine gute Erziehung vermittelt uns Maßstäbe und Richtlinien für unser Handeln, sie erwächst sowohl aus der Summe der Erfahrungen, als auch aus der Summe der Vorurteile unserer Erzieher. Ja, wir übernehmen dabei auch deren Vorurteile, also das Schlechte und Falsche. Wir sind jedoch keine programmierten Automaten, die alles so machen müssen, wie es unsere Vorväter vor uns gemacht haben. Wir Menschen sind nicht nur fähig zur Erkenntnis, wir sind sogar zur Erkenntnis verpflichtet. Genau dafür haben wir einen freien Willen erhalten, damit wir Erkenntnisse gewinnen, die über unsere Erziehung, über das uns von Anderen mitgegebene Wissen hinausgehen. Sobald wir die Fehler unserer Eltern erkennen, werden diese zu unseren Fehlern, wenn wir sie weiterhin wiederholen.

Der Zehnjährige weiß es nicht besser, der Zwanzigjährige vielleicht schon – und der Fünfzigjährige muß es besser wissen. Vor dem Seelengericht sind Sie Ihr eigener Richter, und Sie wissen alles von sich. Damit werden Sie voll verantwortlich für Ihr Tun.

Sie können im Kindergarten den Oberrabauken jederzeit freizügig beschimpfen – und werden danach verprügelt. Das lernen Sie sehr früh. Eine Fehlentscheidung im späteren Leben resultiert eher selten in Prügel, aber sie bleibt trotzdem nicht ohne Folgen. Anders, als die Kirche lehrt, respektiert Gott Ihren freien Willen. Gott wird nicht einschreiten, wenn Sie Ihren Wellensittich gegen die Wand werfen – oder Ihre Kinder. Gott wird Sie nicht bestrafen, nur weil Sie eine wohlgefüllte Brieftasche eingesteckt haben, die auf der Straße herrenlos herumgelegen war.

Aber Ihr freier Wille hat Auswirkungen. Sie sind gerne Denunziant? Gut, dann werden Sie unter die Denunzianten und Spitzel geraten, die jede Ihrer Handlungen argwöhnisch beobachten und versuchen, deswegen die Staatsmacht auf Sie zu hetzen. Sie haben die dicke Brieftasche behalten? Gut, dann passen Sie intensiv auf Ihre

Sachen auf, denn was einmal verschwunden ist, werden Sie nie wieder erhalten.

Also doch der strafende Gott? Oh nein, Gott verurteilt Sie nicht. Gott hat nur ein Regal mit Millionen Fächern aufgestellt, in das SIE SELBST sich einsortieren, mit Ihrem freien Willen. Gott ist nicht das Gericht Ihrer Majestät, das Sie für einen gestohlenen Brotlaib nach Australien deportiert. Gott ist auch nicht das Gericht der Partei, das Sie für einen unliebsamen Brief für 20 Jahre nach Sibirien schickt. Gott ist gerecht, er straft nicht, er sorgt nur dafür, daß Ihnen das widerfährt, das Sie Ihren Mitmenschen antun – im Bösen wie im Guten.

Sie sind freundlich, ehrlich, hilfsbereit? Dann kommen Sie an einen Ort, wo die Menschen freundlich, ehrlich und hilfsbereit sind. Nicht gleich, nicht innerhalb einer festgesetzten Frist, sondern einfach durch das Gesetz der Entsprechung. Es gibt die passende, die ideale Umgebung für Sie. Das Jenseits kann eine Belohnung sein, der angenehmste Ort, den Sie sich vorstellen können – oder auch die furchtbarste Hölle. Sie allein entscheiden, wo Sie hinkommen, nicht der liebe Gott oder ein Lord Oberrichter.

Dieses Gericht respektiert Ihren freien Willen. Immer und überall. Es wird auch Ihren Willen zur Umkehr schließlich respektieren. Sie haben es in der Hand! Nur Ihr Wille zählt, nach diesem Willen ordnen Sie sich ein, in jede beliebige Kategorie, solange Sie dies wollen. Sie entscheiden in jedem Augenblick, wie Sie Ihr Lebensschiff steuern.

„Dein Wille geschehe, wie im Himmel so auf Erden"? Das ist eine Zeile aus dem Vaterunser, dort nur ein frommer Wunsch. Aber genau das ist es, was die Zukunft für SIE bereithält! Es wird sich erfüllen, garantiert:

Ihr Wille geschieht, auf der Erde und im Jenseits.

Ist das nicht schön? Vielleicht – es kann ebensogut zum Fürchten sein. Das Gesetz der Entsprechung zieht das an, was Sie ausstrahlen. Senden Sie Liebe und Frieden aus? Dann kommen Liebe und Frieden zu Ihnen zurück. Wenn Sie hingegen die ganze Welt hassen, dann wird der Haß der ganzen Welt Sie treffen.

Sie dürfen jedoch nicht vergessen, daß andere Menschen ebenfalls den freien Willen besitzen. Wir leben auf der Erde, nicht im Jenseits. Der neidische, böse Nachbar wird nach dem Gesetz der Entsprechung eines Tages verschwinden, aber bis dahin überzieht er Sie trotzdem mit unsinnigen Prozessen. Ein friedliches Land mit den besten Absichten ist trotzdem nicht vor den Machtinteressen seiner Konkurrenten sicher. Aber es lohnt sich, das Ergebnis zu beachten.

Schauen Sie sich den ersten Weltkrieg an. Dieser Krieg wurde Deutschland aufgezwungen, und da die Kriegsziele der Siegermächte nicht einmal durch den Versailler Vertrag erreicht worden sind, wurde auch noch der zweite Weltkrieg geführt.

Die unumschränkte Weltmacht Großbritannien, das legendäre Empire, hat die Kriege gewonnen, trotzdem existiert es nicht mehr. Das großartige Frankreich, der Leuchtturm der Kultur, hat die Kriege gewonnen, aber jeglichen Glanz verloren. Im siegreichen Rußland hat der Kommunismus furchtbarer gewütet, als jeder von außen herangetragene Krieg. Die USA haben triumphiert, Jahrzehnte lang unglaublichen Wohlstand genossen, doch sogar das wird in Kürze enden, weil die Gesetze von Saat und Ernte sich erfüllen werden.

Nach dem deutsch-französischen Krieg von 1870/71 blühten beide Staaten auf, Frankreich erholte sich schnell von seiner Niederlage und wurde die zweitgrößte Kolonialmacht, Deutschland blühte als gnädiger Sieger zu einer wirtschaftlichen Großmacht auf.

Was sich zwischen Nationen abspielt, das erleben Sie im Kleinen, am eigenen Leib. Sie ernten immer, was Sie sähen, auch wenn es Jahre oder Jahrzehnte dauern sollte.

Ja, es geschieht Gottes Wille, und er will, daß mit Ihnen das geschieht, was Sie wollen. Im Himmel und auf Erden. Schieben Sie es also nicht auf Gott, wenn SIE das Falsche gewollt haben. Denn der freie Wille überträgt Ihnen die Verantwortung für Ihr Tun und Ihr Leben. Nach Gottes Willen tragen Sie die Verantwortung, Ihnen geschieht nach Ihrem Willen.

Doch eines sollten Sie trotzdem nicht vergessen: Gott ist bereit, Ihnen zu verzeihen, sollten Sie das Falsche gewollt haben und Ihren Irrtum einsehen.

Ein beispielhafter Lebenslauf

Philosophen und Esoteriker teilen das Leben eines Menschen gerne in Phasen zu sieben Jahren ein. Ich folge diesem Beispiel, auch wenn im realen Leben eine Siebenjahresphase je nach äußeren Umständen manchmal nur drei oder eben auch einmal zwölf Jahre dauern kann.

Brüche im Lebensweg verändern diese Phasen natürlich, ich beschreibe hier ein Durchschnittsleben, selbst wenn dieses immer seltener wird. Das hier ist ein grobes Schema, das auf viele Leben paßt, aber eben nicht auf alle.

1. Phase: Abhängigkeit

Kinder sind nach der Geburt völlig hilflose Wesen, die gekleidet, gewärmt, gesäubert, geschützt und ernährt werden müssen. Mehr als schlafen, lieb gucken und rumbrüllen können sie noch nicht, das muß sich alles erst noch entwickeln. Oh, sicher, das Kind vollbringt in diesen sieben Jahren eine ungeheuere Lernleistung, aber es gibt zumindest in den ersten Jahren gewisse Ähnlichkeiten mit einem Meerschweinchen, dem man ein paar Tricks, oder einem Papagei, dem man ein paar Worte beigebracht hat.

Ich will hier nicht über Kleinkinder herziehen, sondern damit nur ausdrücken, daß sie in diesem Alter nur die Umgebungseinflüsse reflektieren. Oh, natürlich will die liebe Kleine ein Pony, drei Minuten später einen Schokoriegel und in zehn Minuten die hübsche Puppe im Schaufenster. Sie entwickelt bereits Vorlieben und Abneigungen beim Essen und verfügt über ausgeklügelte Quengel-Strategien, um diesen Willen durchzusetzen. Allerdings fehlt noch völlig die Einsicht, was aus diesem Willen folgt.

2. Phase: Erwachen / Prägen

Die Kinder gehen jetzt in die Schule, sind viel mit Gleichaltrigen zusammen, lernen voneinander, von Erwachsenen und durch eigenes Ausprobieren. Oh ja, sie lernen auch aus Büchern, aber viel mehr natürlich durch das Fernsehen. Deshalb bekommen wir Zuschauer am Nachmittag verkrachte Existenzen in Dumm-Quatsch-Sendungen und vor Gericht zu sehen, während am Vorabend gute Amerikaner haufenweise Bösewichter zusammenschlagen oder niederschießen.

Das, was als Erziehung bezeichnet wird, findet hauptsächlich in dieser Altersphase statt. Die intellektuelle Kapazität des Kindes ist weit genug angewachsen, um Erlebnisse einzuordnen. Verhaltensweisen werden ausprobiert und im Erfolgsfall wiederholt, bis sie zum Verhaltensschema werden. Das Kind kann sich aber noch nicht aus eigener Erkenntnis von falschem Verhalten abkehren.

Kinder werden in ein zu ihrer Seele passendes Umfeld hineingeboren. Ob Teufelsbraten oder kleiner Engel – die Verhaltensweisen der Umgebung werden weitgehend übernommen. Die prägende Umgebung bestand ursprünglich aus der Familie, der Sippe, der Dorfgemeinschaft. Später drängten sich Institutionen in diese Phase, die Kirche und der Staat, mit ihren Schulen und Unterweisungen.

Totalitäre Staaten versuchen, die Kinder aus der Familie herauszulösen. Das freundliche Angebot der Kinderkrippe, damit die Mutter wieder arbeiten gehen kann, ist die erste Station staatlich gelenkter Erziehung. Junge Pioniere, die „Pimpfe" der Nationalsozialisten oder die Pfadfinder – obwohl sie völlig verschiedene Ideologien vertreten, wird hier dasselbe betrieben, Erziehung im Sinn einer außerfamiliären Organisation.

Der freie Wille ist in diesem Alter zwar vorhanden, aber das ethische Bezugssystem wird erlernt, von außen übernommen. „Winnetou" vermittelt ein völlig anderes Wertesystem als „Rambo", die katholische Kirche prägt anders als die Jugendorganisation der Staatspartei.

3. Phase: Sturm und Drang

Die dritte Phase ist die Pubertät. Biologisch ist das die Erlangung der Geschlechtsreife, aber in der Psyche spielt sich weitaus mehr ab als die Frau- oder Mannwerdung.

Das gerade noch folgsame Kind begehrt plötzlich auf gegen die Welt der Erwachsenen, stellt alles in Frage, wird aufsässig.

In diesem Alter, 14 bis 21, haben die Kinder früher ihren Beruf erlernt, in der Regel den Beruf ihrer Eltern. Die Tochter half der Mutter, ob auf dem Feld, im Stall oder im Haus, der Sohn half dem Vater, ob auf der Jagd oder in der Werkstatt. Noch vor zweihundert Jahren war das allgemein üblich.

In diesem Alter erfährt sich der Jugendliche als Individuum, als Eigenpersönlichkeit. Mit 10 Jahren wird ein „das tut man eben" akzeptiert, mit 15 möchte man wissen, warum ICH das ebenfalls tun sollte.

In diesem Alter gerät der freie Wille in Konflikt mit der Erziehung. Dieser Konflikt kann sich zu einem richtigen Krieg innerhalb der Familie auswachsen, aber auch völlig unauffällig ablaufen. Der Jugendliche übt die Selbständigkeit im sicheren Sandkasten der Familie und erwirbt dabei das Rüstzeug für das spätere Leben.

In diesem Alter beginnt die Seele, ihre eigenen Interessen umzusetzen. Sie sind mit einer ganz bestimmten Absicht in dieses Leben getreten, mit einer Lebensaufgabe oder einem Seelenauftrag. Sie haben sich im Jenseits vorgenommen, das eine oder andere hier im Diesseits zu erledigen. Mehr dazu verrate ich in einem nachfolgenden Kapitel. Hier nur soviel: In dieser dritten Phase beginnen Sie damit, diesen Seelenauftrag auszuführen. Nicht einmal Sie selbst dürften erkennen, worauf es hinausläuft. Wenn Sie mit 40 Jahren den Mount Everest besteigen, dann besteht der erste Schritt vielleicht darin, daß Sie mit 16 ein Buch über Louis Trenker oder Reinhold Messner gelesen haben. Selbst wenn Sie erst mit 28 das Bergsteigen beginnen, war dieses Buch trotzdem der allererste Wegweiser.

In dieser Phase bekommt der Mensch seine erste Chance, sich vom Ballast der Erziehung zu befreien und nach seinem eigenen Willen selbstbestimmt zu leben. Der Wille und das Wissen sind da, der Jugendliche kann sich aus der vertrauten Umgebung lösen. Es gibt genügend Karrieren, die damit begonnen haben, daß der Jugendliche aus dem Elternhaus geflüchtet ist.

4. Phase: Familien- bzw. Existenzgründung

Jetzt, mit 21, ist der junge Mensch erwachsen. In dem Alter wurde früher geheiratet, heute beschränkt sich dieses Alter meist darauf, einen eigenen Hausstand zu gründen und erste Erfahrung im Beruf zu sammeln. Der freie Wille kann sich entfalten, aber er wird durch Sachzwänge begrenzt. Der Mensch träumt von der Karibik, geht aber brav Tag für Tag in Peine ins Büro. Freiheit gönnt er sich gerade mal im Urlaub.

5. Phase: Berufliche Etablierung

28 bis 35, das sind die Jahre, in denen die ersten Sprossen der Karriereleiter erklommen werden. Dienen und verdienen, so könnte man diese Jahre überschreiben. Die Kinder, so man welche hat, kosten Geld und Nerven, die Hypothek auf das Haus engt einen in den beruflichen Möglichkeiten ein. Es geht um das Geld, ums tägliche Brot, um den Alltag.

6. Phase: Berufserfolg!

In diesem Alter erreichen die Erfolgreichen ihre ersten Leitungspositionen. Jetzt eröffnen sich die Perspektiven nach ganz oben... Die eigenen Kinder, die in der vierten Phase geboren wurden, treten jetzt in die Phase drei, erfordern also viel mehr Aufmerksamkeit als früher. Jetzt wird die Erziehung schwerer.

In den Phasen vier bis sechs „funktionieren" Sie, der Alltag wirft genügend Probleme auf, die Sie lösen müssen. Sie bleiben auf der Spur, die Sie in ihrer dritten Phase angelegt haben. Der freie Wille entscheidet oft nur, ob Sie VW Golf oder Opel Astra fahren.

7. Phase: Midlife-Crisis

In der Astrologie heißt dieser Abschnitt „Saturn-Phase". Saturn gilt als Herrscher der Zeit, was dazu führt, daß die Menschen Bilanz ziehen – Was wollte ich erreichen, was habe ich erreicht? Außerdem ist das der Zeitpunkt, an dem der Uranus dem Uranus im Geburtshoroskop genau gegenüber steht. Uranus gilt als der kosmische Sprengsatz, der Verkrustungen aufbricht und Bestehendes zerstört.

Ich denke, das beschreibt ganz gut das, was modern als „Midlife-Crisis" bezeichnet wird. Die hochfliegenden Pläne der vorausgegangenen Phase treffen jetzt auf die begrenzenden Kräfte des Faktischen. Der Abteilungsleiter stellt fest, daß die Zeiten der schnellen Beförderungen vorbei sind, daß der Weg eben doch nicht in den Vorstand der Firma führt. Die Kinder aus der Phase drei treten jetzt selbst in ihre Phase vier, nabeln sich ab und stehen auf eigenen Füßen. Und ganz plötzlich ist man Großvater.

An diesem Punkt des Lebensweges können Sie innehalten, verschnaufen und Weichen stellen. Dies ist das Alter der „Aussteiger", die von heute auf morgen einen ganz anderen Weg einschlagen. Das ist die Lehrerin, die aus dem Schuldienst ausscheidet und einen Laden für griechische Töpferkunst eröffnet, der Buchhalter, der auf einem Fischkutter anheuert.

Sie werden mit Ihrem Seelenauftrag konfrontiert und Ihr freier Wille hat jetzt eine neue Chance, sich zu entfalten. Der „zweite Frühling" ähnelt der Pubertät, jedoch auf einer höheren, entwickelteren Stufe, reich an inzwischen gesammelter Lebenserfahrung.

Die neue Chance steckt im Scheitern. Wird die Lehrerin zur Direktorin befördert, wird sie sehr wahrscheinlich in ihrem neuen Amt aufgehen und auf den Töpferladen verzichten. Steigt der Buchhalter zum Finanzvorstand auf, wird auch er kein Fischer mehr sein wollen, sondern auf dem bekannten, jetzt breiter gewordenen Pfad weiter voranschreiten.

8. Phase: Die verhinderten Aussteiger

Die Astrologie nennt das die Uranus-Phase, also die Zeit der Umbrüche und Erneuerungen. Der Mensch ist jetzt 49 bis 56 Jahre alt, das dämpft natürlich seine Sprunghaftigkeit. In der Midlife-Crisis hatte ihn die Torschluß-Panik erfaßt, ihn unüberlegt handeln lassen. Wer in diesem Alter sein Leben umstellt, tut es überlegt.

Der Blick nach vorne läßt schon den Ruhestand erkennen, das Ausscheiden aus dem Beruf, den Abschied von Status und Macht. Jetzt ist die Zeit für das „Ich wollte schon immer mal...“, für das neue Hobby, für die Talente, die bislang brachgelegen haben.

Jetzt befolgt der Mensch einen Seelenauftrag. Die Frau Schuldirektorin wird keinen Töpferladen mehr eröffnen, aber sie veranstaltet in ihrer Schule des öfteren eine Ausstellung, mit griechischer Töpferkunst. Sie fährt oft nach Griechenland, photographiert, kauft zeitgenössische Objekte und ihre Wohnung ähnelt einer Galerie. Sie schreibt ein Buch, hält Vorträge oder leitet Kurse an der Volkshochschule – sie hat sich mit ihrer Neigung arrangiert.

Der Herr Finanzvorstand verbringt jeden Urlaub mit der Angel, an Fluß oder See, aber am liebsten am Meer. In seiner Wohnung hängen hochpreisige Gemälde, die Fischer darstellen.

Was haben Sie erwartet? In dem Alter sind die Leute vernünftig geworden. Wer den Ausstieg jedoch schon geschafft hat, der wird in diesen Jahren sehr aktiv werden, in seinem neuen Leben mehr leisten, als jemals zuvor.

Die Frau Töpfereiladeninhaberin handelt nicht mehr mit den Erzeugnissen eines Töpfers auf dem Land, sondern übernimmt die Deutschlandvertretung einer Manufaktur. Sie zieht einen richtigen Großhandel auf. Und der „Jungfischer“ ist mittlerweile Kapitän auf seinem eigenen Kutter.

Sie sehen, das Schicksal treibt Sie weiter, nur leider nicht immer auf der Straße des Erfolgs. Sie können trotz allem scheitern, obwohl Sie alles richtig gemacht haben. Dieses Scheitern hat jedoch einen Grund – und den werden Sie schließlich herausfinden.

9. Phase: Altersmilde

Die meisten Leute werden in diesem fortgeschrittenen Alter ruhiger, gelassener. Es lohnt nicht mehr, sich anzustrengen. Befördert werden Jüngere, wer es bis jetzt nicht geschafft hat, wird es nie mehr schaffen, nach ganz oben zu kommen.

Ja, gut, Bundeskanzler können Sie noch immer werden, da gelten andere Gesetzmäßigkeiten. Da müssen Sie erst die Konkurrenten überleben oder zumindest abservieren, das dauert eben.

Beschränken wir uns lieber auf die normalen Leute. Ihre Kinder haben eigene Familien, die Enkel beginnen mit der Pubertät und Sie müssen ihren Kindern erklären, daß deren Kinder auch nicht schlimmer sind, wie sie selbst in diesem Alter gewesen waren. Beruflich sind Sie wegen Ihrer Erfahrung geschätzt, aber Sie werden nicht gerade als Lieferant origineller Ideen gefordert.

Lassen Sie es ruhig langsamer angehen, treten Sie kürzer, haushalten Sie mit Ihren Kräften. Vielleicht sollten Sie Ihrem Arzt hin und wieder zuhören, wenn er Ihnen einen Rat erteilt. Der Arzt möchte Sie nämlich die nächsten dreißig Jahre als Patienten behalten, also rät er Ihnen im eigenen Interesse. Und er möchte nicht zuviel mit Ihnen zu tun haben. Dreimal pro Quartal ein Rezept ausstellen, zweimal im Jahr Blutdruck messen, das reicht. Hausbesuche, um Sie danach mit Blaulicht ins Krankenhaus einliefern zu lassen, sind auf die Dauer lästig.

Sie betrachten die Welt vom ruhigen Gipfel Ihrer Lebenserfahrung herab. Sie haben fast alles schon einmal mitgemacht, Sie müssen wenig Neues lernen, solange Sie nicht vorhaben, mit Ihren Enkeln über Computer zu sprechen.

10. Phase: Altersstarrsinn

Ja, das ist jetzt ein bißchen gemein. Was Sie bis jetzt alles gelernt haben – Sie gehen immerhin auf die 70 zu – reicht für ein Leben. Sie organisieren Ihren Ruhestand, Sie fangen nichts Neues mehr an.

Oh, Sie sind natürlich ein aufgeschlossener Zuhörer, der auf jene eingeht, die mit ihren Sorgen zu Ihnen kommen, aber so recht in den Anderen hineinversetzen können Sie sich nicht mehr. Wer noch im Oberlauf des Lebensflusses rudert, dem fehlt eben Ihr Horizont, wo Sie doch schon die Mündung erahnen.

Zu oft erlebt man Leute, die in diesem Alter glauben, sie hätten alles richtig gemacht. Jetzt, wo sie endlich Zeit hätten, über ihre Fehler nachzudenken, verbrämen sie jeden Fehler als Tugend.

Wer seinen Frieden mit der Ewigkeit machen möchte, muß es selbst tun, aktiv, im Denken und durch Taten. Ein paar Vermächtnisse im Testament freuen zwar die Bedachten, nur Sie haben nichts mehr davon! 100 Millionen an die Kirche kaufen Sie nicht aus dem Fegefeuer frei, auch wenn der nette Herr Pfarrer das anders darstellen möchte.

Finis

Viele Menschen werden heute älter als 70, ich möchte diesen schematisierten Lebenslauf trotzdem hier enden lassen. Jedes weitere Jahr bietet Ihnen Gelegenheit zur Umkehr, zur Reue und dazu, den Frieden mit Ihrem Leben und mit der Ewigkeit zu schließen. Sie können es – wenn Sie nur wollen!

Der Seelenauftrag

„Sehr geehrter Herr Schneider, wir freuen uns, daß Sie unserer Organisation beigetreten sind. Ab sofort sind Sie Agent 2038. Sie werden einen Auftrag erhalten und diesen Auftrag ausführen, selbst wenn das Ihr Leben kosten sollte. Nichts, ich wiederhole: GAR NICHTS ist wichtiger als Ihr Auftrag. Von Ihnen hängt das Schicksal der ganzen Erde ab! Agent 2038, sind Sie bereit?“

Ich weiß nicht, ob der liebe Gott Hollywood-Filme mag. Wahrscheinlich widern ihn diese Orgien aus Blut und Gewalt ebenso an, wie jene Orgien aus Blut und Gewalt, welche unsere Politik tagtäglich inszeniert. Deshalb werden Sie im Jenseits wohl kaum eine solche Auftragsvergabe erleben.

Im Jenseits? Oh ja, Sie sind gerade tot, oder besser, noch nicht geboren. Das ist der richtige Zeitpunkt, um Ihr neues Leben zu planen. Gut, bei reichen Eltern aufwachsen, noch reicher heiraten und den Rest des Lebens an einer Strandbar Caipirinha zu trinken, ist zwar eine Lebensplanung, aber keine, die im Jenseits wirklich möglich ist.

Gehen wir zuerst ein wenig zurück. Sie, Klaus Schneider, haben vor Verdun gekämpft, standen im Saarland unter französischer Besetzung, haben schwer gearbeitet, Ihre Kinder versorgt, ihnen eine gute Ausbildung ermöglicht und noch Ihren Enkeln in den ersten Monaten des zweiten Weltkriegs das Drachensteigen beigebracht. Sie selbst waren längst zu alt für den Krieg, aber das hat die englische Fliegerbombe nicht interessiert, die Ihrem relativ unspektakulären Leben ein Ende gesetzt hatte.

Sie sind jetzt lang genug „drüben“ gewesen und sehnen sich nach den Freuden des körperlichen Lebens, wofür Sie sogar bereit sind, dessen Leiden auf sich zu nehmen. Für einen gewesenen Klaus Schneider, der in einer Region Eleuloriens lebt, die verdächtig an das Saarland erinnert, gibt es Jahr für Jahr Tausende möglicher Inkarnationen. Bislang haben Sie sich noch nicht reif gefühlt, haben ein wenig gemauert, um noch hier zu bleiben und zu lernen. Doch seit Ihr bester Freund, der frühere Gustav Müller, zur Erde gegangen ist, vermissen Sie die gemeinsamen Abende bei Schwenkbraten und Bier, deshalb hält Sie hier nichts mehr.

Jetzt kommt es darauf an, was Sie tun wollen. Sie können mit anderen Seelen darüber diskutieren, aber Sie können nicht einfach zur nächsten Anwerbestelle eines Geheimdienstes und sich als neuer Agent einen Auftrag geben lassen. Sie können um eine Eingebung beten, um Vernunft und Weisheit, aber Sie können nicht vor einen goldenen Thron treten und den alten Mann mit dem langen weißen Bart fragen, was Sie in seinem Namen denn so anstellen sollten.

Gehen sie einfach mal davon aus, daß der liebe Gott so arbeitsscheu ist wie Sie selbst. Deshalb hat er das mit dem Auftrag ganz hinterlistig geregelt, ohne daß er damit Arbeit hat. Er hat Ihnen den freien Willen geschenkt und jetzt sind Sie selbst Ihr Auftraggeber.

Das mit den Caipirinhas habe ich Ihnen schon verraten, deshalb müssen Sie jetzt an andere Dinge denken. Was wollen Sie in Ihrem nächsten Leben tun? Edel sei der Mensch, hilfreich und gut? Womöglich nehmen Sie sich damit zuviel vor. Suchen Sie sich zwei bis drei Eigenschaften aus, die Sie anstreben und verbessern wollen.

Die Lebenslotterie kann Ihnen „reich, Sportskanone, Rechtsanwalt, Bundeskanzler" bescheren, aber das wissen Sie nicht, wenn Sie das Los erwerben. Das Jenseits hat leider keine Möglichkeit festzustellen, wieviel Ihre zukünftigen Eltern auf dem Bankkonto haben. Ausgeglichene, harmonische Verhältnisse in der Familie, das geht, Hunger oder Krankheit auch noch, aber das war es schon. Kommt der Hunger durch materielle Not oder durch freiwillige Kasteiung, um dem modischen Ideal zu entsprechen? Das spürt das Jenseits nicht.

Sie sehen die Dinge von der Warte des Jenseits. Sie haben mit Seelen gesprochen, die Jahrtausende in verschiedensten Leben zugebracht haben. Sie wissen, daß die achtzig Jahre, die Ihnen ungefähr bevorstehen, nur einen kurzen Abschnitt in Ihrer Existenz darstellen, eine Schulklasse, mehr nicht.

Also, was wollen Sie lernen? Den Umgang mit Macht? Frieden stiften? Anderen Menschen helfen? Töten?

Gott gibt Ihnen keinen Auftrag, Sie allein suchen sich heraus, was Ihre Seele in dieser Inkarnation erfahren soll. Wenn Sie diese Entscheidung getroffen haben, teilen Sie diese dem Jenseits mit. Meditieren Sie darüber, denken Sie immer wieder daran, strahlen Sie diese Entscheidung in eine Umgebung hinaus, in der Gedanken noch weitaus eindeutiger Kräfte sind als auf der Erde.

Was Sie wollen, ziehen Sie auf diese Weise an. Es sind jetzt wenige Inkarnationen, die mit Ihnen in Resonanz treten. Diese Inkarnationen müssen passen, zu Ihrer geistigen und moralischen Entwicklung und zu Ihrem Vorhaben, Ihrem Lernprojekt. Sie spüren den Auswahlprozeß, wie das werdende Leben mit Ihnen Kontakt aufnimmt, sich der Kontakt verstärkt, dann aber wieder verloren geht, weil Sie doch nicht zusammenpassen.

Bis dann der Tag kommt, an dem sich der Kontakt immer intensiver etabliert, Sie mit Träumen und Vorahnungen versorgt. Und dann spüren Sie den ***Ruf***, die Aufforderung zum Eintritt ins nächste Leben. Sie bringen Ihren Auftrag mit, den göttlichen Auftrag, den Sie sich selbst ausgewählt haben.

Viel Glück und Erfolg!

Auftrag und Realität

Sie sind losgezogen, weil das, was Ihre Seele erwartet und Ihr Körper zu bieten hatte, bestens zueinander paßte. Damals, bei Ihrer Geburt. Aber Dinge ändern sich. Der einst liebevolle Vater geht fremd, die fürsorgliche Mutter wird drogensüchtig, die Schwester vom Auto überfahren, was die ganze Familie zu einer ewigen Trauergemeinschaft werden läßt.

Das Leben ähnelt einer Pokervariante, bei der Sie zwei von fünf Karten bekommen und Ihren ersten Einsatz bezahlen müssen. Sie können passen, ein Mitspieler blufft Sie aus dem Spiel, oder Sie gehen auf volles Risiko. Genau das haben Sie getan, denn Sie leben jetzt. Und nun kommen die nächsten Karten. Jede einzelne kann Sie zum Gewinner werden lassen oder Ihr Blatt verhageln. Es gibt keine Garantie.

Um beim Poker zu bleiben: Sie bekommen zwei Neunen auf die Hand. Kein sehr gutes Blatt, aber damit kann man durchaus ein Spiel gewinnen. Und Leute mit zwei Assen haben oft genug verloren.

Ihr Vater, der Multimillionär, verliert in einem Börsencrash soviel Geld, daß es gerade noch für seine Altersversorgung reicht, nur leider nicht mehr für Ihr Studium. Sie wollten Gerechtigkeit in die Welt bringen, als Rechtsanwalt oder Richter, aber, falls Sie kein Stipendium erringen, wird nichts daraus.

Wirklich nicht? Sogar als Maurerpolier können Sie die Welt ein klein wenig gerechter gestalten! Oder als Verkäuferin, als Elternteil... Sie haben nach wie vor die Möglichkeit, Ihren selbstgewählten göttlichen Auftrag zu erfüllen. Und ein paar Tage im Jahr können Sie sogar in der Strandbar sitzen und sich Caipirinhas gönnen.

Im Jenseits bleiben die Verhältnisse, in denen Sie leben, immer gleich, solange Sie sich nicht verändern. Das Diesseits ist chaotisch, Sie treffen mit richtig bösen Menschen zusammen, aber auch mit solchen, die ein Heiligenschein zieren müßte.

Sie haben einen Auftrag, Agent 2038. Erfüllen Sie diesen Auftrag, und wenn es Sie das Leben kosten sollte. Sie erinnern sich? Was der nette Agentenführer auf der Leinwand nicht sagt: DIESER Auftrag wird Sie das Leben kosten! Immer! Denn wenn Ihre Seele den Auftrag erfüllt hat, also alles Erforderliche getan ist in Ihrem Leben, dann wird Ihr Leben enden. Nicht plötzlich, es vergehen ein paar ruhige Jahre, die Ewigkeit hat Zeit. Aber der Zweck Ihres Lebens ist erfüllt. Sie dürfen wieder ins Jenseits, die Früchte Ihrer Arbeit dort ernten, denn der Tod ist nur ein Übergang.

Sie werden dort Ihren Auftrag nachbereiten. Keine Sorge, niemand verlangt einen 200seitigen Bericht von Ihnen, handschriftlich und in dreifacher Ausfertigung. Sie legen nur sich selbst gegenüber Rechenschaft ab, über Ihre Erfolge und Fortschritte. Und irgendwann suchen Sie sich den nächsten Auftrag, das nächste Lernziel.

Wenn Ihnen das Leben auf der Erde so gefällt, dann ziehen Sie die Erfüllung Ihres Auftrags noch ein wenig hinaus und genießen es ein paar Jahre länger? Der Himmel kann ja warten, nicht wahr? Im Prinzip ja, nur leider funktioniert es nicht so. Sie haben einen verdammt ungeduldigen Chef, der Ihnen zwar ein wenig Trödeln gestattet, aber eben nicht sehr lange. Dann wird der Chef Sie abberufen, in die Zentrale, Ihnen anständig den Kopf waschen.

Wer dieser Chef ist? Der ungehobelste, bösartigste Kerl, der Ihnen je begegnen wird: Sie selbst! Sie haben die Erfüllung Ihres Auftrags verweigert, Sie gehen ins Jenseits als Versager, als jemand, der alle Chancen gehabt hat, aber es trotzdem nicht tun konnte. Sie haben die Lektion nicht gelernt, also müssen Sie die Klasse wiederholen.

Sie MÜSSEN? Ja, leider. Jetzt, in hundert oder tausend Jahren. Sie können sich entscheiden, eine andere Lektion vorzuziehen, sich anderweitig zu verbessern, aber Sie müssen diese Lektion schließlich erfolgreich absolvieren. Solange sind Sie ein Versager. Nicht in den Augen Gottes oder für Ihre Mitmenschen, sondern für Sie selbst.

Verstehen Sie es bitte nicht falsch, es gibt keinen „kosmischen Studienplan“, mit festgelegten Lektionen, die Sie für Ihren Abschluß absolvieren müssen. Eine Lektion, um die ich mich seit acht Leben verzweifelt bemühe, kann für Sie völlig unnötig sein. Was Sie lernen wollen, bestimmt kein himmlisches Kultusministerium, sondern das ist allein Ihre Entscheidung. Aber – und diese Erkenntnis ist extrem wichtig! – eine Lektion, die Sie selbst als erforderlich eingestuft haben, müssen Sie auch absolvieren. Jetzt, oder in drei Leben. Sie müssen, weil SIE SELBST entschieden haben, das unbedingt zu benötigen.

Sie haben mit den Füßen gescharrt, Ihren Wunsch in die geistige Welt hinausposaunt, um ein Leben zu ergattern, das alle Voraussetzungen für den erfolgreichen Abschluß dieser Lektion bietet. Alles ist für Sie vorbereitet, für Ihren Erfolg. Wenn Sie die Seelenaufgabe verweigern, werden Sie diese Lektion wiederholen, aber ziemlich sicher unter schlechteren Bedingungen.

Eines ist ganz sicher: **Sie haben keinen Reset-Knopf!** Es ist eben nicht Poker, wo Sie die Karten wegwerfen und aus dem Spiel aussteigen. Sie können sich nicht einfach umbringen, im Vertrauen darauf, daß Sie es demnächst wieder probieren können, mit besseren Karten. Das ist Feigheit vor dem Feind, das wurde und wird in allen Armeen der Welt schwer bestraft. Sie erlegen sich damit nur eine weitere, äußerst harte Lektion auf, die Sie im Schwarzen Reich erwartet. Also, halten Sie lieber durch! Bringen Sie es sauber zu Ende, steigen Sie nicht einfach aus. Jeder Versager bekommt eine zweite Chance, aber wer das große Verbrechen gegen das eigene Leben begeht, landet erst einmal für lange Zeit an einem Ort, der schlimmer ist, als Sibirien und alle Arbeitslager.

Selbstmord ist die Verweigerung, den eigenen Seelenauftrag zu erfüllen. Diese Verweigerung wird schwer bestraft!

Ein wenig Astrologie...

Sie sind Agent 2038, mit einem klar umrissenen Auftrag, aber das Leben ist nicht Hollywood. Oder vielleicht doch, denn in manchen Filmen zersetzt sich das geheimnisvolle Tonband mit dem Agentenauftrag, bevor es abgehört wurde, oder Agent 9413, der Ihnen den Befehl übermitteln sollte, wird vor Ihren Augen erschossen. Dann wissen Sie gar nichts.

Es gibt allerdings Methoden, Ihren Auftrag herauszufinden. Die Astrologie beschreibt in Ihrem Geburtshoroskop die Zeitqualität, bei der Sie in die Welt getreten sind. Die schöne Aussage, Sie seien „Jungfrau“ oder „Skorpion“, nutzt leider gar nichts. Die nette Dame, die in der Zeitung die Tageshoroskope verfaßt, tut das zwar mit den besten Absichten, aber das ist nicht mehr als eine unterhaltende Kolumne.

In einem richtigen Geburtshoroskop, das auf den Ort und die Minute der Geburt errechnet worden ist, gibt es neben den bekannten Tierkreiszeichen die sogenannten Häuser, mindestens zehn „Planeten" (zu denen auch die Sonne und der Mond gezählt werden), außerdem noch die Beziehungen der einzelnen Objekte untereinander. Ein Computerhoroskop beschert Ihnen eine schöne Zeichnung und eine erste, oberflächliche Beschreibung, mehr aber nicht.

Keine Sorge, dies wird kein Lehrbuch über Astrologie. Da gibt es genügend Bücher auf dem Markt. Ich möchte nur noch so viel sagen: Der Seelenauftrag versteckt sich in der persönlichen Entwicklungsachse vom IC zum MC, dem astrologischen Ausgangs- und Zielpunkt, dem Nadir und Zenit in Ihrem Horoskop.

Für die Interpretation brauchen Sie einen erfahrenen Astrologen; die meisten Angehörigen dieser Zunft versuchen sich jedoch an der noch weitaus fehleranfälligeren Prognostik. Mein eigenes Horoskop versuche ich seit 30 Jahren zu verstehen, ich kann Ihnen deshalb nicht bei Ihrem helfen.

Ich habe allerdings festgestellt, daß junge Leute in ihrer Lebenseinstellung am Ausgangspunkt der Entwicklungsachse stehen, sie mit zunehmendem Alter die Achse entlanggedrückt werden und schließlich immer weiter dort ankommen, wo sie ankommen sollen. Dies passiert ohne Kenntnisse des Horoskops, es scheint sich um eine Gesetzmäßigkeit zu handeln.

Nach meinen eigenen Beobachtungen richtet man sich bis 20, 25 so richtig gemütlich im IC / Nadir ein, dann beginnen die ersten Anreize, sich doch endlich zu bewegen. So um 30 hat man zwar die Wanderstiefel an, rastet aber bei jeder Gelegenheit. Die nächsten 20 Jahre stellt man nach und nach fest, wohin die Reise gehen soll. Erst so ab 50 geht man den Weg strammer und entschlossener, weil einem langsam die Zeit davonläuft. Mit 70 ist man dann hoffentlich angekommen, an dem Ziel, das für einen geplant gewesen war.

Ich kann es nicht!

Im täglichen Leben kommen Sie damit oft genug durch, deshalb wird diese Ausrede gerne genutzt. Aber wie oft haben Sie schon gehört: „Ich bin zu blöd dazu"? Das sagen die Leute viel seltener.

Ja, Ihr Leben unterliegt Veränderungen. Was mit fünf noch aussieht wie ein Spaziergang, kann mit fünfzehn schon ein Hindernislauf sein, dafür reist der Betreffende mit dreißig bereits in einer Sänfte, die Andere tragen. Der persönliche Lebensplan läßt sich nur selten einfach und ohne Brüche umsetzen.

Nur leider hat der persönliche Lebensplan sehr wenig mit dem Seelenauftrag zu tun. Zeitweise werden Sie dadurch zur gespaltenen Persönlichkeit.

Stellen Sie sich einen Kapitän vor, der auf der Kommandobrücke seines Schiffes alle Instrumente zur Verfügung hat, außerdem die besten Seekarten, um den Kurs zu bestimmen. Das einzige, was ihm fehlt, ist das Steuerrad. Steuern kann nur der Maschinenraum, doch dahin führt kein Sprachrohr und kein Maschinentelegraph, sondern nur eine unzuverlässige Morse-Verbindung. Die Leute im Maschinenraum sorgen für Dampf und stellen das Ruder, wie sie glauben, daß die Brücke es haben möchte.

Ihre Seele, Ihr Unterbewußtsein oder meinetwegen Ihr Über-Ich, steht als Kapitän auf der Brücke und weiß alles. Sie, Ihr Ego, Ihre Persönlichkeit sind der Maschinist, der das Lebensschiff steuert.

Der Kapitän springt auf der Brücke im Dreieck, weil der Maschinenraum im tückischen Gewässer Volldampf gibt. Ganz hektisch gibt er „Steuerbord!“ und „Backbord!“ durch, um gerade so eben an den Riffen vorbeizumanövrieren, während der Maschinenraum eine ausgelassene Party feiert.

Na, sieht so IHR Leben aus?

Sie haben sich „Mutterschaft“ als Seelenauftrag gewählt. Ihnen wurde eine tolle Figur beschert, die Männer liegen Ihnen zu Füßen. Aber weil das Leben so schön ist, haben Sie keine Lust auf Kinder. Vielleicht, wenn Sie alt sind, so mit 29. Bis dahin gibt es kleine Pillen, die gewisse Effekte vermeiden, und der nächste Mann hat vielleicht eine noch größere Jacht.

Sie genießen das Leben, trotzdem fühlen Sie sich irgendwie leer. Wenn Sie nüchtern sind, fragen Sie sich nach dem Sinn des Lebens, also vermeiden Sie es, nüchtern zu sein, so gut es geht.

Sie können Ihren Seelenauftrag leider nicht erfüllen.

Zumindest nicht jetzt, aber der Kapitän ist ein hinterhältiger Mann. Erinnern Sie sich an die Schöpferkräfte Ihres Unterbewußtseins? Anders ausgedrückt: der Kapitän hat einen Zauberstab!

Das heißt, Sie fühlen sich unglücklich, außerdem tauchen immer wieder Gelegenheiten auf, Ihr Leben grundlegend zu ändern, sich wirklich zu verlieben und die vor Beginn dieses Lebens von Ihnen gewünschten Kinder zu bekommen.

Es beginnt mit Kleinigkeiten, vergessenen Anti-Baby-Pillen oder einem gerissenen Kondom. Es kann im Extrem zur einer unerwünschten Schwangerschaft, einer Abtreibung oder einer Fehlgeburt führen, die Sie dazu treibt, sich mit der Mutterschaft auseinanderzusetzen.

Aber ehe daraus eine Tragödie wird, bleibe ich lieber bei einem schönen Klischee: Sie brechen sich ein Bein, lernen im Krankenhaus einen jungen, gutaussehenden Arzt kennen, verlieben sich unsterblich und schon erfüllen Sie Ihren Seelenauftrag. Ihr Mann wird natürlich Professor und Chefarzt, Sie leben in einer riesigen Villa...

Sie können sich dem Seelenauftrag nicht entziehen, ganz egal, was Sie unternehmen. Ihr Leben wird immer schwerer, wenn Sie sich in die falsche Richtung bewegen. Sie haben das Gefühl, auf Ihnen laste ein Fluch. Erst, wenn Sie die richtige Richtung einschlagen, lösen sich die Probleme langsam aber sicher auf.

Als Maschinist ohne Überblick schrammen Sie an Riffen entlang, wenn Sie nicht auf die Anweisungen von der Kommandobrücke hören. Tun sie es, fahren Sie ruhig und sicher im tiefen Wasser.

Sie können Ihren Seelenauftrag immer erfüllen, wenn Sie sich darauf einlassen. Immer – denn Ihre Seele sorgt dafür.

Aber der freie Wille?

Dieses Kapitel sollte zuerst „Der göttliche Auftrag“ heißen, aber das wäre eine Irreführung gewesen. Der göttliche Auftrag, sofern sich diese Bezeichnung überhaupt rechtfertigen läßt, erstreckt sich über zahllose Leben und führt Sie letztlich in das Grüne Land – und darüber hinaus. Wie schnell Sie diesen Auftrag erfüllen wollen, hängt ganz allein von Ihnen ab, da gibt es keinen Kapitän, der Sie in irgendeiner Form steuern möchte.

In Ihr Leben gehen Sie mit dem Seelenauftrag, und der ist schwer genug. Diesem Auftrag können Sie sich vielleicht entziehen, Sie haben schließlich den freien Willen. Das geht aber nicht straflos, es wird verdammt hart für Sie werden.

Aber vielleicht, meine liebe Maria Wild, sollten Sie einmal überlegen, daß Sie nur eine zeitweise Erscheinungsform sind. Vorher waren Sie Igor Wassiljewitsch Tredjakoff, davor Maiko Itomi, Gerda Becker, Moses Katz... Ob es nun fünf, zwanzig oder tausend Leben vor dieser „Maria Wild“ gegeben hatte, ist egal. Nach ihr werden es wieder Hunderte Personen sein...

Und jetzt kommen Sie mit Ihrem freien Willen an. Ihre Seele hat dieses Leben ausgewählt, sich darum bemüht, dieses Leben zu erlangen. Die Seele hat sorgfältig geplant, eine Aufgabe gewählt, die Sie dank der besten Vorbereitung ohne Schwierigkeiten bewältigen können. Wenn Sie das Richtige tun, diesen einfachen Auftrag sorgfältig erledigen, wird es für die vielen, vielen Menschen, die Sie in Zukunft sein werden, viel leichter. Wenn nicht, dann bürden Sie diesen Menschen, die Sie nicht einmal kennen, eine zusätzliche Last auf.

Sie haben den freien Willen. Aber wollen Sie das wirklich?

Sie sind ein dreijähriges Kind, das gerade anfängt, das Leben zu entdecken. Ihre Mutter ist zehnmal so alt, sie hat alle Erfahrungen, die Ihnen nutzen und Sie vor Schaden bewahren. Sie wird folglich alles tun, um Sie zu beschützen und zu erziehen. Als verstocktes Kind wollen Sie das natürlich nicht.

Gefällt Ihnen das besser als „Kapitän“ und „Maschinist“? Dieses Bild beschreibt das gleiche Verhältnis. Die Mutter gibt Ihnen eine Menge Ermahnungen mit, bevor Sie in den Kindergarten gebracht werden. Im Kindergarten sind Sie allein, ohne Mutter. Aber es wäre besser, Sie würden trotzdem auf Ihre Mutter hören...

Lerneinheiten

Natürlich wissen Sie, was eine „Lerneinheit“ ist. In der Schule heißen die Lerneinheiten Dreisatzrechnung, die grammatikalischen Zeiten, das Mittelalter oder die Geographie Südamerikas. Für diese Lerneinheiten gibt es einen Lehrplan, nach dem sie vermittelt werden sollen. In der Schule ist es formalisiert, es gibt Leistungsdruck und wenn Sie die Lerneinheit in der vorgegebenen Zeit nicht begriffen haben, bekommen Sie eine schlechte Note.

Ganz anders sieht es aus, wenn Sie privat lernen. Alexander von Humboldt hat für seine Lerneinheit Südamerika einen großen Teil seines Lebens aufgewendet – und uns ein vielbändiges Werk darüber hinterlassen. Es ist allerdings nicht überliefert, welche Note er sich dafür gegeben hat.

Die Lerneinheiten der Seele sind alle freiwillig. Es gibt keinen Lehrplan, es gibt keine Zeitbegrenzung. Es ist wie Laufen lernen – der eine kann es mit einem Jahr, der andere braucht drei Jahre, aber am Ende können alle Kinder laufen. Sie können sogar pausieren und das Lernen verweigern, nur haben Sie dann eine furchtbar langweilige Ewigkeit vor sich.

Folglich werden Sie schließlich anfangen zu lernen.

Diese Lerneinheiten unterscheiden sich von den Seelenaufträgen in ihrer Bedeutung und in ihrem Umfang. Wenn Sie einen Aufsatz über die chilenische Wirtschaft verfassen, dann ist dieser Aufsatz dem Seelenauftrag vergleichbar. Im Rahmen dieses Aufsatzes üben Sie zusätzlich Fähigkeiten aus den Lerneinheiten: Lesen und Schreiben, Grammatik und Interpunktion, oft auch Rechnen und Beobachten. Dies erfolgt nebenbei, während der Aufsatz über Chile entsteht. Mit den Lerneinheiten der Seele ist das genauso. Sie kommen nicht drum rum, also wäre es besser, Sie lernen das gleich richtig, weil Sie es immer wieder brauchen werden.

Die erste menschliche Inkarnation

Sie beginnen als junge, unerfahrene Seele. Nur, so ganz jung und unerfahren sind Sie natürlich nicht. Sie haben schon 600 Millionen Jahre auf dem Buckel, etwa soviel Zeit wie eine uralte menschliche Seele. Die letzte Inkarnation haben Sie noch als Tier erlebt, sich womöglich schon an Menschen gewöhnt. Hunde als treue Begleiter sind dafür eine gute Ausgangsbasis. Wal, Delphin, Schimpanse... Sie haben sich bereits tüchtig nach oben gekämpft, auf der Leiter der Evolution des Bewußtseins.

Mit größter Wahrscheinlichkeit beginnen Sie dieses Leben mit Wertigkeit 0, denn Tiere sind nur ganz selten aus eigener Verantwortung bösartig oder liebenswürdig. An Ihre Tier-Inkarnationen werden Sie sich auch im Jenseits nicht erinnern, denn diese Lektionen sind völlig abgeschlossen.

Sie haben in diesem Leben keine Seelenaufgabe. Wie auch? Sie sind ja das erste Mal Mensch, also konnten Sie im Jenseits keine Aufgabe konzipieren. Der Kapitän steht auf der Brücke und schaut sich gründlich um. Er muß erst einmal herausfinden, wozu die Instrumente da sind, wo die Seekarten liegen und wo das Fernglas. Der Maschinist übt sich ungelenk an der Schaufel, um die Maschine unter Dampf zu halten. Viel mehr passiert nicht.

Das heißt, doch, etwas passiert: Sie stehen in diesem Leben wie vor einem reichgedeckten Buffet und kennen absolut nichts. Folglich probieren Sie, was immer Ihnen in die Finger kommt. Schon der nächste Happen könnte viel besser schmecken. Es sollte nur ansprechend aussehen, denn glibberige Schweinereien kennen Sie noch nicht, selbst wenn das in Wirklichkeit teuerste Delikatessen sind. Sie lassen also eine gewisse Vorsicht walten.

Nach diesem ersten Leben wissen Sie mehr. Sie haben ein paar Erfahrungen gesammelt und entscheiden sich ab sofort für das, was gut für Sie ist. Oder besser, für das, von dem Sie glauben, daß es gut für Sie wäre. Haben Sie es aber nicht zu eilig, stürzen Sie sich nicht überhastet in die nächste Inkarnation. Sprechen Sie mit anderen Seelen, die schon über mehr Erfahrungen verfügen. Das ist die wichtigste Eigenschaft des Menschen: Er kann aus den Erfahrungen Anderer lernen. Diese Eigenschaft sollten Sie nutzen!

Ihr erster Jenseitsaufenthalt als menschliche Seele führt Sie mit größter Wahrscheinlichkeit nach Eleulorien. Dort sind Ihre Mitseelen zwar nicht hilfsbereiter als auf der Erde, aber Sie können mit ihnen reden, ohne dafür einen Preis zu bezahlen, wie in den dunkleren Ebenen.

Die Grundschule – Dimension der Einsicht

In der Grundschule lernen Sie die einfachen Begriffe. Sie werden mit Emotionen konfrontiert und mit Vorzügen und Nachteilen, welche Menschen erleben können. In der Grundschule bearbeiten Sie nach und nach das ganze Spektrum dessen, was zum menschlichen Leben gehört.

Haß und Liebe

Darum werden Sie nicht herumkommen, diese Lektion ist zu wichtig. Sie müssen sowohl den Haß als auch die Liebe gekostet haben. Liebe, nicht Sex. Haß, nicht das Verbrechen.

Die Erde hat einen immensen Vorteil: Sie können den Haß lernen, ohne zum Haß zu werden. Sie können hassen oder lieben, ebenso gehaßt und geliebt werden – Sie lernen diese Lektion. Das Opfer lernt dabei soviel wie der Täter, deshalb gibt es Menschen, die freiwillig als Opfer auf diese Welt kommen.

Dummheit

Leider müssen Sie Dummheit am eigenen Leib erfahren. Das Über-Ich, Ihre Seele, verfolgt verzweifelt, wie Sie, die inkarnierte Person, eine Menge Fehler begehen, weil Sie es einfach nicht besser können. Das Erlebnis der geistigen Beschränktheit gehört eher zu den harten Lektionen, aber leider müssen Sie da durch.

Schwäche

Das muß nicht unbedingt die körperliche Schwäche sein. Sie sind nur ohne Macht, Andere zu zwingen und zu beherrschen, während jene Anderen eben genau das mit Ihnen tun können – und werden.

Kraft / Macht

Die umgekehrte Lektion dürfte Ihnen besser gefallen. Jetzt sind Sie es, der die Regeln vorgibt, während die Anderen sich fügen müssen. Diese Lektion ist schwer, denn Macht verführt dazu, sie zu mißbrauchen. Wer würde es schon wagen, sich einem Rambo, Conan oder Terminator entgegenzustellen?

Behinderung

Diese Lektion fordert wieder Ihre Leidensfähigkeit. Sie sind kein vollwertiger Mensch... Oder doch? Was können Sie mit einem verkrüppelten Arm anstellen? Was, wenn Sie im Rollstuhl sitzen? Sie lernen viel über Ihre Mitmenschen dabei. Und Sie lernen, sich zu akzeptieren, egal wie gut oder schlecht das Schicksal Sie ausgestattet hat. Der Mensch, der Sie gerade verspottet, wird womöglich diese Lektion bereits in seinem nächsten Leben am eigenen Leib verspüren.

Intelligenz

Glauben Sie ja nicht, daß dies eine leichte Lektion werden wird. Die Lektion bedeutet nicht, daß Sie in diesem Leben Universitätsprofessor werden. Gut, Sie hätten das Zeug dazu, aber es geht nicht um den Beruf, sondern um die Einsichten, die Sie gewinnen. Natürlich wäre es nett von Ihnen, im Rahmen dieser Lektion der Menschheit eine bahnbrechende Erfindung zu hinterlassen. Aber der Zweck dieser Lektion besteht darin, daß Sie Einsicht gewinnen, in die Handlungen und Motive Ihrer Mitmenschen.

Das Ziel dieser Lektion ist nicht die Aneignung von Wissen, sondern die Erlangung von Weisheit.

Ruhm

Das ist eine Lektion, die meist zusammen mit der Lektion „Macht" erlernt wird. Dazu ist es nicht nötig, daß die betreffende Inkarnation Eingang in die Geschichtsbücher findet. Kennen Sie etwa den Oberbürgermeister von Oldenburg? Lokal ist der eine Berühmtheit, in aller Munde, aber Sie kennen ihn nicht. (Ich auch nicht, ich weiß nicht einmal, ob das nicht eine Oberbürgermeisterin ist.) Ruhm und Bekanntheit müssen nicht lebenslang anhalten. Ein halbes Jahr in den Schlagzeilen und auf den Mattscheiben genügt bereits.

Und mehr...

Die Liste läßt sich noch lange fortsetzen. Gerechtigkeit, Ehrlichkeit, Mitgefühl – fast jede gute oder schlechte menschliche Eigenschaft steht im Rahmen einer solchen Lektion auf dem Lehrplan. Andere Lektionen der Grundschule werden zumeist beiläufig mitgelernt, das heißt, Sie wählen Kraft und Intelligenz aus und bekommen den Ruhm als erfolgreicher Sportler dazu.

Dann verletzen Sie sich schwer und erleben Schwäche und Behinderung – viele Lerneinheiten in einem einzigen Leben. Sicher, das ist eine Ausnahme, liegt aber im Bereich der Möglichkeiten.

Die Lektionen der Grundschule können Sie beliebig wiederholen und vertiefen. Sie können Ihr Leben speziell für diese Lektionen auswählen. Lektionen der Grundschule ändern normalerweise nicht die Wertigkeit einer Seele, sie erhöhen nur deren Erfahrung. In der Dimension der Einsicht gibt es nur ein Voranschreiten, ein schneller oder langsamer, aber kein Zurückfallen.

Das ähnelt dem Verzehr einer Pizza: Es gibt Hunderte von Rezepten, in jedem Restaurant schmecken die Standard-Rezepte obendrein ein wenig anders. Aber wer die erste Pizza gegessen hat, besitzt eine klare Vorstellung davon, was ihm da serviert werden wird. Ab dann können Sie die Speisekarte lesen und nach persönlichen Vorlieben auswählen.

Die Mittelschule – Dimension der Erkenntnis

Die Hierarchie der Schulen existiert auf der Erde, sie gehört nicht zu der hier beschriebenen Wirklichkeit. Ich verwende die vertrauten Begriffe in dem Sinn, daß ich die Schwierigkeit der Lektion damit charakterisiere. Sie müssen nicht die Grundschule abschließen, um die Mittelschule zu besuchen, Sie gehen in alle hier aufgeführten Schulen gleichzeitig.

Die Mittelschule ist auf den ersten Blick die einfachste der Schulen, denn sie vermittelt nur eine einzige Lektion:

Was Du aussendest, kommt zu Dir zurück.

Dies ist das Gesetz der Entsprechung. Was immer Sie ausstrahlen, wird schließlich auf Sie zurückstrahlen. Leider wirkt dieses Gesetz sehr langsam, deshalb sind seine Auswirkungen so schwer zu erkennen.

Schnell wirkt es bei direkter Aggression. Wenn Sie einem Mitmenschen „ein paar aufs Maul" geben wollen, kann es leicht passieren, daß statt dessen Sie „ein paar aufs Maul" bekommen.

Vielleicht gefällt Ihnen dieses Beispiel nicht, aber an ihm wird das Wirken dieses Gesetzes unmittelbar einsichtig. Natürlich können Sie Ihre Aggression gegen Wehrlose richten; das geht am einfachsten, wenn Sie die Staatsmacht im Rücken haben. Kennen Sie den Spruch: „Richtet nicht, auf daß Ihr nicht gerichtet werdet"? Er besagt nicht, daß wir sämtliche Richter und Staatsanwälte in die Wüste jagen sollen, er erlegt diesen Leuten jedoch eine besondere Pflicht zur Gerechtigkeit auf. Wer ungerecht verfolgt und richtet, fällt schließlich selbst unter das Gericht. Vor dem Gericht der Ewigkeit helfen kein Jurastudium, kein Staranwalt und keine Spitzfindigkeit.

Leider reagiert die Wirklichkeit auf Liebe und Redlichkeit weniger direkt. Kurzfristig bringen gerade die negativen Verhaltensweisen Vorteile, denken Sie an das Gefangenen-Dilemma: Der Verräter kommt mit einem Jahr davon, der „Ehrliche" der beiden Verbrecher sitzt fünf Jahre ein. Aber was wird der „Ehrliche“ nach seiner Freilassung mit seinem betrügerischen Kameraden anstellen? Das Zusammentreffen dürfte wohl kaum harmonisch ablaufen.

In der Mittelschule lernen Sie, daß jede Ihrer Handlungen Konsequenzen haben wird. Sie werfen einen Stein in einen Teich, das führt zu Wellen, die sich ausbreiten. Sogar wenn die Wellen zu klein geworden sind, um sie noch zu sehen, breiten sie sich immer noch aus, theoretisch kommt das Wasser sogar nie mehr zur Ruhe. Nach einer Weile überlagern jedoch neue Ereignisse die Auswirkungen des Steinchens.

Es gibt keinen rachsüchtigen Gott, der Ihre Verfehlungen bis ins siebte Glied verfolgen wird. Solche Aussagen sind Propaganda, um die Macht des eigenen Gottesbildes herauszustreichen und die Feinde des Glaubens einzuschüchtern. Sie können sich auch nicht durch ein Tempelopfer oder eine Ablaßzahlung von Ihren Untaten freikaufen. Das wurde nur in die Welt gesetzt, um die Kassen der Kirche zu füllen.

Was Sie tun, fällt auf Sie zurück, ganz einfach. Kein rächender Gott, kein Racheengel, kein Teufel, der auf Sie angesetzt wird, sondern ein allgemein gültiges Gesetz, das keine Ausnahmen zuläßt. Am schlichtesten wird es in der Physik formuliert: Actio = Reactio. Solche einfachen Gesetze sind leicht zu lernen, leicht zu verstehen, aber sehr schwer zu begreifen. Dies zu verinnerlichen, erfordert viele Leben, wobei „viele“ hier Hunderte oder gar Tausende bedeuten kann.

Auf der Erde lösen Sie mit einer guten Handlung eine Kettenreaktion aus, in der das Gute von völlig fremder Seite zu Ihnen zurückkommt. Nehmen wir eine richtig gute Tat, bei der Sie eine oder zwei Stunden unentgeltlich arbeiten müssen. Herr Meier revanchiert sich, aber nicht bei Ihnen, sondern bei Dorothea Müller, die wiederum bei Max Schmitt, der bei Adele Beck... und irgendwann erhalten Sie einen Gefallen von Rainer Kümmel, einem Verkehrsüberwacher, der darauf verzichtet, Ihnen ein Knöllchen auszustellen, weil Sie im absoluten Halteverbot Ihr Fahrzeug geparkt haben, um Ihrer kranken Mutter einen Kuchen zu kaufen. Das Gute ist zu Ihnen zurückgekommen, obwohl Sie die meisten Menschen in der Kette nicht kennen und nie von Ihnen erfahren werden. Vielleicht erfahren Sie noch nicht einmal, daß Herr Kümmel beide Augen zugedrückt hat. Womöglich weiß noch nicht einmal Herr Kümmel selbst, wieso er keine Lust hatte, den Strafzettel auszustellen.

Im Jenseits überschauen Sie die Folgen Ihrer Erdenleben, da liegt die Erkenntnis ganz offen vor Ihnen. Aber Sie sind ein Mensch, also zweifeln Sie erst einmal an Ihrer eigenen Schuld. Gott hat Sie in die Hölle gesteckt, nicht Ihre bösen Taten. Es ist immer leichter, mit Gott zu hadern, als die Schuld bei sich selbst zu suchen. Das geht mir genauso.

Im Diesseits ist die Erkenntnis schwerer, dauern die Vorgänge doch Jahrzehnte. Die Belohnung für gute Taten erfolgt vielleicht erst im Jenseits. In einem Umfeld der Wertigkeit -35 läßt ein Verhalten der Wertigkeit +15 Sie zum Außenseiter werden, der ausgenutzt wird. Sie können sich dem Umfeld nicht so leicht entziehen, vor allem, wenn Sie sich als Seelenauftrag gewählt haben, verlorene Seelen zur Umkehr zu bewegen. Erst auf den Inseln der Seligen wird Ihnen klar, was Sie geleistet haben, während Ihre Peiniger sich in der Unterwelt wiederfinden.

Nur leider hilft Ihnen das nicht jetzt, nicht in diesem Augenblick, in den Widrigkeiten des aktuellen Lebens. Deshalb ist die Mittelschule schwerer als die Grundschule.

Die Oberschule – Dimension der Wertigkeit

Hier geht es nicht um das direkte körperliche Erleben, sondern um die geistigen Gesetze, deren Wirken Sie erforschen sollen. Die Oberschule wird parallel zur Grund- und Mittelschule absolviert. Die Lektionen stehen bereit für Sie, aber es ist Ihre freie Entscheidung, ob Sie diese auf sich nehmen wollen. Wenn es Ihnen in der Freizone, dem dritten Kreis der Hölle, bestens gefällt, dürfen Sie dort gerne bleiben. Es ist Ihr freier Wille, Ihre ureigenste Entscheidung.

Die Lektionen der Oberschule bauen aufeinander auf. In der Grundschule haben Sie die freie Auswahl, was Sie wann und wie oft erleben wollen. In der Mittelschule können Sie die Fächer wechseln, Lektionen vorziehen oder auf später verschieben. In der Oberschule geht es erst weiter, wenn Sie eine Lektion vollkommen abgeschlossen haben.

Inhalt dieser Lektionen sind die ethischen Gesetze, die aufeinander aufbauen. Wer nicht begriffen hat, daß er Respekt vor seinen Mitmenschen entwickeln muß, also nach dem ersten Gesetz die Freiheit seiner Mitmenschen akzeptieren gelernt hat, wird niemals seine Feinde lieben lernen.

Die Oberschule führt Sie nach oben, aus den dunklen Ebenen in das Licht.

1.) Deine Freiheit endet dort, wo die Freiheit des Mitmenschen beginnt.

Häufig genug gibt es für zwei Autos nur einen Parkplatz. Wer die entscheidenden Sekunden eher ankommt, besetzt diesen Parkplatz, der Andere muß weiter suchen. Was so selbstverständlich klingt, ist bereits eine hohe Stufe der Zivilisation. Tiere würden das Recht auf den Parkplatz auskämpfen, was wir heutzutage höchst selten tun. Oh, Sie dürfen gerne schimpfen, aber Sie sollten weder einen Knüppel noch eine Pistole hervorholen, um den kleinen Zeitvorteil auszugleichen.

Ich weiß, diese Regel klingt so banal. Wir zitieren auch gerne den Satz von Rosa Luxemburg: ***Freiheit ist immer die Freiheit des Andersdenkenden.*** Aber wir zitieren ihn nur dann, wenn wir der Andersdenkende sind, der die Freiheit beansprucht. An die Macht gekommen, haben die Parteifreunde der Rosa Luxemburg ganz anders gehandelt und die Andersdenkenden verfolgt.

Dieses banale Gesetz besagt, daß der Gegenüber die gleichen Rechte hat wie ich selbst. ***Leben und leben lassen*** – auch das ist eine andere Formulierung dieser einen Lektion. Muß ich wirklich um drei Uhr Nachts meine Stereoanlage voll aufdrehen? Aber auch: Muß ich wirklich um 22:01 Uhr die Polizei holen, weil die Nachbarn ihre Feier nicht Schlag zehn beendet haben, obwohl schon die ersten Gäste gehen?

Dieses allgemein bekannte Gesetz führt eine Seele aus den dunklen Ebenen hinaus, zwar langsam, aber zuverlässig. Durch seine konsequente Beachtung kommen Sie zurück nach Eleulorien, egal, wie weit Sie abgestürzt sind.

2.) Was Du nicht willst, daß man Dir tu, das füg auch keinem Andern zu!

Dieser Leitsatz regelt die nächste Stufe des Miteinanders, des Aufstiegs zur höheren Wertigkeit. Das erste Gesetz enthält die bloße Passivität, das Zulassen, das Einräumen von Freiheiten. Dieses zweite Gesetz schreibt bereits eine begrenzte Aktivität vor. Wenn ich ab 22:00 Uhr meine Nachtruhe haben möchte, dann darf auch ich nicht nach dieser Zeit herumlärmen. Wenn ich eine faire Chance auf einen

Parkplatz haben möchte, muß auch ich dem Mitmenschen diese faire Chance zugestehen.

Dieser bekannte Kinderreim enthält bereits alles, was in sechs der hochgelobten zehn Gebote ausgesagt wird. Wenn Sie die zehn Gebote genau lesen, enthalten sie sowieso nur zwei wirkliche Gebote: „Gedenke, daß Du den Sabbat heiligst!“ und „Du sollst Vater und Mutter ehren!“

Die übrigen acht sind keine Gebote, sondern Verbote: „Du sollst nicht...“ Die ersten drei „Gebote“ betreffen Gott, dann kommt der freie Tag, die restlichen sechs behandeln das alltägliche Leben. Und bis auf die besondere Stellung der Eltern stecken diese sechs Gebote in dem einfachen „Was Du nicht willst, das man Dir tu, das füg auch keinem Anderen zu“.

Du sollst nicht stehlen, töten, ehebrechen, lügen oder etwas haben wollen, was einem Anderen gehört. Wobei dieses letztere natürlich nur den unrechtmäßigen Erwerb verhindert, ein gebrauchtes Auto dürfen Sie trotz der Bibel kaufen.

Es geht um das Einhalten von Regeln, von Gesetzen, von Glaubenslehren. Folgerichtig führt diese Lektion eine Seele bis hinauf ins Himmlische Eonata.

3.) Handele an Anderen so, wie diese an Dir handeln sollen!

In der zweiten Lektion ist das Gute noch das Böse, das man unterläßt. In dieser dritten Lektion geht es darum, aktiv das Gute zu tun. Dieser Satz sagt nicht, daß Sie so an Anderen handeln sollen, wie es der liebe Gott oder irgendeine seiner vielen Kirchen verlangt, sondern daß Sie aus eigener Einsicht handeln sollen – und zwar so, wie Sie selbst behandelt werden möchten. Sie greifen also nicht auf fremde Lehren zurück, sondern überlegen und entscheiden selbst.

Diese Lektion ähnelt der Lektion der Mittelschule, dem Gesetz der Entsprechung: Was Sie aussenden, kommt zu Ihnen zurück. Die Lektion unterscheidet sich trotzdem: Es geht nicht darum, ein bißchen nett zu sein, damit diese Nettigkeit auch mir zuteil wird, sondern ich muß mich geistig an Ihre Stelle versetzen. Was möchte ich, das mit mir getan wird, wenn ich Sie wäre?

Wenn ich eine wirklich saudumme Frage gestellt habe, möchte ich nicht öffentlich als Idiot tituliert werden. (Auf den Gebrauch von Schimpfworten kann ich mittlerweile ganz gut verzichten, habe also diese Lektion zumindest ansatzweise gelernt.) Ich möchte auch nicht, daß man sich über mich lustig macht. (Ich gestehe: Auf die Gelegenheit, einen Witz zu reißen, verzichte ich selten, wenn sich mir eine so gute Gelegenheit bietet. Hier muß ich also noch an mir arbeiten.) Ich möchte auf meinen Fehler hingewiesen werden und eine freundliche Antwort erhalten. (Das schaffe ich dann meistens wieder, aber ausgelacht wurden Sie leider schon.)

Das praktizierte Gute, die tätige Hilfe am Mitmenschen, aus Erkenntnis, nicht aus Zwang, ebnet Ihnen den Weg zur Sonnenstadt.

4.) Liebe deinen Nächsten

Diese Lektion ist noch schwerer als die vorherige. Wenn das von mir gespendete Blut einem stadtbekannten Drecksack von Politiker das Leben rettet, habe ich nichts dagegen. Aber den Kerl jetzt auch noch lieben? Es gerne tun, nicht nur um meiner Christenpflicht zu genügen, sondern aus tätiger Nächsten<u>liebe</u>?

Das Gute tun, weil es getan werden muß, gehört zur vorherigen Lektion. Hier geht es darum, das Gute gerne zu tun. Die christliche Kirche bezeichnet die Nächstenliebe oft als das elfte Gebot – aber es steht moralisch zwei Klassen über den banalen Verboten eines Moses. Hierbei gibt es kein „Du sollst nicht...“, denn es geht nicht darum, etwas zu unterlassen, sondern etwas zu tun, aus Liebe, aus Respekt, in Anerkennung für den Mitmenschen.

Würden wir unseren Nächsten wirklich lieben, also nur den Menschen, der uns direkt gegenüber steht, wir bräuchten keine Regierung und keine Gesetze, es gäbe keine Kriege mehr. Oleg Wodkabiboroff, den ich nie kennenlerne, der irgendwo 3.000 Kilometer östlich von mir lebt, ist nicht mein Nächster. Ich brauche ihn nicht zu lieben. Aber Georg Jäger ist mein Nächster, der kennt wiederum Marja Waschinskaja, weil er diese im Urlaub getroffen hat... Irgendwann ist schließlich Oleg der Nächste von einem Nächsten, bis es zu mir hinführt. Und deshalb, weil er der Nächste meines Nächsten meines Nächsten ist, betrifft meine Nächstenliebe diesen Russen, den ich nie im Leben sehen werde.

Alles hängt mit allem zusammen. Jeder von uns ist ein Knoten in einem Netz, in dem alle Menschen der Welt Knoten sind. Wenn ich meinen Nachbarknoten als meinen Nächsten liebe, dieser wiederum seinen Nächsten, umfaßt die Nächstenliebe die ganze Welt. Dies ist der Weg in den Garten von Giläion.

5.) Liebet eure Feinde

Dies ist die schwerste Lektion. Ich möchte deshalb zuerst darauf eingehen, was diese Lerneinheit NICHT aussagt: Es geht nicht darum den Feind in allen Punkten gewähren zu lassen, zu kapitulieren und sich immer zurückzunehmen. Diese Regel läßt den aktiven Kampf zu, sogar bis zur Vernichtung des Feindes. Sie verbietet jedoch den Haß.

Ich habe die Wahl, wie ich meine Feinde bekämpfe. Beende ich den Kampf schnell und gezielt, reiche ich dem besiegten Gegner die Hand, vergebe ihm seine Taten und führe ihn auf den rechten Weg, dann praktiziere ich Feindesliebe. Ich kann aber auch möglichst grausam kämpfen, ohne Rücksicht auf Unbeteiligte, Wehrlose und Unschuldige. Ich kann Rache und Vergeltung üben, auch noch an den Nachkommen, für ewige Zeiten – dann verstoße ich nicht nur gegen dieses Gesetz, sondern gegen alle Lektionen der Oberschule.

Die Beachtung dieses Gesetzes trägt uns bis ins Grüne Land. Aber es ist gerade diese Lektion, das Verhalten gegenüber unseren Feinden, das uns hinabziehen kann in die tiefsten Tiefen der höllischen Ebenen.

Die Berufsschule – Dimension der Schöpfungskraft

Die Berufsschule läuft ebenfalls nebenher. Sie bietet Ihnen keine ethischen oder sonstigen Gesetze, sondern schlicht und einfach eine „handwerkliche“ Ausbildung, mit einer einzigen Lektion, die immer besser gelernt werden will: Gedanken haben schöpferische Kraft – und zwar jeder Gedanke. In der jenseitigen Welt geht das bei entwickelten Seelen so weit, daß sich die Objekte in der Umgebung materialisieren. Die schöpferische Umsetzung im Diesseits ist weitaus schwieriger.

Die Schöpfung findet jedoch statt, wenn auch nicht durch eine magische Materialisierung. Ihr Bewußtsein ist nur ein Teil Ihrer Seele. Ihr Bewußtsein beeinflußt die Seele, bewirkt eine Rückkopplung. Sie – das Bewußtsein – „programmieren“ die Seele, Ihnen das zuzuführen, was Sie um sich erschaffen möchten. „Gott“ erhört Ihre Bitten, „das Universum“ erfüllt Ihre „Bestellungen“. Diese Schöpfungskraft manifestiert sich auf der Erde.

Diese Schöpfungskraft sorgt für den entscheidenden Unterschied, warum eine blödsinnige Idee ein Welterfolg wird, eine auf den ersten Blick weitaus bessere Idee hingegen in der Schublade verstaubt. Gewiß, es gibt die „Verschwörung“, den Neid und Mißgunst der Anderen bzw. die bedingungslose Förderung drittklassiger „Künstler“ zur Prominenz. Es gibt auch die Engstirnigkeit von Entscheidern, die verhindert, daß Produkte wie das Faxgerät in Deutschland produziert wurden. Eben das macht es uns so schwer zu unterscheiden, wo die Schöpfungskraft und wo die menschlichen Schwächen am Werk sind.

Trotz allem gibt es diese Schöpfungskraft und sie wird von Leben zu Leben besser entwickelt. Vielleicht können wir eines Tages unsere irdische Umgebung durch unseren Willen verändern, aber noch sind wir nicht reif genug. Noch sind wir zu sehr in unseren menschlichen Schwächen gefangen, deshalb ist es gut, daß wir dies nicht können.

Deshalb besuchen wir die Berufsschule, nebenher, zusätzlich zur Grund-, Mittel- und Oberschule. Sie alle vermitteln die Lerneinheiten, die wir zu unserer Entwicklung brauchen.

Gut und Böse, 2. Teil

Ist es besser, gut zu sein? Wenn es doch letztlich egal ist, ob man Gutes oder Böses tut? Es ist Ihre Entscheidung, Sie haben den freien Willen.

Also, was wollen Sie?

Inzwischen wissen Sie, worum es bei Gut und Böse letztlich geht: Bei den Guten wird Ihnen geholfen, bei den Bösen müssen Sie es ganz allein schaffen.

Aber es geht um viel mehr. Denken Sie an das Gesetz der Entsprechung. Wer Gutes ausstrahlt, zieht seine Mitmenschen auf die Seite des Guten, er speist das Gute in das Netz, das ihn mit allen seinen Mitmenschen verbindet. Mit dem Bösen geht es ebenso, nur daß die Mitmenschen nach unten gezogen werden.

Der Ausgang aus diesem Spiel liegt im Grünen Land, das Tiefdunkel ist eine Sackgasse. Wie rasch Sie dieses Spiel beenden, ist Ihre Entscheidung. Es kommt auf ein paar Millionen Jahre nicht an, Sie haben alle Zeit der Welt. Und wenn die nicht reicht, bekommen Sie eine neue Welt, eine andere Erde.

Was hat das Universum davon, daß Sie gut sind? Warum ist es für das Universum schlecht, wenn Sie böse sind? Natürlich sind diese Fragen ein recht großes Kaliber, wenn Sie vor der Entscheidung stehen, ob Sie Ihre Katze bestrafen sollen. Nur leider ist selbst das kleinste Wasserstoffatom ein unverzichtbarer Bestandteil dieses riesigen Universums.

Es gibt eine physikalisch-philosophische Spielerei, bei der es um einen Billardtisch geht, bei dem alle Stöße vollkommen elastisch und alle Bewegungen reibungsfrei erfolgen. Das heißt, ein einmaliger Stoß führt zu einer unaufhörlichen Abfolge von Bewegungen. Selbst wenn das gesamte Universum nur aus diesem Billardtisch und einem einzigen Elektron in zehn Milliarden Lichtjahren Entfernung bestünde – irgendwann zwischen dem 50. und 60. Stoß würde dieses lächerliche Elektron die Vorgänge auf dem Billardtisch beeinflussen.

Sie kennen sicher den Falter, dessen Flügelschlag in der Toskana einen Taifun in Südostasien auslöst. Aber zum Glück sind die meisten Falter für Südostasien völlig ungefährlich und Ihre Prügelstrafe wird zwar dafür sorgen, daß Ihre Katze die nächsten Tage sehr schlecht gelaunt sein wird, aber keinen dritten Weltkrieg auslösen.

Was also hat das Universum von Gut und Böse? Oder, um die Frage zu personifizieren: Was hat Gott davon?

Sie haben schöpferische Fähigkeiten, sind in dieser Beziehung „wie Gott“. Jetzt stellen Sie sich eine Truppe solcher Götter vor. Na gut, eine Truppe Bauarbeiter sind als Gedankenexperiment einfacher. Neun von zehn Bauarbeitern kennen das alte Kinderlied und schichten Stein auf Stein, bauen also eine Mauer, ein Haus oder als Götter ein Universum. Der zehnte Bauarbeiter ist „böse“ und hat einen großen Vorschlaghammer, mit dem er auf das Mäuerchen eindrischt – oder eben auf das Universum.

Auf der Baustelle wird dieses Problem recht rasch gelöst, der Herr mit dem Vorschlaghammer wird in einer verständnisvollen Diskussion davon überzeugt, die nächsten Wochen seine gebrochenen Knochen auszukurieren und künftig seinen neun Kollegen weiträumig aus dem Weg zu gehen.

Das Universum schützt sich, indem das Böse in seiner Entwicklung behindert wird.

Ich gebe zu, daß diese These dem widerspricht, was Sie heute auf der Erde beobachten. In unserem täglichen Erleben scheint es gerade den Bösen besonders gut zu gehen, jenen Leuten, die auf Kosten der Ehrlichen und Guten leben. Doch deren negative Handlungen zerstören die eigenen Lebensgrundlagen, führen zur Auslöschung dieses Gedankengutes.

Eine Zerstörung bewirkt einen Neuanfang. Dieser Neuanfang erfordert die unbedingte Zusammenarbeit, die gegenseitige Rücksicht und Achtung – eben die Eigenschaften des Guten. Laut dem Neuen Testament wird der Satan für tausend Jahre in der Hölle eingesperrt, ihm alle Macht auf Erden genommen. Dies ist eine gute Beschreibung dieses Vorgangs, denn in diesem Neuanfang wird dem Bösen für lange Zeit die Möglichkeit genommen, sich auf der Erde zu inkarnieren und somit fortzuentwickeln.

Dies zeitigt eine weitere Folge: Das Böse erringt seine Vorteile auf Kosten des Guten, nicht durch eigene Kraft und Leistung. Das heißt, böses Verhalten auf der Erde wird oft genug durch eine positive Rückkopplung belohnt und dadurch verstärkt. Nach der Separation gibt es auf der Erde kaum noch böses Verhalten. Die betreffenden Seelen finden sich im Jenseits unter Ihresgleichen, das heißt, unter gleich bösen, gleich hinterhältigen Mitseelen. Diese sind selbst mißtrauisch, selbst skrupellos auf den kleinsten Vorteil bedacht, deshalb bleibt bösem Verhalten der Erfolg versagt.

Jeder Mensch ist auf Erfolg und Entwicklung „programmiert“, Stagnation zermürbt. Die einzige Entwicklungsmöglichkeit, die einer solchen Seele bleibt, ist der Weg nach oben, in die lichteren Gefilde des Jenseits.

Das Universum will aufbauen, will sich entwickeln, zeigt die Tendenz zu immer komplexeren Strukturen. Nach dem Urknall gab es nur Wasserstoff und Helium, erklärt uns die Wissenschaft. Doch nur wenig später erstrahlten die ersten Sonnen, nukleare Hochöfen, die schwerere, komplexere Materialien erbrüteten, bis hin zum Eisen. Der Tod dieser Sonnen in gigantischen Explosionen schuf noch schwerere Elemente. Jeder Ehering, jede Goldmünze ist das Produkt einer Sternexplosion vor Milliarden Jahren. Unsere ganze Erde, jedes Glied Ihres Körpers, besteht aus den Überresten einer Sternenleiche, aus der gewachsenen Komplexität des Kosmos, aus der unaufhörlichen Aufbauleistung, die im Universum stattgefunden hat.

In der Biologie ist es nicht anders. Milliarden Jahre gab es auf der Erde nur Einzeller, bis diese sich zu kleinen, primitiven Mehrzellern zusammengeschlossen haben. Ihnen folgten einfache Pflanzen und Tiere mit simplen Gehirnen, bis hin zu den riesenhaften Dinosauriern. Der Aufbau der Natur wurde immer komplexer. Die Vermehrung durch Zellteilung oder durch Ableger gibt es noch, doch das Standardmodell unter Tieren ist die geschlechtliche Vereinigung nach einem aufwendigen Balzverhalten. Bei den Pflanzen gibt es die Bestäubung durch Pollenflug im Wind, aber auch richtig komplizierte Mechanismen, die nur mittels spezialisierter Insekten funktionieren.

Die modernen Tierarten haben durchweg komplexere Gehirne als ihre Vorläufer zur Zeit der Dinosaurier. Die Verhaltensweisen sind zu komplex geworden, um sie allein durch Instinkt zu vererben, sie erfordern eine Erziehung, eine Anleitung durch die Eltern. Besonders extrem fällt das bei den Menschen aus.

Die wachsende Komplexität erfordert das Gute, das Aufbauende, um zu gedeihen. Deshalb ist dieses Gute ein Ziel des Universums, das langfristig immer bevorzugt wird.

Welchen Weg Sie wählen, ist Ihre Entscheidung. Der kurzfristige Erfolg ist gut und schön, aber der scheinbar schwerere Weg der Ehrlichkeit führt letztlich schneller zum Ziel.

Handele an Anderen so, wie diese an Dir handeln sollen!

Das war es bereits. Mehr brauchen Sie nicht zu wissen, ehrlich.

Aber jetzt unterstellen Sie mir, ich sei ein fauler Hund und würde Ihnen das Denken überlassen. Außerdem habe ich in der Überschrift die Mehrzahl benutzt, folglich schulde ich Ihnen mindestens zwei Gesetze. Na gut, wenn Sie unbedingt wollen...

Hasse Deinen Nächsten wie Dich selbst!

Oh? Das gefällt Ihnen weniger gut? In der Originalversion steht ja auch etwas von „Liebe". Aber Haß und Liebe sind die beiden Seiten der gleichen Medaille. Ob Sie nun Ihren Mitmenschen hassen oder lieben – tun Sie das genauso, wie Sie sich selbst hassen oder lieben, dann geht das in Ordnung.

Was Du dem geringsten Deiner Brüder angetan hast, das hast Du Dir selbst angetan!

Wenn Sie mir eine runterhauen, dann haben Sie zunächst einmal mir eine runtergehauen. Ich weiß nicht, ob Sie das befriedigen würde, ich weiß nur, daß es mir nicht gefallen hat. Vielleicht schlage ich ja zurück, vielleicht habe ich eine Pistole dabei, vielleicht breche ich auch weinend zusammen. Doch egal, was ich tue, es kommt darauf an, was SIE getan haben.

Sie haben mir aus irgendeinem Grund Schmerzen zugefügt. Womöglich denken Sie, daß Sie einen sehr guten Grund gehabt hatten, um mir das anzutun. Aber das interessiert das Jenseits nicht. Sie haben eine aggressive Tat begangen, und damit eine „Sünde". Diese Sünde wird auf Sie zurückfallen, spätestens beim Seelengericht.

Und damit haben Sie sich das angetan, was Sie mir angetan haben. Ob aus gutem Grund oder nicht, Sie haben etwas getan, was vor dem Seelengericht behandelt werden wird. Sie müssen es dort bewerten und vielleicht sogar bereuen.

Genieße Deine Freiheit, aber achte die Freiheit Deiner Mitmenschen!

Haben Sie geglaubt, gut sei nur derjenige, der den ganzen Tag über darbt und leidet? Sie dürfen alles genießen, was die Welt Ihnen bietet, solange Sie damit keinem Menschen etwas wegnehmen. Das heißt natürlich nicht, daß Sie die letzte Flasche Olivenöl im Supermarkt stehen lassen müssen, damit die ein Mitmensch kaufen kann, denn dadurch nehmen Sie diese Flasche ja trotzdem einem Menschen weg: sich selbst.

Es sieht jedoch anders aus, wenn Sie dem Konkurrenten ein Bein stellen, damit Sie zuerst am Regal sind. Tja, so ist es mit der Freiheit der Mitmenschen – als Ellbogenartist schränken Sie diese ein, also dürfen Sie das leider nicht, auch wenn es noch so verlockt.

Das heißt, es ist IHRE Entscheidung. Wenn Sie wollen, dürfen Sie sich sogar eine Rasierklinge in den Ellbogen einsetzen, damit der böse Mitmensch wirklich etwas davon hat. Aber diesen aufgerüsteten Ellbogen werden Sie ebenfalls zu spüren bekommen, wenn nicht gleich, dann eben im Jenseits, wo Sie die traumhafteste Ellbogengesellschaft erwartet, die Sie sich nur wünschen können. Allerdings ist das dann eine der dunkleren Ebenen.

Es gibt leider eine Grenze für dieses Verhalten. So schön es wäre, aber nicht alle Menschen sind gut. Die weniger netten Menschen werden Ihre Gutherzigkeit ausnutzen, um Sie gründlich auszubeuten. Das „halte auch die andere Wange hin", funktioniert zwar wunderbar in Gleichnissen, führt aber fast immer dazu, daß der Andere gleich noch einmal zuschlägt, ohne lange nachzudenken, höchstens noch gehässig grinsend.

In primitiven Zeitaltern formulierte man deshalb „Auge um Auge, Zahn um Zahn". Obwohl, sogar das enthält eine Einschränkung: Tun Sie dem Anderen auf keinen Fall mehr an, als er Ihnen angetan hat! Diese philosophische Feinheit durchschaut heute jedoch keiner mehr, der Pfahl, der dem Täter nur das Auge kosten sollte, wird ganz selbstverständlich ins Gehirn getrieben, für eine überzogene Rache. Schuld ist natürlich der liebe Gott, der hat das ja gesagt, oder?

Formulieren wir es besser, nicht so primitiv und blutrünstig:

Behandele den Anderen danach, wie er Dich behandelt hat!

Das heißt, der Betrüger darf betrogen werden, gegen den Falschspieler darf falsch gespielt werden. Sie dürfen sich wehren, Sie dürfen dem Anderen die Grenzen aufzeigen. Nur so wird ihm das Falsche an seinen Handlungen bewußt, nur so erhält er die Gelegenheit, sich zu bessern. Halten Sie nur die andere Wange hin, vermitteln Sie dem Schädiger ein Erfolgserlebnis.

Es ist aber Ihre Entscheidung, wie weit Sie die Vergeltung treiben. Ich schlage Sie, Sie schlagen mich – das ist eine Möglichkeit. Nach dem Gesetz dürfen Sie in Notwehr sogar in gewisser Weise überreagieren, weil Sie nie wissen können, wie gefährlich ich als Ihr Angreifer bin. Allerdings bin ich ziemlich schwerfällig – Sie können mir mühelos davonlaufen.

Was also tun Sie, wenn ich Sie schlage?

Sie haben die „böse" Möglichkeit der massiven Vergeltung, die „neutrale" der gleichwertigen Vergeltung oder die „gute" der Flucht. Mit jeder dieser Handlungen beenden Sie die unmittelbare Bedrohung. Und bei unserem nächsten Treffen werden Sie vorsichtiger sein, mich nicht mehr auf Schlagdistanz an sich heranlassen, oder? Sie handeln also so, wie ich an Ihnen gehandelt habe, in jedem dieser Fälle.

Reagieren Sie angemessen!

Es reicht völlig, wenn Sie verhindern, daß jemand, der Sie geschädigt hat – und sei es auch nur in einer Kleinigkeit – Sie noch einmal schädigen kann. Sie brauchen keine Blutrache zu üben, nur weil ich ein Buch zwei Wochen länger behalten habe, als ursprünglich ausgemacht worden war. Vielleicht bin ich ja gänzlich unschuldig, meine Mutter könnte ins Krankenhaus gekommen sein...

Planen Sie Ihre Gegenmaßnahmen erst, wenn Sie alle Informationen haben!

Oder, wie es die Römer bereits gesagt haben:

Hören Sie auch die andere Seite an!

Wenn Sie handeln, bevor Sie genug wissen, handeln Sie ziemlich sicher fehlerhaft. Eine Regierung, die ihr Volk zu gewissen Handlungen aufstacheln möchte – zum Beispiel einen Krieg – erreicht das am besten, indem sie die Dinge einseitig darstellt und alle Informationen unterdrückt, die den ausgewählten Kriegsgegner entlasten.

In jeder Information steckt zugleich eine Manipulation. Vielleicht möchte der Informant ja nur, daß Sie ihn sympathisch finden, aber vielleicht möchte er Ihnen ja bloß etwas verkaufen. Ich habe Ihnen ja auch dieses Buch verkauft, oder? Und wenn Sie mich sympathisch finden, verkaufe ich Ihnen womöglich noch mehr Bücher...

Bevor Sie voreilig handeln, auf Grund einer einzigen Information, sollten Sie immer fragen, was der Informant davon hat. Deshalb sollten Sie niemals einer einzigen Quelle vertrauen. Nun ja, nichts ist ohne Ausnahme. Wenn jemand „Feuer!" ruft, gefolgt von „Es brennt!" sollten Sie im eigenen Interesse nicht erst lange recherchieren, ob es dazu noch eine zweite Meinung gibt. Diese Entscheidung sollten Sie auch nicht erst einmal überschlafen.

Wenn es jedoch darum geht, einen Menschen zu bestrafen, ob privat oder geschäftlich, haben Sie sowieso genug Zeit und können nachfragen.

Trotz allem, Panik nutzt Ihnen nichts, folglich:

Handeln Sie besonnen!

Stürmen Sie nicht kopflos davon, orientieren Sie sich erst einmal. Hundert Menschen, die zugleich durch einen Notausgang drängen, verstopfen diesen und trampeln sich womöglich gegenseitig nieder. Vielleicht genügt ein einziger Handgriff, um den anderen Türflügel zu öffnen und die Durchgangsbreite zu verdoppeln. Deshalb – ein paar Augenblicke der Besinnung können Leben retten – durchaus Ihr eigenes!

Niemand ist nur böse.

Sicher, wenn sich jemand in den siebten Kreis der Hölle hinabgearbeitet hat, wird es sehr schwer, noch eine gute Seite an ihm zu entdecken. Aber derart dämonische Menschen dürften Sie nur dann treffen, wenn Sie selbst jemand sind, der auf dem besten Weg dorthin ist. Und wer weiß, vielleicht bewundern Sie diesen Kerl auch noch dafür?

Egal, was Sie einem Anderen vorzuwerfen haben, auch bei diesem Menschen gibt es gute Seiten. Anstatt einen Krieg zu führen und die bösen Seiten zu attackieren, wäre es doch viel einfacher, die bösen Seiten zu vermeiden und nur die guten zu nutzen?

Wenn Jakob Wiesenthal ein skrupelloser Geschäftsmann und ein unterhaltsamer Plauderer ist, gehen Sie ruhig mit ihm ein Bier trinken – aber schließen Sie niemals ein Geschäft mit ihm ab.

Sie können die Welt nicht verbessern, indem Sie das Böse jagen. Aber Sie können die Welt verbessern, indem Sie ein gutes Beispiel abgeben.

Das ist natürlich nicht das, was Charles Bronson tun würde, zumindest nicht auf der Leinwand. Aber richtige Rachefeldzüge mit Bergen von Leichen finden im Alltagsleben nicht statt. Es ist auch keine so gute Idee, einen Mitmenschen über den Haufen zu schießen, weil der Ihnen den Parkplatz weggeschnappt hat. Jede Rache zieht Sie auf die dunkle Seite. Eines Tages stehen Sie vor dem Seelengericht und dessen Urteil ist endgültig.

Wen wollen Sie in der Ewigkeit treffen? Oder besser, wen wollen Sie zum Nachbarn haben? Einen friedliebenden, freundlichen Menschen, mit dem Sie gut auskommen, oder einen Weltmeister im Kickboxen, der bei der kleinsten Kleinigkeit darauf besteht, Ihnen eine Privatlektion zu erteilen? Das Jenseits wird Sie nicht verurteilen, es reflektiert nur das, was Sie ins Jenseits mitbringen.

Daraus resultiert das letzte große Gesetz:

Üben Sie Verzeihung!

Auch wenn gewisse Kirchen gerne von der „ewigen Verdammnis" reden – durch deren Gott, der alle Menschen so sehr liebt – gibt es diese im Jenseits nicht. Gehe hin und sündige nicht mehr – das besagt die göttliche Vergebung. Sobald Sie aufhören, Böses zu tun, wandeln Sie auf dem Pfad des Guten.

Gott verzeiht Ihnen, das Jenseits verzeiht Ihnen, die Ewigkeit verzeiht Ihnen – und da wollen ausgerechnet SIE sich stur stellen? Natürlich können Sie sich rächen, andere Menschen für deren böse Taten gebührend bestrafen. Diese Rache, dieser Wunsch nach Bestrafung, hält Sie jedoch selbst in jenem Zustand des erlittenen Unrechts fest.

Angenommen, ich gebe Ihnen völlig grundlos eine Ohrfeige. Gut, dann bin ich ein schlechter Mensch, aber das ist jetzt gerade nicht das Thema. Sie könnten natürlich zurückschlagen, doch diese einfache Reaktion ist aus irgendeinem Grund nicht möglich.

Wie lange Sie die Schmerzen mit sich herumtragen, ist nicht durch die Biologie, sondern durch Ihre Psyche festgelegt. Verzeihen Sie mir schnell, ist diese Ohrfeige vergangen und der Schmerz beendet. Sie können mich natürlich wegen Körperverletzung anzeigen und einen Anwalt beauftragen, um mich auf Schmerzensgeld zu verklagen. Dadurch halten Sie an der Ohrfeige fest, spüren den Schmerz noch Monate später. Sie stilisieren sich zum ewigen Opfer hoch, werden eins mit dieser Opferrolle – und tragen einen wirklichen Schaden fürs Leben davon.

Sie sind aber nicht MEIN Opfer, denn so einen harten Schlag habe ich nicht. Sie sind Ihr eigenes Opfer geworden, haben einen erlittenen minimalen Schaden vervielfacht, einer läßlichen Sünde die Macht verliehen, Ihr ganzes Leben zu bestimmen. Diesen Schaden, den Sie sich selbst zugefügt haben, kann Ihnen keine von Ihrem Anwalt erstrittene Summe ersetzen.

Keine böse Tat rechtfertigt eine andere.

Es gibt eine „Kette des Guten“, bei der eine gute Tat auf irgendeine Weise zu Ihnen zurückkehrt. Diese Kette funktioniert leider auch als „Kette des Bösen“. Beide Ketten vervielfältigen den Auslöser, das Gute wie das Böse. Dabei berechtigt Sie meine Ohrfeige bestenfalls zu einer angemessenen Reaktion mir gegenüber, aber keineswegs zu einer Tat gegen einen Dritten.

Wenn ich das „gehe hin und sündige nicht mehr“ nicht von selbst lerne, kann mir eine Strafe in meiner Entwicklung helfen, doch diese Strafe muß zeitnah und in angemessener Härte erfolgen. Drakonische Strafen, statuierte Exempel haben so wenig Wirkung wie unangemessene Milde, die zu keinerlei Einsicht verhilft.

Meine Ohrfeige berechtigt Sie jedoch nicht dazu, Ihrerseits Ihren Nachbarn zu ohrfeigen, oder meine Mutter. Sie schaffen die Ohrfeige nicht aus der Welt, indem Sie einen Kanarienvogel an die Wand werfen. Es ist völlig sinnlos, die Taten der Eltern an den Kindern und Enkeln zu rächen, denn diese werden dadurch zu Opfern Ihrer Bosheit.

Helfen Sie, so gut Sie können.

Gedankenloses Helfen richtet größeren Schaden an, als gar nicht zu helfen. Natürlich können Sie Ihrer Nachbarin mit einem Ei aushelfen oder einem Bettler ein paar Münzen zustecken, das ist völlig in Ordnung. Aber braucht die Nachbarin wirklich Öl, Mehl, Butter, Salz, Tee – oder ab und zu ein nettes Gespräch? Vielleicht fehlt ihr eine Anleitung in Haushaltsführung, aber drängen Sie sich keinesfalls besserwisserisch auf. Braucht der Bettler ein paar Münzen oder eine auskömmliche Arbeit? Wer einen Fisch verschenkt, füllt einen Magen für einen Tag, wer lehrt zu fischen, füllt den Magen für alle Tage. Deshalb ist es hin und wieder besser, den Fisch selbst zu essen, damit der Bedürftige bereit ist zu lernen.

Helfen, so gut Sie können, enthält jedoch eine Begrenzung: So gut Sie können, aber nicht mehr. Sie können einen halben Liter Blut spenden, allerdings nicht mehrmals am Tag. Sie können Ihrem Mitmenschen bei einem akuten Problem helfen, aber es hat keinen Sinn, ihm bei allen Problemen helfen zu wollen.

Dieses Helfer-Syndrom tritt oft bei Eltern auf. Wenn Ihr Kind fünf Jahre alt ist, braucht es Ihre ständige Fürsorge, mit 25 sollte es langsam auf eigenen Füßen stehen. Sie müssen schließlich loslassen, den erwachsen gewordenen Nachwuchs auch einmal gegen eine Mauer rennen lassen, anstatt überall Matratzen aufzustellen.

Irgendwann sind Sie nicht mehr da, oder ganz einfach nicht zu erreichen, dann muß der andere Mensch ohne Sie zurecht kommen. Deshalb dürfen Sie nicht übertreiben, jeder muß sein Leben für sich selbst leben.

Sind Ihnen diese Gesetze zu kompliziert?

Oder sind es gar zu viele, um sich alle merken zu können? Oh ja, das ist eine gute Ausrede, aber es bleibt eine Ausrede, keine Entschuldigung. Die Gesetze gehen mit ein wenig Nachdenken auseinander hervor, deshalb lassen sich diese Gesetze auf ein einziges verdichten, das die Gelehrten hochtrabend als den „kategorischen Imperativ“ bezeichnen, sich jedoch viel einfacher als Kinderreim ausdrücken läßt:

Was Du nicht willst, daß man Dir tu,
das füg auch keinem Anderen zu!

Sehen Sie, so einfach ist Ethik, einfach genug, um schon im Kindergarten verstanden zu werden.

Versetzen Sie sich hin und wieder in Ihr Gegenüber. Wie soll der mit Ihnen umgehen? Was soll er Ihnen antworten? Und in welchem Ton? Genau in dieser Weise behandeln Sie Ihr Gegenüber, dann achten und lieben Sie Ihren Nächsten, dann handeln Sie besonnen und angemessen, sind bereit zu verzeihen... Und befolgen diese Gesetze ganz ohne Nachdenken.

Umkehr und Reue

Keiner von uns ist wirklich ohne Sünde, nur meistens wollen wir das nicht zugeben. Die Stelle im Neuen Testament, als die Ehebrecherin gesteinigt werden sollte, zeigt eine Selbsterkenntnis der Menschen, die nur selten zu Tage tritt. Wir sind alle Lehrlinge des Lebens, keine Meister. Wir begehen Fehler, das ist das Vorrecht der Lehrlinge. Wenn wir jedoch nicht bereit sind, aus diesen Fehlern zu lernen und uns zu bessern, dann sündigen wir wirklich.

Reue ist nicht, in Sack und Asche herumzulaufen, sich selbst zu geißeln und laute Klagerufe auszustoßen. Reue ist die Erkenntnis, falsch gehandelt zu haben, mit dem festen Vorsatz, dies nie, nie, nie wieder zu wiederholen!

Reue sorgt dafür, daß wir vorsichtiger werden, künftige Fehler vermeiden, sogar solche, die mit der bereuten Tat gar nichts zu tun haben. So gesehen, erwächst aus Reue sogar Weisheit.

Tue Buße!

Institutionalisierte Kirchen haben zumeist Glaubensregeln. Wer gegen diese verstößt, hat gesündigt und muß dafür büßen. Beliebte Bußen der Amtskirchen waren „Spenden an die Götter“ oder „Bekämpfe die Ungläubigen!“. Die katholische Kirche kann sowohl den Höhepunkt als auch den Tiefpunkt an Möglichkeiten zur Vergebung der Sünden für sich reklamieren. Der Tiefpunkt war der Ablaßhandel, bei dem man nicht nur sich selbst und Angehörige von göttlichen Strafen freikaufen, sondern durch eine entsprechende Zahlung sogar ein Guthaben für künftige Sünden aufbauen konnte.

Der Höhepunkt ist die Ohrenbeichte. Aber nicht so, wie sie bisher gehandhabt wird: Ich sündige, gehe zum Beichten, verspreche, drei Vaterunser runterzuleiern und bin meine spirituellen Schulden los. Wer sich das Gebetbuch genauer ansieht, findet dort nicht nur einen Beichtspiegel, eine beispielhafte Aufstellung zu beichtender Vergehen, sondern auch so interessante Worte wie „Reue“. Diese Reue ist mehr als das reine Lippenbekenntnis, sie soll ehrlich sein, aus tiefstem Herzen erfolgen, mit voller Überzeugung.

Jesus Christus, der Ursprung der katholischen Kirche, belegte den reuigen (!) Sünder nicht mit einer Anzahl Bußgebeten, sondern er gab ihm eine einfache Anweisung: „***Gehe hin und sündige nicht mehr!***“ Reue ist mehr als ein mehr oder weniger großes Opfer, mehr als eine formale Reinigung von irgendwelchen Sünden. Leider gibt sich die jeweilige Kirche oft genug mit dem Opfer zufrieden, ohne nach der Reue zu fragen.

Einsicht und Reue

„Ich bereue höchstens, daß ich meine Schwiegermutter nicht schon vor fünf Jahren umgebracht habe."

Diese Reue ist mit Sicherheit ehrlich gemeint, aber es ist mit ebensolcher Sicherheit nicht das Bereuen der Sünden, von dem hier die Rede ist. Ihr fehlt eine wichtige Voraussetzung: die Einsicht. Ohne die Einsicht, einen Fehler begangen zu haben, kann ich diesen Fehler nicht bereuen. Die Reue drückt sich in einem kurzen Satz aus: „Hätte ich das bloß nicht getan!"

Natürlich gibt es dafür Beispiele, bei denen jeder Zuhörer sofort die ehrliche Reue glaubt. Dazu gehören wunderschöne, teuere, aber etwas exotische Automobile, die ständig Heimweh nach ihrer Vertragswerkstatt haben. „Hätte ich diese Schrottmühle bloß nie gekauft!" – das glauben Sie doch sofort, oder?

Genauso beharrlich, wie dieses grandiose Fahrzeug am Geldbeutel seines Besitzers nagt, nagt eine wirklich bereute Sünde am Gewissen dessen, der sie begangen hat. Dadurch erwächst Einsicht in den eigenen Fehler und ehrliche Reue. Sie brauchen jedoch nicht zu übertreiben. Wer bei jeder Gelegenheit ausgiebig erklärt, wie sehr er eine lange vergangene Tat immer noch bereut, erweckt das Mißtrauen seiner Zuhörer. Das ist nicht Einsicht, sondern Zurschaustellung einer vorgeblichen Besserung.

Umkehr

Umkehr bedeutet, es zukünftig anders zu machen, sich zu bessern. Wer gestern seine Frau verprügelt hat, es heute zutiefst bereut und morgen wieder prügelt, hat sich nicht wirklich gebessert. Bestenfalls war er heute mal zeitweise nüchtern.

Umkehr heißt, alles zu tun, um diese Verfehlung in Zukunft zu vermeiden. Wer unter Alkoholeinfluß gewalttätig wird, muß sich entweder in Zukunft des Alkohols enthalten – oder sich allein, fern von allen Opfern betrinken.

Umkehr bedeutet in vielen Fällen Selbstkontrolle. Wenn die Selbstbeherrschung nicht ausreicht, dann muß der Betroffene aktiv jenen Situationen ausweichen, in denen er die Selbstbeherrschung verliert. Das ist nicht „Feigheit vor dem Feind“, denn der Mutige ist derjenige, der sich beherrscht und zurückzieht – und damit eben diesen, seinen inneren Feind besiegt.

Wiedergutmachung

Der letzte Schritt nach Einsicht, Reue und Umkehr ist die Wiedergutmachung. Sie ist tätige Reue, der Versuch, den Fehler aus der Welt zu schaffen. Die Wiedergutmachung kann eine Entschuldigung sein, ein paar gute Worte. Sie kann in Form von Schadenersatz geleistet werden, aber auch als Kompensation, wenn das, was durch die Sünde zerstört wurde, unwiederbringlich verloren ist.

Diese Wiedergutmachung ist zugleich eine Verpflichtung für den Empfänger. Wer versöhnt und vergibt, zeigt nicht nur Größe, sondern sammelt Punkte für den Augenblick, wenn er selbst vor dem Seelengericht steht. Wer unversöhnlich mehr und mehr fordert, den Gutwilligen ausnutzt und versklavt, versündigt sich und wird sich dafür vor dem Seelengericht verantworten müssen.

In der Bibel, sogar im sonst so bluttriefenden Alten Testament, werden im Jubeljahr die Schuldsklaven freigelassen. Wer damals seine Schulden nicht bezahlen konnte, wurde schließlich zum Sklaven seines Gläubigers, er hat mit allem bezahlt, was er hatte, mit seinem eigenen Leib und Leben. Doch diese Sklaverei endete nicht in ewiger Ausbeutung, sondern zum festgesetzten Termin, dem alle 49 Jahre kommenden Jubeljahr.

Ich weiß nicht, ob dieses Gesetz jemals angewendet wurde, aber diese Regelung, der Erlaß der Schulden, ist es wert, wieder eingeführt zu werden.

Ein ganz kleines Beispiel

Ich habe 1970 einen kleinen Hund auf dünnes Eis gezerrt, nur um zu sehen, ob er einbricht. Ja, ich gestehe hier einen Akt der Tierquälerei, aber bevor ein Staatsanwalt glaubt, er müsse tätig werden: Ich war damals 12 Jahre alt (nicht strafmündig) und die Tat ist 38 Jahre her (verjährt). Bevor jemand wegen Geringfügigkeit abwinkt: Ich habe einem Mitgeschöpf ohne Not etwas zugefügt, von dem ich nicht will, daß es mir zugefügt wird. Ich habe damit gegen ein universelles Gesetz verstoßen.

Ich habe relativ rasch begriffen, daß dies falsch war. (Einsicht in die eigene Sünde, der erste Schritt). Der zweite Schritt, die Reue, folgte gleich darauf. Es ist das „Ich will es NIE WIEDER tun". Und ja, ich habe es seitdem nie wieder getan.

Ich habe auch den Weg der Wiedergutmachung beschritten, also den kleinen Kerl in meinen eigenen Mantel gepackt und mit meiner eigenen Körperwärme wieder aufgewärmt. Er hat es, nebenbei, heil überstanden. Den letzten Schritt, die Umkehr, habe ich dadurch vollzogen, daß ich seitdem keinem Hund mehr ein Leid zugefügt habe.

„Wir sind alle kleine Sünderlein", heißt es in einem Lied. Wir schaffen es nicht immer, die Sünde zu vermeiden. Wir sind Menschen und als solche fehlerbehaftet. Wichtig ist, daß wir unsere Verfehlungen einsehen und uns ändern, sie bereuen und künftig vermeiden.

Buße?

Die Buße hat nur die Aufgabe, der Umgebung zu zeigen, daß man es mit Reue und Umkehr ernst meint. Sie beinhaltet die Strafe, die Bestrafung für unsere Sünden. Für die Ewigkeit, für das Seelengericht, ist eine Buße nutzlos. Gut, wer aus Angst vor Strafe nicht mehr sündigt, hat damit auch etwas erreicht. Aber eine Strafe ersetzt keine Einsicht, erzwingt keine Reue und bewirkt damit keine Umkehr.

Öffentliche Buße ist zumeist eine theatralische Handlung. Es kommt nicht darauf an, was ich dabei empfinde, sondern auf die Wirkung, die ich damit beim Betrachter erziele. Ach, was bin ich bußfertig, wenn ich nicht still und unbeachtet in einer Kirchenbank vor mich hinbete, sondern mich vor dem Altar und vor aller Augen zu Boden werfe.

Noch viel bußfertiger bin ich, wenn ich auf Knien zu einer Wallfahrtskirche rutsche, aber das ist zuviel Mühe, wird zu wenig beachtet. Also halte ich Volksreden, erkläre, wie sehr ich die Sünde verachte, wie sehr ich mich der Sünde schäme – am besten noch einer Sünde, die nicht ich, sondern Andere begangen habe, zu denen ich irgendwie in einer Beziehung stehe. Meine Vorfahren, meine Parteifreunde, meine Mitbürger... Die verstehen nichts, die gehen weiter in ihrem alten Trott, aber ich, ICH entschuldige mich für alle!

Sie haben recht, das ist keine Buße, das ist Wahlkampf. So treten Politiker auf, die gewählt werden wollen, oder Versicherungsvertreter, die Ihnen etwas aufschwatzen. Buße passiert im Inneren, ist eine Angelegenheit, die nur Sie selbst angeht.

Jesus Christus wußte das. Er befahl dem reuigen Sünder deshalb nicht: „Gehe los, streue Asche auf dein Haupt, hacke dir die sündige Hand ab und lebe künftig als Sklave derer, an denen du dich versündigt hast“, sondern er befahl ihm: „Gehe hin (=kehre um) und sündige nicht mehr.“

Für Einsicht, Reue und Umkehr ist es nie zu spät. Selbst wer in den letzten Sekunden seines Lebens ehrlich bereut, erleichtert die Last, mit der er ins Jenseits eingeht. Reine Lippenbekenntnisse sind allerdings nutzlos, sie fügen den Sünden nur eine weitere Lüge hinzu.

Natürlich hat Buße nichts damit zu tun, einen Mitmenschen büßen zu lassen. Das ist nicht mehr als eine Strafe, die durch Willkür verhängt worden ist. Aber eine Strafe kann durch Einsicht des Betroffenen zu einer echten Buße werden.

Strafe!

Ja, die Gesellschaft hat das Recht, sich vor Übeltätern zu schützen. Sie hat damit das Recht zu strafen. Diese Strafe kann sogar den Tod des Bestraften bedeuten, wenn dies die einzige Möglichkeit ist, die Umkehr, das Ende des Sündigens zu bewirken.

Eine irdische Strafe muß jedoch maßvoll und der Tat angemessen sein. Nirgendwo wirkt politische Willkür schlimmer als dort, wo Gerechtigkeit erwartet wird.

Dies soll kein Strafgesetzbuch werden, sondern nur ein Aufruf, Gerechtigkeit und Milde walten zu lassen, wo Gerechtigkeit und Milde angemessen sind. Es gibt jedoch einen Punkt, den wir niemals entscheiden können: Ist es für den Straftäter besser, ihn 40, 50 Jahre wegzusperren und ihm so Gelegenheit zu geben, noch in diesem Leben zu Einsicht, Umkehr und Reue zu gelangen, oder ist es sinnvoller, dieses Leben bei einer schweren Straftat zu beenden und die Gerechtigkeit dem Jenseits zu überlassen?

Es gibt keine Antwort darauf, nur den Hinweis auf die Fehlbarkeit der Menschen. Ein Unschuldiger kann noch nach 50 Jahren freigelassen werden, ist er einmal hingerichtet, ist das endgültig.

Heimkehr

Xaver Hintergruber hatte sein Leben gelebt. Es war ein arbeitsreiches Leben gewesen, auf dem kleinen Hof südöstlich von Rosenheim, am Fuß der Alpen. Er hatte geheiratet, drei Kinder großgezogen, zwei weitere begraben und sich ansonsten um Felder und Vieh gekümmert. Gewiß, er hatte immer alles gehabt, was er zum Leben gebraucht hatte, nur eben kaum mehr als das. Deshalb hatte er sich damit abgefunden, daß sein ältester Sohn in die Stadt gezogen war, um es dort leichter zu haben. Seine Tochter hatte er erfolgreich verheiratet, mit dem Sohn eines reicheren Bauern. Das hatte ihn seinen Stier und die vier besten Kühe gekostet, aber zum Glück hatte er ein Stierkalb zurückbehalten, mit dem er seinen Bestand wieder aufbauen konnte.

Jetzt, mit 63, war er zum ersten Mal in seinem Leben richtig krank geworden. Der Arzt war nur einmal vorbeigekommen, hatte ihm einen bitteren Trank hinterlassen und dafür viel Geld verlangt. Doch dieser Trank hatte nur wenig geholfen. Gestern abend hatte Xaver den Hof offiziell an Alfons übergeben, seinem Jüngsten, und so seinen Nachlaß geregelt. Alfons und seine Frau mußten arbeiten, nur Maria war an seiner Seite geblieben, Maria, die Frau, mit der er mehr als 40 Jahre sein Leben geteilt hatte.

Maria hatte für ihn kochen wollen, doch Xaver hatte abgelehnt. Nur ein Glas Wasser noch, alles andere wäre verschwendet gewesen. Jetzt saß sie weinend in dem alten Korbstuhl, den Xaver damals geflochten hatte, als er diesen Hof geerbt hatte.

„Es ist soweit, Maria." Xaver wunderte sich, wie schwach seine Stimme erklang und wie undeutlich seine Worte waren.

Maria weinte lauter. „Sag doch nicht so was..."

„Ach, du dumme, liebe Maria... Ich weiß es, und du weißt es auch. Ich gehe vor, dir ein neues Haus bauen. Laß mich noch einmal dein Haar fühlen..."

Maria kniete sich ans Bett, hob die so schwach gewordene schwielige Hand auf ihre Schulter. Jene Hand, die sanft und zärtlich mit ihrem grau gewordenen Haar spielte, wie sie es so oft getan hatte.

„Wie schön du noch immer bist! Ich... ich werde dem lieben Gott persönlich danken, daß er mir dich zur Frau gegeben hat."

„Wir waren füreinander bestimmt“, schluchzte Maria. „Und wir sind es noch! Wie soll ich ohne dich weiterleben?“

„So liebevoll wie du bist“, hauchte Xaver. „Alfons braucht dich noch ein paar Jahre! Hilf ihm! Bitte!“

„Ich... ich verspreche es“, gelobte Maria mit erstickter Stimme. „Aber ich will zu dir, sobald dein Enkel aus dem Gröbsten raus ist.“

„Ja, ich warte...“ Xaver bekam einen Hustenanfall, der ihm fast die Sinne raubte. Er sank auf das Kissen zurück, durchlebte hilflose Augenblicke der Lähmung. Dann ein befreiender, tiefer Atemzug, und es war, als würde die ganze Last von ihm genommen werden. Schmerzen, Schwäche – alles vorüber, wie durch ein Wunder.

„Ich werde auf dich warten“, versicherte Xaver. „Aber es ist nicht nötig.“ Xaver erhob sich in sitzende Position, wollte schon seine Beine aus dem Bett schwingen, doch er zögerte kurz, um das freudig erstaunte Gesicht Marias zu betrachten.

Verwundert stellte er fest, daß eine fremde Hand Marias Haar gefaßt hatte. Eine Hand, über die sich Maria liebevoll beugte, eine Hand... die Xaver nicht mehr gehörte!

Er wollte selbst zugreifen, seiner Frau übers Haar streichen, aber seine Hand glitt durch Maria hindurch. Er sprang auf, hätte Maria dabei böse mit seinen Knien umgerammt – doch er glitt durch sie hindurch wie durch einen Nebel.

Xaver starrte auf das Bett, wo noch immer Xaver Hintergruber lag, reglos und – tot. Er taumelte, wollte sich festhalten, doch seine Hände griffen durch Möbel und Wände hindurch. Er fing sich wieder, blieb auf den Füßen und begriff. Er hatte die Welt der Lebenden verlassen, nicht sie waren zu Nebel geworden, sondern er. Er, der Tote.

Tot? Er lebte doch noch immer! Noch mehr, er fühlte sich leicht und frei, wie noch nie zuvor. Hatte er wirklich Maria verweigert, ihm schnell nachzufolgen? Hatte er sie wirklich dazu verdammt, noch länger in ihrem Erdengefängnis zu verbleiben?

Ja, er hatte es getan. Und es war richtig, was er Maria auferlegt hatte, richtig für die Welt der Lebenden, die jetzt hinter ihm lag. Die Lebenden? Das Leben war nur eine Episode, eine kurze Einschränkung der Möglichkeiten. Jetzt, in diesem Zustand, lebte er wirklich. Maria würde zurecht kommen, er hingegen wollte diese neue Welt erforschen. Und er wollte sein Versprechen einlösen, Maria hier, in dieser Welt, eine Heimstatt zu bereiten.

Ein Gedankenimpuls ließ Xaver nach oben gleiten, durch das Hausdach hindurch. Er hatte alles geregelt, nichts hielt ihn mehr an dem Ort, an dem er sein Scheinleben verbracht hatte. Er stieg auf und schaute sich um. Alfons arbeitete auf dem Feld, seine Frau Erni an seiner Seite. Sollte er... Nein, Alfons wußte, was zu tun war. Er würde ohne den Ratschlag seines Vaters auskommen.

Xaver stieg höher empor, überblickte sein ganzes Land. Er sah Aschau, den Weiler, zu dem sein Hof gehörte. Ein Gedanke ließ ihn nach Rosenheim treiben, zu Ludwig, seinem Ältesten. Er beobachtete ihn bei seiner Arbeit, wie er einen Balken glatt hobelte. Er wünschte ihm Glück, mit Worten, die Ludwig nicht hören konnte. Er bewunderte seine Schreinerwerkstatt, vor allem den Meisterbrief an der Wand, auf dem Ludwigs Name stand. Ja, er hatte geschafft, was er sich vorgenommen hatte. Demnächst würde er das Geschäft ganz übernehmen, als selbständiger Handwerksmeister.

Xaver spürte, daß er nicht mehr viel Zeit haben würde. Er wußte nicht, wie er auf diesen Gedanken gekommen war, aber er wußte es definitiv. Er wünschte sich zur Anna, um auch von seiner Tochter Abschied zu nehmen. Sie hatte es am weitesten gebracht, denn ihr Mann besaß 445 Tagwerk, ein echter Großbauer, während Xaver gerade einmal 18 Tagwerk sein eigen genannt hatte. Anna brauchte nicht aufs Feld, sie konnte zu Hause bleiben und in der Küche arbeiten.

Als Anna hochschreckte und sich zu ihm umwandte, hätte Xaver sie am liebsten umarmt. Doch auch durch sein Kind würden seine Arme nur hindurchgleiten. Damit hatte er Abschied genommen, von der Vergangenheit und von dem, was er sein Leben genannt hatte.

Wie würde es jetzt weitergehen? Er hätte rufen können. Fast alle Verstorbenen riefen einen vertrauten Menschen herbei. Aber der einzige vertraute Mensch, den Xaver um sich haben wollte, war noch immer im Erdendasein verhaftet. Maria... Maria?

Die Erkenntnis, wer er selbst wirklich war und wer Maria, überwältigte Xaver derart, daß er sich wieder fühlte wie in jenem Augenblick, als sein Körper in Todeslähmung erstarrte. Wieder gab es diesen befreienden Atemzug, den Augenblick des Erwachens. Natürlich füllte keine Luft Xavers Lungen, es war nur das Echo eines Gefühles, das er selbst hervorgerufen hatte.

Gerade noch waren Meisterbriefe wichtig gewesen, der Besitz von 445 Tagwerk... Dabei war Xaver nur die Spitze eines gewaltigen Berges gewesen. Eine lange Kette von Inkarnationen tat sich vor dem auf, der gerade noch der beschränkte Xaver Hintergruber gewesen war. Ein kleiner, armseliger Bauer, die letzte Facette einer Existenz, die alle Höhen und Tiefen ausgemessen hatte. Feldherr war er gewesen, zu den Fürsten hatte er gehört, Wissenschaftler und Seefahrer... Aber auch ein einfacher Jäger, ein Gejagter, Sieger und Besiegter... Und immer, wirklich immer, gab es den Menschen an seiner Seite, jenen Menschen, den er zuletzt als Maria getroffen und geheiratet hatte. Ja, sie gehörten zueinander, aber nicht seit lächerlichen 40 Jahren, sondern seit Jahrzehntausenden!

Xaver spürte das Seelengericht kommen, wie schon so oft. Er durcheilte es, denn er hatte sich nichts vorzuwerfen. Schmunzelnd ließ Xaver sich Flügel wachsen. Er erhob sich in die Luft, um hinüber zu sehen, zur kosmischen Nabelschnur. Im Segelflug tauchte der gewesene Xaver in die Lichtsäule. Ein beiläufiger Flügelschlag ließ ihn in der Säule auf das Ziel zu treiben. Nicht einmal er konnte ohne Körper auf der Erde fortbestehen, aber er vermochte ohne jeden Führer den Weg in die jenseitige Welt anzutreten.

Xaver kehrte heim, doch er hatte es nicht eilig. Maria, die andere Hälfte seiner Seele, weilte noch auf der Erde. Seine Flügel trieben ihn langsam voran, zwischen den Ebenen des Jenseits. Er hatte die Wahl, folglich entschied er sich für Eleulorien. Dort würde er auf Maria warten, abgeschieden und unbeachtet, wie auf der Erde. Wie lange würden sie diesmal bleiben? 50 Jahre? 100 Jahre? Sie würden zusammen meditieren, erneut versuchen, die letzten Geheimnisse des Jenseits zu erkunden.

Xaver veränderte den beeindruckenden Engelskörper, den er sich für den Flug zugelegt hatte, gab ihm das Aussehen jenes Xaver Hintergruber aus seinem letzten Erdenleben. Er kleidete sich einfach, fast ein wenig abgerissen, so wie er es gewohnt war. Den grauen Schleier, der seinen Status verraten hätte, brauchte er schon seit Jahrtausenden nicht mehr.

Xaver prüfte noch schnell einige Details an seinem Aussehen. Um ihn erschienen andere Menschen, alle in Begleitung derer, die sie gerufen hatten und die ihnen vorangegangen waren.

Aber Xaver blieb nicht lange allein. Nach wenigen Schritten, kaum daß er die kosmische Nabelschnur verlassen hatte, trat ein hellhäutiger Mann auf ihn zu. Xaver unterdrückte ein Schmunzeln. Jeder Ankömmling wurde von Menschen begrüßt, die seinem Umfeld entsprachen. Auf Fürsten wartete ein livrierter Diener mit einer Einladung, Angehörige eines Verbrechersyndikates wurden von „Kollegen" empfangen und zum „großen Boß" gebracht. Zu einem ärmlichen Bauern kam eben ein Bürokrat.

Xaver wußte natürlich, daß es hier im Jenseits keinen wirklichen Zwang zur Arbeit gab. Jeder konnte sich hier alles erschaffen, ganz nach Belieben. Aber mit dieser Freiheit kamen die meisten Seelen nicht zurecht. Sie wählten selbst ein Leben in Abhängigkeit, erlegten sich freiwillig jene Beschränkungen auf, die sie in ihrer vorherigen Inkarnation erlebt hatten.

Dies erleichterte vielen die Eingewöhnung. Das Leben ging weiter wie bisher, nur eben hier, im Jenseits. Xaver erinnerte sich an frühere Tode, wo er noch nicht wußte, was ihn hier erwartete. Damals war er dem Seelengericht noch unterworfen, hatte bange gewartet, was ihm jetzt bevorstand.

„Wer sind Sie?", schnarrte der Bürokrat Xaver an und zückte einen Stift, um auf seinem Klemmbrett Notizen zu verfassen.

„Ich bin – oder war – Xaver Hintergruber, Bauer aus Aschau", erwiderte Xaver mit gespielter Unsicherheit.

„Aha", stellte der Bürokrat griesgrämig fest. „Sie sind Bauer von Beruf?"

„Ja."

„Ja, HERR!"

Vielleicht hatte Xaver mit seinem Aussehen ein wenig übertrieben, aber er beschloß, auf dieses Spiel einzugehen.

„Ja, Herr."

„Beruf?"

„Bauer, Herr."

Wieder folgten einige Notizen. „Kennen Sie das hier schon oder sind Sie das erste Mal hier?"

Vermutlich hielt ihn der Mann für eine Tierseele, die ihr erstes menschliches Leben absolviert hatte, weil Xaver sich nicht einmal in Details verschönert hatte. „Nein, Herr, ich erinnere mich, schon hier gewesen zu sein.“

Nach dem Blick zu schließen, den dieser Bürokrat Xaver durch seine dicken Brillengläser zuwarf, schien er ihm nicht einmal zuzutrauen, sich an den gestrigen Tag zu erinnern. Natürlich benötigte im Jenseits niemand eine Brille, doch wer glaubte, diese gehöre dazu, erschuf sich eine und zugleich die Notwendigkeit, sie zu tragen.

„Aha, Sie kennen sich also aus? Haben Sie etwa schon Pläne?“

„Ja, Herr. Ich hatte einen Bauernhof auf der Ebene von Eleulorien – wenn es den noch gibt, würde ich dort gerne wieder hin.“

„Hm...“ Xaver bemerkte, daß der Bürokrat einen weiteren Zettel auf seinem Klemmbrett erschuf. Vermutlich ahnte er nicht einmal, daß er sich nicht an einer zentralen Registratur bediente, sondern das in die Existenz rief, was er selbst vorzufinden wünschte.

Zumindest wäre das bei einer weniger erfahrenen Seele so abgelaufen. Xaver hingegen veränderte die Informationen in seinem Sinne.

„Oh... Sie waren vorher Franz Bernreuther?“

„Ja, Herr.“ Dieser Name war Xaver als erstes eingefallen. Der Bürokrat brauchte nicht zu erfahren, daß Xaver im vorletzten Leben Professor der Medizin in Göttingen gewesen war.

„Interessant... Ihr Hof existiert tatsächlich noch... Aber ich fürchte, da hat sich niemand darum gekümmert. Schaffen Sie es alleine, einen verwilderten Hof wieder herzurichten? Ich weiß nämlich nicht, wer Ihnen helfen sollte. Eleulorien ist zwar recht beliebt, aber Ihr Anwesen liegt am Rand der Wüste Apergora, also ziemlich abgelegen. Da will sonst niemand hin.“

„Ja, Herr, aber ich habe meinen Hof schon einmal mit meinen eigenen Händen erbaut. Selbst wenn er nach fast 70 Jahren ein wenig verfallen ist, müßte ich ihn wieder aufbauen können.“

„Oh, gut. Sie wissen, wie Sie dahin kommen?“

„Ja, Herr. Ich muß in Richtung Regensburg, etwa drei Tagesreisen. Von Regensburg den Fluß entlang weiter nach Norden, bis nach Weiden. Zwei Tagesreisen östlich liegt ein Ort namens Neheulis, von da aus noch einmal drei Tage zu Fuß.“

„Ja, richtig. Ich stelle Ihnen Reisepapiere aus. Falls Sie Hilfe benötigen, wenden Sie sich an den Magistrat von Neheulis. Aber das wissen Sie vermutlich ebenfalls."

„Ja, Herr, danke." Gelassen nahm Xaver den Passierschein entgegen. Er musterte ihn nur kurz, fand ihn sehr gelungen mit den amtlichen Stempeln, faltete ihn sorgfältig und steckte ihn ein.

„Gute Reise", wünschte der Bürokrat und stapfte davon. Nach einigen Schritten verschwand er. Das war die übliche Fortbewegung hier im Jenseits. Natürlich dachte auch Xaver nicht daran, fast zwei Wochen lang über Land zu reisen. Er hatte eine abgelegene Gegend gewählt, wo die Einsamkeit des Bayerischen Landes auf einen Überrest aus atlantischer Zeit traf, weit entfernt von den Zentren der jenseitigen Welt. Es war der ideale Ort, um Ruhe zu finden.

Xaver wechselte an sein Ziel und konzentrierte sich auf die Schwingungen, die andere Bewohner dieser Welt anzeigten. Ja, er spürte sie, jedoch erfreulich weit entfernt. Jetzt konnte er sich auf sein künftiges Heim konzentrieren. Xaver fand den Ort ideal. Hier endete die Pracht von Eleulorien in Form einer vernachlässigten Trockensteppe. Im Jenseits blieb eine Umgebung nur stabil, wenn die Bewohner diese Umgebung ständig neu schufen. Die meisten Bewohner taten das unbewußt, ganz einfach aus der Erwartung heraus, daß heute alles so aussehen müsse wie es gestern ausgesehen hatte. Die Trockensteppe war als Grenze der Landschaft von Eleulorien geschaffen worden, als Gegensatz zum satten Grün. Die geringe Energie der Gedanken, daß „dort hinten" das Land unwirtlicher aussah, genügte, um diesen Zustand zu manifestieren.

Es gab hier nur wenig Beharrungsenergie, die Xaver keinen Widerstand bot. Zunächst erschuf er das Haus, in dem er zuletzt auf der Erde gewohnt hatte. Es sollte bescheiden bleiben, jedoch ein paar Annehmlichkeiten besitzen, die das Original nicht geboten hatte. Danach gestaltete er die Landschaft um. Er stellte ein paar Kühe auf eine sattgrüne Wiese, legte einige Felder an und bestimmte den Reifegrad der Feldfrüchte. In Eleulorien herrschte ein gleichmäßiges Frühlingsklima ohne Jahreszeiten, deshalb lagen frisch eingesäte Felder neben solchen, die bereit waren für die Ernte.

In dieser Welt benötigte niemand Nahrung, außer er erschuf für sich das Bedürfnis danach, wie es die meisten Bewohner taten. Jetzt benötigte Xaver noch einen Grund für diese blühende Landschaft, also fügte er eine Quelle mit einem hübschen Wasserfall hinzu, der einen Teich füllte. Aus diesem Teich floß ein Bach, der die Felder bewässerte und schließlich in der Wüste versickerte.

Prinzipiell besaß jeder Mensch die Fähigkeit, in dieser Welt der reinen Bewußtheit das zu schaffen, was er sich wünschte. Doch um diese Schöpfung in so kurzer Zeit zu bewältigen, wie es Xaver tat, benötigte man die Routine von Jahrtausenden.

Beinahe wäre Xaver eine Nachlässigkeit unterlaufen. Der kleine, selbstgenügsame Bauer, den er seinen Besuchern vorspielen wollte, benötigte ein paar landwirtschaftliche Gerätschaften, wie Pflug und Egge. Außerdem würde er seine Viehweide einzäunen, damit die Tiere nicht in die Wüste liefen. Er ergänzte dies und fügte noch einen Geräteschuppen hinzu. Allerdings wollte er nur im äußersten Notfall wirklich arbeiten.

Warum auch? Xaver lächelte, als er den Impuls unterdrückte, sich einfach in das Haus zu wünschen. Er benutzte seine Füße und fühlte wirklich den harten Boden unter sich. Im Haus setze er sich auf einen bequemen Stuhl und schenkte sich ein Glas Wein ein, ein Genuß, den er auf der Erde nur ganz selten hatte bezahlen können.

Diese Welt durchpulste Information. Wer mit ihr umzugehen verstand, erfuhr alles. Xaver konzentrierte sich auf das Himmlische Eonata. Ah, Admiral Segal herrschte noch immer als Statthalter. Natürlich, er berief sich darauf, daß er Parla Ethir persönlich gekannt hatte, ja, daß er der erste seiner Getreuen gewesen sei.

Xaver vermißte bereits Maria. Er selbst hatte sich nur als Mann inkarniert, Maria hingegen war ihm alles gewesen: Mutter, Schwester, Ehefrau, Tochter – aber auch Vater, Bruder, Sohn, Untergebener und Vorgesetzter. 143 gemeinsame Inkarnationen lagen hinter ihnen. Männlich – weiblich, das zeugende, erschaffende Prinzip und das gebärende, belebende Prinzip. Wie oft hatten sich die Menschen darum gestritten, welches der Prinzipien den Vorrang besaß. Dabei konnte das eine nicht ohne das andere bestehen.

Der Vater der Sonne, der liebe Gott, der Schöpfer – er wurde männlich angesprochen, weil er diesen Weltenraum erschaffen hatte. Doch der männliche Schöpfungsimpuls gelangte nur zur Entfaltung, weil der Schöpfer mit weiblich-gebärender Energie das Universum hervorbrachte, dem seine Schöpfung die Form verlieh.

Wandlungen des Geschlechtes kennzeichneten die großen Veränderungen. So hatte die Sonne weiblich begonnen, um die Planeten zu gebären. Doch danach wurde sie männlich, um diese Planeten zu befruchten, um das Leben auf ihnen zu zeugen. Es war so einfach, viel einfacher, als die Priester es lehrten.

Es gab nur wenige wirklich alte Seelen, welche noch die Zeit der Großen Erdmutter erlebt hatten. Die meisten hatten den Planetenraum längst verlassen.

Gäila nannten sie die Große Erdmutter im heutigen Europa, in der fernen, der weiblichen Zeit der Menschheit, als selbst Eonata noch nicht gegründet worden war. Gäiläon, das alte Heiligtum der Großen Erdmutter... Dort hatte er Maria das erste Mal getroffen und mit ihr den ewigen Bund geschlossen, mit Inana, der obersten Schamanin der Erdmutter.

Xaver trank einen Schluck Wein. Er hätte Maria ermuntern sollen, die Reise mit ihm anzutreten, das hätte ihm Jahre der Einsamkeit erspart. Immerhin, er würde sich die Jahre angenehm gestalten. Ihn erfüllte eine ungeheuere Menge Erinnerungen, genug, um für Jahrzehnte in ihnen zu schwelgen.

✵

Oh ja, Sie kennen Xaver Hintergruber, denn er war früher Monar Argos und ein Weile später Wendor Etos. Sie kennen auch seine Frau... Sie leben unauffällig, nicht im Grünen Land, sondern in Eleulorien. Auch auf der Erde leben sie völlig normal und unspektakulär, solange sie nicht für eine große Aufgabe gebraucht werden. Im Jenseits kennt sie niemand, niemand weiß um ihre Macht. Für Xaver und Maria Hintergruber gibt es im Jenseits nicht Ihresgleichen, deshalb stehen sie jenseits des Seelengerichts.

Sie wissen, daß ihre allergrößte Aufgabe noch vor ihnen liegt, in zehn, hundert oder tausend Jahren. Worin diese Aufgabe besteht, wissen sie nicht, aber sie haben Geduld. Das Universum ist vollkommen und die Schöpfung hält für alle Probleme auch deren Lösung bereit: für jenes zukünftige Problem die ersten Seelen der Machtstufe 5.

Wiedergeburt

Für fast jede Seele kommt der Augenblick, in dem sie beschließt, genügend Zeit in der Ewigkeit verbracht zu haben. Seelen, die sich am falschen Ort wähnen, entschließen sich viel schneller dazu, als zufriedene Seelen, die ihre Umgebung genießen.

Dieser Entschluß ergeht hinaus in die geistige Sphäre, sei es in Form eines Gebets, als inniger Wunsch oder als ausgiebiger Kettenfluch, er öffnet ein Tor, das bislang verschlossen gewesen war. Durch dieses Tor ergeht ein ***Ruf*** in die Unendlichkeit, ein ***Ruf*** in Richtung Erde. Die Seele stellt einen Antrag und nimmt ab sofort teil an einem Auswahlverfahren.

Sehen Sie das Ganze einfach als eine große Versteigerung an, bei der Sie immer mehr erfahren, bis schließlich nur ein einziger Bieter bereit ist, seine Existenz im Jenseits dafür aufzugeben. Natürlich spielt es in der fernen Vergangenheit, damit Sie nicht glauben, Sie seien gemeint.

✵

„Zum Aufruf kommt ein Leben auf der Erde..."

Eine Milliarde Interessenten zeigen mildes Interesse.

„...männlich..."

600 Millionen bleiben übrig.

„...auf der Insel Atlantis..."

100 Millionen, weil Atlantis weniger Entwicklungsmöglichkeiten bietet als seine Kolonien.

„...Abstammung aus dem Hochadel..."

20 Millionen, denn der Adel schließt viele Lebensaufgaben aus.

„...als Zweitgeborener..."

Eine Million, weil der Zweitgeborene keinen Titel erbt.

„...der Familie Talestra."

10.000 Interessenten verbleiben. Die Familie Talestra – Nachfahren von Sergon dem Schlächter – ist für die strenge Erziehung ihrer Kinder bekannt.

„Wertigkeit +8."

500 Interessenten erfüllen diese Voraussetzung, weil „Familie Talestra" schon ein wichtiges Ausschlußkriterium bedeutete.

Bis jetzt haben die Interessenten noch nichts von der Auktion erfahren, gewissermaßen wurde ein Bieterprofil herausgegeben, anhand dessen eine Vorauswahl getroffen wurde. Wer intensiv darauf achtet, bekommt an dieser Stelle das Gefühl, daß sich „etwas tut", mehr aber noch nicht.

„Gesucht wird eine alte Seele."

20 Interessenten bleiben übrig.

Das Leben, das bevorsteht, hat demnach eine spirituelle Aufgabe, die eine junge Seele nicht bewältigen kann. Die ersten Anforderungen sind binnen Stunden eingetroffen, diese benötigte wohl eher eine Woche. Noch weiß keiner der Kandidaten Konkretes, aber die Unruhe wächst. Jeder von ihnen spürt jetzt, daß die Auswahl zu einer Inkarnation ansteht.

„Die Familie wünscht eine Tempelkarriere."

Drei Interessenten.

Stellen Sie sich den Tempel des Großen Sun in Poseidonis als besonders hartes Shaolin-Kloster vor, dann kommen Sie dem, was Religion auf Atlantis war, durchaus nahe. Die Talestra sind zwar die reichste und nach dem Kaiser mächtigste Familie, aber ihre Söhne schicken sie mit einem Armen-Stipendium in den Tempel, was bedeutet, daß die Sprößlinge alle Härten intensiv am eigenen Leib erfahren.

Die verbliebenen Bewerber erleben jetzt erste Träume von Atlantis. Als alte Seelen wissen sie natürlich, was auf sie zukommt.

Ein Bewerber springt ab.

Ja, auch das kommt vor, die Inkarnation wird verweigert.

„Rechnen Sie mit einem schwierigen Umfeld und Feindseligkeiten!"

Die Seele ist gefunden.

Diese Information aus dem Umfeld sickert ins Jenseits durch, sie ist keine Prophezeiung oder Zukunftsschau. Die Tempeloberen wissen, daß der neue Novize der Familie Talestra angehört. Wenn er sich hocharbeitet, werden ihm Steine in den Weg gelegt. Diese Feindseligkeit haben die beiden Interessenten in ihren Träumen gespürt und nur eine Seele wollte das auf sich nehmen.

Eine feindselige Umgebung bedeutet für eine Seele auf dem Weg zum Guten immer eine schwere Herausforderung. Wie reagiert sie darauf? Läßt sie sich hinabziehen? Einer der Seelen war das Risiko zu groß, deshalb blieb die eine, allerletzte Seele übrig.

Und da ich so gerne mit alten Bekannten arbeite: Es ist Alcir Monax, der Kammerherr von Semor Ethirion, der übrig geblieben ist. Es sind Jahrtausende vergangen, wir befinden uns in den letzten Jahren von Atlantis, die er als Agerias Talestra auf der Erde verbringen wird. Sein Leben wird nicht einfach, aber es führt ihn zu höchsten Ehren...

Im letzten Stadium ihrer „Bewerbung“ ahnt die Seele, daß sie das Jenseits bald verlassen wird. Jetzt ist ihre Anpassungsfähigkeit gefragt, denn ein paar Abweichungen zwischen Wunsch und Wirklichkeit gibt es immer. Willigt die Seele ein, dann bleiben ihr nur noch Tage, bevor sie ins Diesseits aufbricht.

Lehnt die Seele ab, wird es auf der Erde kritisch. Das werdende Leben hat noch immer die Chance auf eine Tierseele, denn alles weist darauf hin, daß ein aussichtsreiches Leben bevorstehen wird, sonst wäre die Schwangerschaft nicht so weit fortgeschritten. Doch wenn sich keine Seele findet, endet die Schwangerschaft und die angehende Mutter verliert ihr entstehendes Kind.

Manchmal kämpfen zwei Seelen geradezu darum, in dieses bestimmte Leben treten zu dürfen. Diese Seelen leben jedoch auf der gleichen Wertigkeit, es streiten also nicht „Licht“ und „Dunkelheit“ miteinander, sondern Menschen mit vergleichbarer Skrupellosigkeit, also in Form einer fairen Auseinandersetzung. Schließlich wird ein minimaler Vorteil den Ausschlag geben.

Die Seele verschwindet nicht mitten im Gespräch aus dem Jenseits. Der Weg zur Wiedergeburt benötigt Zeit, auch dann noch, wenn die Entscheidung gefallen ist. Ein paar Tage, ein paar Stunden verbleiben, um die Angelegenheiten im Jenseits zu regeln.

Stellen Sie sich ruhig vor, Sie würden mit Ihren dortigen Freunden noch eine rauschende Abschiedsparty feiern, bevor der große Umzug stattfindet. Ihnen bleibt genug Zeit, um allen Lebewohl zu sagen.

Eine kleine Ausnahme sind unerfahrene Seelen, vor allem dann, wenn sie als Kinder ins Jenseits gelangt sind. Diese Kinder geben sehr schnell den ***Ruf*** von sich, ohne sich dessen bewußt zu sein. Sie berichten von Träumen, ohne zu ahnen, daß diese Träume eine ganz bestimmte Bedeutung haben. Ältere, erfahrenere Seelen werden sie unterrichten, so gut es geht. Meistens verschwinden diese Kinder in der Nacht, wenn sie sich entspannen, das Tagesgeschehen loslassen.

Erfahrene Seelen können diesen Vorgang bewußt einleiten, einen letzten Trinkspruch ausbringen, das Glas an die Wand werfen und sobald es zersplittert, das Jenseits verlassen. Ein bißchen Schau darf schon sein, oder?

Auf der Erde erwartet die Seele der dunkle Vorhang, das große Vergessen. Das embryonale Gehirn ist nicht in der Lage, die Verknüpfungen herzustellen, die der Zugriff auf die vielen Erinnerungen der Seele erfordert. Dieser Vorgang ist keine Gemeinheit eines neidischen Gottes, sondern folgt den ganz normalen Gesetzen der Naturwissenschaft.

Ihr Gehirn ist das höchstentwickelte Organ, das Sie besitzen, aber es ist bei weitem nicht vollkommen. Unsere Computer lassen uns erahnen, wie unser Gedächtnis organisiert ist. Im Arbeitsspeicher steht das, was wir täglich brauchen. Sie wissen, wie Ihre Mutter oder Ihre Tochter aussieht, Sie kennen den Weg zur Arbeit, Ihren Chef, Ihre Kollegen – das alles haben Sie parat. Dann gibt es die Festplatte, auf der Sie Daten ablegen, die Sie nicht ständig verfügbar haben müssen. Wie hat Ihr letzter Lehrer ausgesehen, was haben Sie zu Ihrem 14. Geburtstag geschenkt bekommen, wie hat sich Ihr erstes Fahrrad angefühlt? Es gibt eine Menge Datenmüll, den Sie vergessen wollen, und versteckte Dateien, die Sie verzweifelt suchen.

Jenseits von Ihrem Computer öffnet sich das Internet, riesige, unüberschaubare Datenmengen, zu viel, um sie in einem Leben auch nur zu sichten, geschweige denn zu kennen. Ihr persönliches Internet ist das Wissen Ihrer Seele, die unendlichen Erfahrungen aus vergangenen Leben. Nur leider haben Sie eine ganz schlechte Verbindung zu diesem Internet. Was Sie hineinschicken, erfolgt mit der vollen Geschwindigkeit einer Breitbandverbindung, abrufen hingegen können Sie bestenfalls mit den 300 Baud aus der Frühzeit der Akustikkoppler.

Das Gehirn des Embryos, in dem die Seele inkarniert, hat nur einen winzigen Arbeitsspeicher, seine Festplatte ist noch nicht formatiert, kann also keine Daten aufnehmen. Deshalb geht der Zugriff auf die Datenmengen der Seele verloren. Der Zugriff – nicht die Daten selbst. Diese bleiben erhalten, für die Zeit nach dem Leben.

Falls Sie eine weniger technische Erklärung bevorzugen: Die Seele besitzt einen prächtigen Palast mit 300 Zimmern, aber Sie dürfen in die Inkarnation nur das mitnehmen, was in einen kleinen Brustbeutel paßt, weil Ihr noch entstehendes Gehirn nicht mehr fassen kann.

In einigen Fällen sollen sich Kinder an ihr vorangegangenes Leben erinnert haben. Der dunkle Vorhang hat also ein paar Lücken, die jedoch nur im Kindesalter offenbar werden. Fast immer waren die Kinder zuvor als Kinder gestorben und erinnern sich an ein Leben, das nur kurze Zeit zurückliegt.

Erwachsene tun sich hier schwer. Wenn ich mich an Ritter erinnere, ist das nun durch den Vorhang geschlüpft oder vielleicht doch nur ein Fragment aus einem Ivanhoe-Film, den ich vor mehr als 40 Jahren gesehen habe? Denken Sie an die versteckten Dateien, diese Erklärung ist viel einfacher, als die Möglichkeit eines Risses in dem dunklen Vorhang.

Eine Zusammenfassung

Es ist passiert. Fallen Sie um, rühren Sie sich nicht mehr, Sie sind tot. Tote, die herumlaufen, sind äußerst unbeliebt, also tun Sie das bitte nicht, Sie würden Ihre Angehörigen erschrecken. Ist jetzt alles zu Ende? Ja, denn es gibt keinen Volker Müller mehr und es wird nie wieder einen Volker Müller geben. Für den, der Sie gerade noch gewesen sind, ist es zu Ende. Für SIE hingegen nicht. Es geht weiter. Sie sind zwar dem Finanzamt und dem Vorrecht entkommen, miserable Regierungen mit Ihrem Steuergeld zu unterstützen, aber Sie sind nicht Ihren Taten entkommen.

Ein bißchen Zeit haben Sie noch, um auf der Erde den Verwandten zuzusehen, wie die nach Ihrem Testament suchen. Ein paar Minuten oder ein paar Tage, die Ewigkeit hat Zeit. Vergessen Sie die grunzenden Schatten, die Sie in die Hölle ziehen wollen, die arbeiten alle als Statisten in Hollywood. Auf Sie wartet jetzt das Seelengericht. Auch das läuft nicht so ab, wie Sie das aus dem Fernsehen kennen. Statt dessen durcheilen Sie Ihr gesamtes Leben und sehen es in seinen Auswirkungen.

Kein karrieresüchtiger Staatsanwalt wird Sie hineinreiten, keine verbiesterte Richterin ein spektakuläres Urteil fällen wollen, es gibt keine Polizisten, die mit ihren Aussagen ein paar dienstfreie Stunden herausschinden, oder Zeugen, die eine gewinnbringende Einstellung zur Wahrheit haben. Sie sind dort ganz allein, mit sich selbst und Ihrem Leben. Sie beurteilen sich selbst, Ihr eigenes Leben. Sie ordnen sich ein, ob in einer einzigen Dimension, wie ich es in diesem Buch geschildert habe, oder in 200 Dimensionen, die alle eine eigene Bedeutung haben.

Eines ist jedoch ganz sicher: Es wird das gerechteste Urteil sein, das überhaupt über Ihr Leben gesprochen werden kann. Es gibt kein Vertun, keine unpassenden Argumente, keinen unfähigen Verteidiger. Es gibt nicht einmal eine Strafe, sondern eine simple Beurteilung, gewissermaßen Ihren Kontostand in der Ewigkeit. Das Seelengericht zeigt Ihnen jede Situation, in der Sie eingezahlt oder abgehoben haben. Frau Mayer über die Straße geholfen: +1. Eigene Oma mit Knallfrosch erschreckt: -1. So geht es fort, von der Kindheit übers Erwachsenenalter bis zu Ihrem Tod. Sie bekommen alle Kontobewegungen vorgeführt, jede einzelne.

Und dann, am Ende, wird abgerechnet. Was haben Sie auf Ihrem Konto stehen? Reicht es für die Sonnenstadt? Müssen Sie in die Unterwelt? Ein lieber Verwandter, ein netter Mensch oder jemand, der sich gemäß Ihren Erwartungen für Jesus Christus ausgibt, heißt Sie in der Ewigkeit willkommen und bereitet Sie auf das vor, was jetzt auf Sie zukommt. Damit ist Ihr Erdenleben endgültig abgeschlossen. Vielleicht hören Sie Ihrem Begleiter gebannt zu, weil alles so neu für Sie ist, vielleicht ignorieren Sie ihn immer mehr, weil sich Ihr Bewußtsein erweitert. Sie erinnern sich an frühere Leben, an frühere Aufenthalte im Jenseits, Sie wissen, wie Sie sich zu verhalten haben.

Vielleicht bleibt Ihnen Ihr Begleiter erhalten und geleitet Sie in den neuen Bereich, wo Sie eine Weile zusammen leben. Aber womöglich verabschiedet er sich von Ihnen, wenn er Sie dort abgeliefert hat.

Jetzt leben Sie im Jenseits. Jahre, Jahrzehnte, womöglich Jahrhunderte liegen vor Ihnen. Vielleicht treffen Sie Bekannte aus Ihrem letzten Leben oder solche aus früheren Leben, aber womöglich begegnen Sie Ihrem Zwillingsbruder von vor 500 Jahren, ohne ihn zu erkennen. Es ist grob unhöflich, Sie nach Ihren früheren Leben zu fragen, auch für Sie ist diese Frage tabu. Wobei Seelen, die im Jenseits eine enge Freundschaft schließen, hin und wieder von selbst von alten Zeiten plaudern.

Die größte Wohltat und zugleich die größte Gemeinheit des Jenseits ist, daß Sie mit exakt jenen Leuten konfrontiert werden, zu denen Sie selbst gehören. Sie sind Samariter unter Samaritern, Betrüger über Betrügern, Mörder unter Mördern. Jede Seele, der Sie begegnen, ist wie Sie, gewalttätig oder mildtätig, verschlagen oder grundehrlich. Was Sie im Innersten sind, sind alle Anderen ebenso. Das kann der Himmel sein – oder die Hölle. Aber es ist nicht der von Gott gewollte Himmel oder die von Gott gewollte Hölle – es ist Ihre eigene, private Schöpfung. Sie haben sich diese Unterkunft mit größter Sorgfalt ausgesucht und reserviert, jetzt sind Sie dort.

Es gefällt Ihnen nicht? Sie wollen raus? Ganz dringend? Dann ändern Sie sich! Sie können nicht einfach die Buchung stornieren. Sie können sich auch nicht bei der Reiseleitung beschweren. Vielleicht haben Sie schon einmal versucht abzunehmen. Dann wissen Sie, daß das in Arbeit ausartet. Genauso artet es in Arbeit aus, wenn Sie hier „umbuchen“ wollen.

Auf der Erde wäre es ganz einfach. Sie vermeiden künftig jeden Kontakt mit jenen Drecksäcken aus Wirtschaft und Politik, die Sie hinabziehen, Sie zu bösen Taten verleiten. Aber hier sind die Drecksäcke Ihre einzige Gesellschaft. Sie können sich denen nur mit Mühe entziehen, denn diese Drecksäcke sind anhänglich. Sie gehören schließlich zu Ihnen, sind Ihresgleichen.

Deshalb kostet es Sie enorm viel Mühe, um aus diesem Milieu herauszukommen. Wenn Sie es wirklich, aus Ihrem tiefsten Herzen wollen, gelingt das. Sie brauchen dafür jedoch sehr, sehr viel Zeit.

Aber es gibt etwas, das für Sie arbeitet. Auf der Erde werden laufend Kinder geboren, und jedes einzelne davon benötigt eine Seele. Diese Kinder entstehen nicht im leeren Raum, sondern in einer ganz bestimmten Umgebung. Zwar ist das Leben dieser Kinder nicht vorherbestimmt, aber die Wahrscheinlichkeit ist hoch, daß auf diese Kinder gewisse Situationen zukommen.

Dieses absehbare Leben, das Umfeld, das Elternhaus mancher Kinder übt auf Sie eine gewisse Anziehungskraft aus. Es befällt Sie eine unbestimmbare Unruhe, die jedoch wieder vergeht. Sie haben gut gepaßt, zu 50% oder 60%, aber eben nicht gut genug. Eine andere Seele ist zum Zug gekommen, hat das Jenseits verlassen. Oder Ihr neuer Körper wurde in einer Frühgeburt zerstört... oder abgetrieben. Jedenfalls wartet nichts mehr auf der Erde auf Sie.

Sie durchleben öfter solche Situationen, falls Sie sich nicht bewußt dagegen sperren. Oh ja, Sie können das Leben ablehnen, den Weg zur Erde. Sie müssen nicht hinunter, Sie können hier bleiben, wenn es Ihnen hier so sehr gefällt. Aber viele Seelen sehnen sich nach der Erde, vor allem die schlechten. Endlich wieder betrügen können, ehrliche Leute abzocken, Geld scheffeln, Macht erlangen... all das ist im Jenseits schwer.

Eines Tages nimmt die Unruhe weiter zu. Sie wissen, daß ein Körper eine Seele sucht und Sie in der engeren Auswahl sind. 70%, ja 80%. Dann beginnen die Träume, Träume von der Erde. Sie träumen von wildfremden Menschen, die bald Ihre Eltern sein werden, von einem kleinen Ort oder einer bekannten Großstadt. Körper und Seele schwingen aufeinander ein. 90% sind überschritten. Verabschieden Sie sich von Ihren Bekannten im Jenseits, denn jetzt dauert es nicht mehr lange.

Vielleicht fühlen Sie sich plötzlich müde und schlafen ein, während Sie mit Ihren Freunden zusammensitzen, vielleicht passiert es auch während Ihrer normalen Nachtruhe. Ihr Körper im Jenseits löst sich auf, verblaßt und verschwindet. Ihre Seele hat das Jenseits verlassen.

Sie spüren das Eintauchen, spüren Ihren neuen Körper. Sie fühlen sich geborgen, im Mutterleib geschützt. Sie wundern sich, was und wieviel ein Ungeborenes bereits wahrnimmt... Und dann senkt sich der dunkle Vorhang auf Sie herab. Was immer Sie wußten und konnten, es ist entschwunden. Du bist zum kleinen, ungeborenen Kind geworden, kurz vor der Geburt.

Dann wirst Du ausgestoßen, aus der Geborgenheit, in eine helle, kalte und womöglich erbarmungslose Welt hinein. In eine Welt, in die Du bestens hineinpaßt, denn Du wurdest für dieses Leben auserwählt, unter Millionen. Du hast gepaßt, am besten von allen. Das ist Dein neues Leben, mein Kleines. Ein Leben, mit der exakt gleichen Wertigkeit, mit der Sie das Jenseits verlassen haben.

Das Jenseits bleibt hinter Ihnen zurück. Sie gleichen jemand, der einen Halbschuh trägt. Aus der Perspektive einer Maus sind Sie dieser Halbschuh, dem die Maus schleunigst ausweichen wird. Spendieren Sie der Schuhspitze ein Auge, denn sehen Sie alles aus der Mausperspektive. Ihre Mitmenschen sind für Sie dann nichts weiter als andere Schuhe, denn daß es jenseits der fünf Zentimeter, die Sie auf diese Weise wahrnehmen, erst richtig losgeht, wird Ihnen nicht bewußt.

Erst am Abend, wenn Sie den Schuh ausziehen, Ihren Erdenkörper ablegen, bemerken Sie den Fuß, der darin gesteckt hat – und daß noch viel, viel mehr von Ihnen existiert, als Sie gerade noch geahnt haben.

Das Jenseits heißt Sie wieder willkommen und der Zyklus beginnt von neuem. Er mag Ihnen ewig erscheinen, doch auch er hat ein Ende, einen Ausgang, ein Ziel jenseits der menschlichen Existenz. Bis dahin liegt noch ein langer, unendlich erscheinender Weg vor Ihnen.

Viel Erfolg und eine gute Zeit!

Zeitgeist – Der Film

Zeitgeist ist ein nonkommerzielles Film-Projekt, das nach jahrelanger Recherchearbeit im Jahr 2007 von Peter Joseph umgesetzt wurde.

Seit der englischen Veröffentlichung Mitte 2007 ist der Film bis heute in mindestens 20 Sprachen übersetzt worden, u.a. in Deutsch, Spanisch, Französisch, Japanisch und Russisch. Nach konservativen Schätzungen wird der Film täglich allein über die Video-Streaming Plattform „Google Video" mehr als 70.000 mal gesehen, das sind mehr als 2 Millionen pro Monat. Der Film nimmt damit weltweit hohe Positionen in den Video-Charts ein.

Der Film stellt die provokante Frage welche Gemeinsamkeiten Jesus Christus, der 11. September und die Federal Reserve Bank haben.

Dabei wird im ersten Teil des Films ausführlich auf die astrotheologischen Hintergründe und Mythen um die Figur des „Jesus Christus" eingegangen und es stellen sich Gemeinsamkeiten mit Göttern anderer, teilweise viel älterer Kulturen heraus.

Der zweite Teil des Films widmet sich vorwiegend den Terroranschlägen des 11. September 2001, mit dem Versuch dieses Ereignis kritisch zu betrachten und es in einen Kontext mit anderen terroristischen Anschlägen zu bringen.

Im dritten Teil wird der Frage nachgegangen wer die Männer hinter dem Vorhang sind. So wird u.a. die Geschichte rund um die Entstehung des Zentralbankensystems der USA beleuchtet und es wird ein kritischer Blick auf wirtschaftliche und kriegerische Ereignisse des 20. Jahrhunderts geworfen. Der Film schließt mit der Entlarvung des vorherrschenden Zeitgeistes als gänzlich auf Angst basiert.

122 min, mit deutscher Tonspur von Infokrieg.tv.

Diese DVD können Sie bei uns bestellen!

Das Deutschland Protokoll

Die Bundesrepublik Deutschland ist ein souveräner Staat und das Grundgesetz ist unsere Verfassung. So wird es uns seit 1990 hypnotisch eingetrichtert und beinahe jedermann glaubt es. Aber stimmt das wirklich so? Oder wird im angeblich ***freiesten Staat Deutscher Geschichte*** nur Augenwischerei betrieben? Wenn Sie an Tatsachen und nicht an Märchen interessiert sind, sollten Sie weiter lesen. Wenn Sie aber weiterhin den gleichgeschalteten Massenmedien unter US-Hoheit Glauben schenken möchten, dann legen Sie es besser wieder weg, denn die Fakten könnten Sie vielleicht überfordern! Dieses Buch offenbart Ihnen erstmals, daß die BRD kein souveräner Staat, sondern ein weiterhin fortbestehendes besatzungsrechtliches Mittel der Alliierten ist; warum sich die bundesdeutsche Politik weiterhin nach US-Vorgaben auszurichten hat oder warum seit 1990 keine gesamtdeutschen Wahlen stattfinden!

Sie finden hier erstmals alle Beweise und Fakten die es Ihnen selbst ermöglichen, die in diesem Buch vorgetragenen Behauptungen selbst zu überprüfen. Das Traurige an diesem Buch ist die Wahrheit darin. Sie sind vielleicht der Meinung, das sei alles weit hergeholt?

Wissen Sie, weshalb Sie einen ***Personalausweis*** und keinen ***Personenausweis*** besitzen? Wessen Personal sind Sie? Vielleicht sind Sie sich auch wirklich ganz sicher, das Deutschland mit dem ***2plus4-Vertrag*** von 1990 einen Friedensvertrag hat. Selbstverständlich ist auch das ***Grundgesetz für die Bundesrepublik Deutschland*** unsere Verfassung - auch das wird sogar in Schulen so gelehrt. Sie können hoffentlich mit diesen und mehr Enttäuschungen umgehen, denn genau dies wird dieses Buch mit Ihnen tun: Es wird Sie ***enttäuschen*** und Ihnen ungeschminkt die verschwiegenen Fakten präsentieren, vor denen sich die Bundespolitiker aller Fraktionen so sehr fürchten!

Die US-amerikanische ***American Free Press*** schrieb am 7. Oktober 2002: „Ironischerweise ist Deutschland keine souveräne Nation, ohne Friedensvertrag und mit über 70.000 US-amerikanischer Besatzungstruppen noch immer auf seinem Boden: Die USA und Großbritannien könnten die Bundestagswahl annullieren unter Deutschlands ***tatsächlicher*** Verfassung, dem Londoner Abkommen vom ***8. August 1945***."

Dies ist nur ein kleiner Vorgeschmack auf weitere Enthüllungen und Fakten dieses Buches. Unter anderem erfahren Sie: Warum die BRD keine Rechtsgrundlage für ihr Handeln besitzt; warum die bundesdeutschen Regierungen und alle Wahlen seit 1990 illegal sind; weshalb Berlin kein Bundesland der BRD sein kann; weshalb jeder Bundesdeutsche staatenlos ist; wieso es keine Staatsangehörigkeit „Deutsch" gibt; wofür und für wen Sie hohe Steuern zahlen; warum Deutschland weiterhin von den USA besetzt ist; was das Grundgesetz ***für*** die Bundesrepublik Deutschland wirklich ist; warum Deutschland keinen Friedensvertrag hat, warum Deutschland noch immer unter mittelbarem Kriegsrecht steht; weshalb der Euro keine legale Banknote ist und keinen Bestand haben wird; warum Bundeswehrsoldaten Söldner und Freischärler und keine Soldaten im Sinne des Völkerrechts sind; warum sich die BRD nicht an das Völkerrecht hält - und vieles mehr!

Vergessen Sie die ***freie Presse***! Vergessen Sie die ***freien Medien***!
Vergessen Sie die ***frei gewählten Politiker***! Vergessen Sie alles, was man Ihnen bisher erzählte und prüfen Sie den Inhalt des Buches auf seinen Tatsachengehalt selbst nach!
Aber Vorsicht: Sie werden künftig die Welt mit ganz anderen Augen sehen!

ISBN 978-3-940845-88-7

Noch brisanter als „Das Deutschland Protokoll“!

Erscheint Ende 2008

ISBN 978-3-940845-90-0

Das deutsche Jahrhundert - Staatskonzepte der Zukunft

Dies ist ein Buch für die Schublade...

Wir bewegen uns unaufhaltsam auf Veränderungen zu, die so bedeutend sind, wie jene in den Jahren von 1910 bis 1960. Nur wird das, was damals fünfzig Jahre gedauert hat, in gerade einmal fünf Jahren stattfinden.

Wir leben in den letzten Tagen des uns vertrauten Staates, in den letzten Tagen trügerischer Ruhe und Sicherheit. So, wie 1910 bereits der Keim zu zwei Weltkriegen und dem Ende des Kolonialzeitalters gelegt gewesen war, so ist auch heute schon die Zerstörung dessen absehbar, was uns heute noch unerschütterlich stabil erscheint.

Wenn wir nicht aus den Fehlern der Gegenwart lernen, sind wir verdammt, diese Fehler fortzusetzen. Es ist zu spät, die alte Bundesrepublik zu retten. Die Politiker, die diesen Staat an sich gerissen haben, wissen nicht mehr weiter. Es geht ihnen um den Erhalt von Pfründen und Privilegien, nicht um das Wohl unseres Landes.

Das jetzige System läßt uns vor seinem Zusammenbruch noch die Zeit, ein Konzept für eine bessere Zukunft zu entwickeln – ein Konzept, wie Deutschland im Jahr 2020 aussehen soll.

Wenn der Staat sich auflöst, in der kommenden Stunde Null, ist es zu spät, neue Konzepte zu entwickeln. Wenn dann nichts in der Schublade bereit liegt, wird improvisiert, zusammengestückelt und der Not folgend auf die Schnelle organisiert, was wohldurchdacht aufgebaut werden sollte.

Dieses Buch ist eine Anleitung für den Aufbau eines besseren Staates, der die Fehler der Vergangenheit meidet. Deshalb sollte es für den Fall der Fälle griffbereit in der Schublade liegen.

ISBN 978-3-940845-22-1

DDR 2.0

Bis 1989 war alles ganz übersichtlich. Da gab es die „Bundesrepublik Deutschland" (BRD) und die „Deutsche Demokratische Republik" (DDR). Da wußte jeder, wo rechts und links ist, wo gut und wo böse.

1990 wurden diese beiden Staaten vereinigt. Das Geld der BRD galt jetzt auch in der DDR, von der Hauptstadt der BRD wurde die DDR durch die Parteien der BRD regiert. Offiziell heißt der Gesamtstaat immer noch BRD, oder ganz korrekt: „Bundesrepublik des vereinigten Deutschlands" (BRdvD).

Die BRD hat gewonnen, die DDR ist verschwunden, sagt man uns. Wer jedoch in der BRD aufgewachsen ist, merkt, wie sehr sich der Staat verändert hat. Die „Errungenschaften" der BRD, Freiheit und Demokratie, gehen heute mehr und mehr verloren, ebenso die einstigen Errungenschaften des Sozialismus', das alle umfassende Sozialsystem.

Die BRdvD wird dabei mehr und mehr zu dem, was mir vor 35 Jahren in der Schule als Negativbild der DDR dargestellt worden ist. Was wir heute erleben, ist ein Staat, welcher die schlechten Eigenschaften seiner Vorgänger in sich vereinigt. Eine Nicht-mehr-BRD, voller sozialer Kälte, die in der Staatsführung immer mehr zur neuen DDR wird. Oder, wie es im Computerzeitalter genannt wird: zur DDR 2.0.

Erscheint Herbst/Winter 2008

ISBN 978-3-940845-23-8

Unternehmen Patentenraub 1945

Dieses Buch beschreibt ausführlich Vorbereitung, Durchführung und Folgen des größten **Patentenklaus** der Geschichte.

Der Sieg der Alliierten über Deutschland 1945 und die Besetzung des Reichsgebietes hatten auch die Folge, daß vor allem die USA anschließend Hunderttausende deutscher Patente, Erfindungen und Gebrauchsmuster beschlagnahmten und entschädigungslos enteigneten. Unter Leitung und ausdrücklicher Anordnung von US-Präsident Truman kam es nach Kriegsende zum größten Technologieraub aller Zeiten. Höchste amerikanische Gremien aus Industrie und Wissenschaft hatten vorher die Operation zur Ausbeutung der deutschen Wirtschaft und Technik von langer Hand gemeinsam generalstabsmäßig geplant und durchgesetzt. Denn man hatte erkannt, daß das Deutsche Reich dem Rest der Welt in der Grundlagenforschung und in der Entwicklung neuer Ideen auf nahezu allen Gebieten der modernen Wissenschaften und Technikbereichen um Jahre, wenn nicht gar Jahrzehnte, voraus war und eine unglaubliche Fülle neuer Forschungsergebnisse und Verfahrensweisen zu bieten hatte.

Bis heute wird weltweit verschwiegen, daß die USA ihren steilen Aufstieg vom technisch weitgehend veralteten Massenhersteller, der keine Grundlagenforschung betrieben hatte, zur **einzigen Weltmacht** nach 1945 dem aus dem besetzten Deutschland gewaltsam geraubten geistigen Eigentum und jahrelanger Zwangsarbeit deutscher Wissenschaftler und Techniker verdanken.

Das **Unternehmen Patentenraub** war so erfolgreich, daß das moderne Leben in den USA - von den Halbleitern über Fernsehen, Computer, Container bis zum Raumflug - ohne die aus Deutschland mitgenommene Technik gar nicht denkbar wäre. Dasselbe gilt für die militärischen Neuerungen wie Radar, Raketen, Düsenjäger, U-Boote und Nuklearwaffen. Trotz aller Vertuschungsversuche ist es in dem vorliegenden Buch gelungen, den Versuch einer Bilanz dieses größten Wissensraubes aller Zeiten zu ziehen.

Dieses Buch können Sie bei uns bestellen!

Atlantis, Edda und Bibel

200.000 Jahre germanische Weltkultur und das Geheimnis der „Heiligen“ Schrift.

Unveränderter Faksimile-Nachdruck für Forschungszwecke des gesuchten Werkes aus dem Jahre 1925, insbesondere zur Ergänzung von Sammlungen.

Hermann Wieland (Pseudonym von Karl Weinländer) beruft sich in seinem Werk auf List, Liebenfels und Blavatzky. Es gibt in dem Buch auch einen unübersehbaren Hinweis auf Wiligut/ Weisthor als Überlieferungsträger.

Original-Vorwort zur 2. Auflage von 1925:

Schon wenige Wochen nach Erscheinen des Werkes erweist sich eine 2. Auflage als notwendig. Das ist ein erfreuliches Zeichen dafür, daß in dem schwer krank darniederliegenden deutschen Volke sich noch Kräfte regen und ans Licht drängen, die den Gesundungsprozeß einleiten und durchsetzen können.

Was seit 2.000 Jahren das deutsche Volk und das Germanentum bis in die tiefste Seele vergiftet hat, kann nicht über Nacht wieder ausgeschieden werden. Zeit und eine Menge von Hilfskräften sind hiezu notwendig.

An alle, die deutschen Herzens sind und in dem Glück des Vaterlandes ihr eigenes und das ihrer Kinder sehen, ergeht die herzliche und dringende Bitte, für die Verbreitung der Wahrheit tätig zu sein! Die Wahrheit wird uns frei machen!

Das Buch geht mit wenigen Änderungen zum zweiten Male hinaus in die deutschen Gaue. Möge es in dem angebrochenen Kampfe der Ideen, der dem Germanentum im Weltkrieg bestimmt war, diesem Wegweiser und Helfer zum Sieg sein! - Hier sei auf das Nachwort am Schlusse des Buches verwiesen.

Dieses Buch können Sie bei uns bestellen!

Betrüger Republik Deutschland

Wir leben in einer freiheitlich-demokratischen Grundordnung, im liberalsten Staat, der je auf deutschem Boden existiert hat. Unsere Gesellschaft ist offen und pluralistisch. Der Staat garantiert unsere Grundrechte, wie Meinungsfreiheit, Unverletzlichkeit der Wohnung, Recht auf Leben und Recht auf Eigentum. Der Staat garantiert Chancengleichheit und sorgt für die Gleichheit der Lebensverhältnisse. Um diese Aufgaben zu erfüllen, erhebt der Staat Steuern, die zum Nutzen unseres Volkes ausgegeben werden.

Wenn Sie bisher bei jedem Satz zustimmend genickt haben, dann ist dieses Buch nichts für Sie. Stellen Sie es zurück und leben Sie lange und in Frieden in Ihrer hoffentlich heil bleibenden Besten aller Welten.

Zwischen Anspruch und Wirklichkeit im deutschen Staat liegen Welten. Dies ist auch dem scheinbar unbedarftesten Politiker bekannt. Die Handlungen unserer Politiker mögen unsinnig, ja idiotisch erscheinen, aber Politiker sind weder dumm noch unwissend.

Ganz im Gegenteil, die Politiker wissen genau, was sie tun, und sie tun das mit voller Absicht. Sie stellen wissentlich die Tatsachen falsch dar und erlangen dadurch Vorteile zum Schaden der Betroffenen, also uns Bürgern. Das Strafrecht kennt dafür einen eindeutigen Begriff:

Betrug!

Dieses Buch können Sie beim J.K.Fischer-Verlag bestellen.

Was <u>wirklich</u> im Grundgesetzt steht

Was **wirklich** im Grundgesetz steht...

Eine Hilfestellung für interessierte Bürger

von

Michael Winkler

Das Grundgesetz ist die großartige Verfassung der Bundesrepublik des vereinigten Deutschland und garantiert uns die Unantastbarkeit aller möglichen tollen Rechte, von denen unsere Vorfahren nur träumen konnten.

Richtig?

Nein! Zu allererst: Das Grundgesetz ist keine Verfassung, es ersetzt nur die Verfassung, die andere Staaten haben – sogar die DDR hatte eine. Das Grundgesetz sollte die Verfassung ersetzen, bis sich das wiedervereinigte Deutschland per freier und souveräner Volksabstimmung eine wirkliche Verfassung gibt. Das steht so im Grundgesetz.

Also sind wir entweder nicht frei, noch immer nicht wiedervereinigt oder unsere Abgeordneten wollen uns ganz einfach nicht über eine Verfassung abstimmen lassen. Volksabstimmungen haben hin und wieder unvorhersehbare Ergebnisse, vor allem bei Verfassungen...

Anders als Abgeordnete bei der EU-Verfassung würden viele Leute vom Volk eine deutsche Verfassung durchlesen, bevor sie darüber abstimmen. Dann wüßten die alle, was in der Verfassung steht – und fragen sich, wer wollte, daß das alles darin stehen soll.

Also bleibt es beim Grundgesetz. Ich möchte Sie einladen, sich dieses zentrale Gesetz der BRdvD einmal näher anzuschauen, und das nicht in einem abschreckenden, für Juristen geschriebenen Kommentar, sondern zusammen mit mir, einem über das Gefundene verblüfften Mitbürger.

Dieses Buch können Sie beim J.K.Fischer-Verlag bestellen.